EMPATHY

スタンフォード大学の共感の授業

人生を変える「思いやる力」の研究

ジャミール・ザキ
上原裕美子 訳

THE WAR for

S

a

ダイヤモンド社

The War for Kindness

by

Jamil Zaki

日本の読者へ 「ともに」試練に立ち向かうために

本を出すというのは不思議なものだ。何年もひとりで執筆に取り組み、アイデアを求めて暗闇の中を手探りして、思い浮かんだことを何とか形にしようとする。その期間は、いい意味でも悪い意味でも、著者がすべてを決めている。ところが、いざ本になって世に出た瞬間から、それはもう著者のものではない。どんな内容なのか、著者が語ることはできない。語るのは読者のほうだ――読者の感想や、本をめぐる状況の中で、意味が作られていく。

この本が置かれた状況には、多くの人が経験した共通の苦労と使命感があったのだと思っている。出版から数か月後に、人類は世界的な危機に見舞われた。ほとんどの人にとって生まれてから一度も体験したことがないほどの大きな危機だ。

新型コロナウイルスの感染拡大により、それまでどおりの生活は送れなくなり、仕事を失い、大切な人を亡くし、大勢が心に深い傷と喪失感を負った。経済、そして心身におよんだダメージは、乗り越えるのにこれから数年、もしかしたら数十年かかるほど甚大なものだ。

何よりつらかったのは、今回の危機が自然災害でもテロ攻撃でもなく、友人や同僚、もしくは家族から知らず知らずのうちに伝染する病気であったことだ。こんなときこそ助けあわなければならないのに、感染症は人と人とが寄り添いあうことさえ許さない。

それでも僕たちは何とか耐え忍んできた。ただ漫然と耐えていただけではない。本書の中で、共感の能力を筋肉にたとえて「遅筋繊維」という言葉を使い、人は思いやりのある性質に変われるという説明をしている。その例のひとつとして紹介しているのが、「ポスト・トラウマティック・グロース（心的外傷後成長）」（ＰＴＧ）だ。つらい出来事に遭ったあとに、新たに生きる目的を見つけたり、新たな絆を育んだり、それまでよりも強い信念や価値観を抱くようになったりすることを指す。心的外傷後ストレス障害（ＰＴＳＤ）ほど有名ではないが、実に多くの人がこのＰＴＧを体験する。トラウマそのものが軽くなるという意味ではない。けれど、一番苦しい瞬間からも、人は多くを学べるものなのだ。人生がどれほどはかないものか痛感することで、あらためて人生のありがたみをかみしめる。人がどれほどお互いを必要としているか実感することで、自分を閉じ込めていた利己心の壁を打ち破れる。

個人的な体験だけでなく、コロナ禍の僕たちのように集団で苦境を体験したときにも、ＰＴＧは生じる。レベッカ・ソルニットは、名著『災害ユートピア――なぜそのとき特別な共同体が立ち上がるのか』で、過去1世紀に起きた大地震や爆撃などを振り返り、災害が起きるたびに人々がそれまでにない方法で力を合わせていたことを指摘した。人種、階級、ジェンダーで分断されていた他人同士に、「わたしたちはともに苦しんだ」という、大きくて深い共通点が突如として生まれたからだ。

もちろん、新型コロナウイルスのパンデミックがもたらした体験は、人によってかなり大きな違いがある。あらゆる不平等も拡大してしまった。それでも、人々が互いに助けあう場面が数えきれないほど生まれたことも確かだ。寄付や慈善活動が広がり、世界各地のコミュニティで助け合いが自然発生的に誕生して、弱い立場にあるご近所の人をみんなで支援しあった。テクノロジーを人間味あふれる形で利用する独創的な方法もさまざまに編み出され、仕事だけでなく、人と人とのつながりを維持するためにも活用されている。

本書を出版した2019年当時と今では、世界の空気は大きく変わった。本書の読まれ方も以前とは大きく変わっていると思う。困難な時期を乗り越え、危機における人との関係を考えるにあたり、この本が役立ったという嬉しい感想も寄せられている。今も、そしてこれからも、この本が役に立つことを心から願っている――新しい試練は必ずまたやってくる。そのときも、僕たちが「ともに」試練と向きあっていけるように。

ジャミール・ザキ

2021年4月16日、サンフランシスコにて

スタンフォード大学の共感の授業 人生を変える「思いやる力」の研究 目次

第2章

僕らは共感を「選択」している
――いったい何が「思いやり」を疎外しているのか

第3章 敵に「接触」する
――心が作り出す「差別」を乗り越えるシンプルな方法

第4章

「物語」を摂取する
——脳に備わる共感回路を鍛える昔ながらのやり方

第5章

「共感疲れ」を回避する
——バーンアウトを防ぐ心のチューニング法

第6章

共感は「流行」する
——「空気」を逆手に取って社会に信頼を取り戻す

第7章

テクノロジーで「善意」の循環を

――SNSが真の「共感プラットフォーム」となるために必要なもの

プロローグ　共感とやさしさをめぐる探求の旅へ

両親が離婚交渉を始めたのは、僕が8歳のときだ。手続きがすっかり済んだときには、僕は12歳になっていた。両親ふたりはもともと1万マイル（1・6万キロメートル以上）離れた土地で生まれた。母は、ペルー南部のチリとの国境付近。父は、国家が成立して半年後のパキスタン。25年後、母はアメリカのワシントン州立大学から、途上国の若者を対象とする奨学金の受給資格を得た。同じ頃に父はアメリカへの片道切符の代金と、ワシントン州立大学の1学期分の学費を、父親から与えられた。こうして母はペルーの首都リマから、父はパキスタンのラホールから――どちらもロサンゼルスほどの規模がある大都市だ――アメリカ合衆国ワシントン州のプルマンという緑多き片田舎に移り住むことになった。

ふたりは新しい土地になじめなかった。父はパキスタンでは中流階級だったけれど、アメリカの水準から言えば文無しだ。移住してからというもの、1日の始まりにはたいてい近所のレストランに行き、1ドルでホットドッグ3個を買い求め、それを朝昼晩で食いつないでいた。ムスリムの慣習を破るのは父にとってはつらいことだったけれど（イスラム教の戒律では豚肉を食べられない。また犬は不浄の存在であるため「ホットドッグ」という名称は嫌われる」、ほかの食事をする余裕はない。母はホストファミリーのもとに身を寄せたので、環境の変化には耐えやすかったものの、ホストファミリーの家は大学から80マイル（約130キロメートル）も離れていた。友人を作ることもできず、もっぱらひとりで勉強するだけ。あるとき、大学が海外奨学生歓迎会を開いた。この会に、父は食事にありつくため、母は知り合いを作るために参加したのだった。

こうしてふたりは出会い、結婚し、マサチューセッツ州郊外に居を移して、そこで僕が生まれた。けれど、アメリカに慣れていくのと同時進行で、父母はお互いの存在に違和感をつのらせていった。父はコンピューター機器の会社を立ち上げ、1日18時間も働いた。父が叶えたアメリカンドリーム、具体的にはベージュ色のメルセデスと、漆喰の壁をピンクに塗った大きな住宅は、母にとっては醜悪に思えて仕方がなかった。家庭内別居を数年ほど続けてから、母は、正式に父を見ずに済む暮らしを選ぶと決意した。

心が完全に離れたことで、ふたりは物理的にも距離を置いた。裁判所以外では徹底して接触を避けた。父は毎週、決められた時間に母と僕が住む家に来て、車道で待つ。僕が家から出ると、背後の母は自分の姿を見せないように扉を閉めて鍵をかける。僕が13歳のときに父方の祖母が亡くなった。その週に父が僕との面会に来ると、母は家の外に出て歩み寄り、父を抱きしめた。記憶にある限り、両親が顔を合わせたのは10年間であの1回だけだ。

僕にとって、父の家と母の家を行ったり来たりするのは、まるでパラレルワールドを行き来するようなものだった。どちらにも大切な決まりがあり、どちらにも不安と不満があった。母は典型的なペルー人で、家族が何より大事だ。離婚が僕に与える影響を心配し、僕が悩んでいる兆候を見つけると、父のせいで生じた被害として数え上げた。一方、父の世界では、知性と野心が何より大事だった。父の生まれた国では、大学に行くのは成績が1番だった生徒だけで、2番の生徒は社会に出るしかないということを、僕に話して聞かせるのだった。僕の成績が落ちたときは、学費を払う意味があるのかと問い詰めた。父が骨身を削って働いていたのは、自分が手に入れられなかったものを、妻に、そして息子に与えるためだ。そんな父のことを、僕と母は厄介者扱いしたり、ATM扱いしたり。なぜそんなふうに思うことができたのか、今となってはもうわからない。

父母はそれぞれ自分の陣営に僕を引き込もうとした。相手の知らない秘密を僕に話して聞かせた。父が僕に教えたルールを、母は破ってよいと言った。母が僕に守らせる決まりを、父は気にするなと言った。そうすることで僕の心をつかもうとしていたのだ。相手についての愚痴を言って、僕がそれに乗らずにいると、あっちの味方なのかとなじるのだった。いずれかの時点で僕は片方を選ばなくてはならない、もう片方をきっぱり切り捨てなくてはならない――と、あの頃の僕たちは3人ともが強く信じていたのだと思う。

1983年の映画『ウォー・ゲーム』で、マシュー・ブロデリックが演じる主人公は、「ジョシュア」という名前のコンピュータープログラムをハッキングする。ジョシュアは北アメリカ航空宇宙防衛司令部（NORAD）のコンピューターに搭載された人工知能だ。そうとも知らず、主人公が米ソ核戦争のシミュレーションで遊んだせいで、あやうく第三次世界大戦が始まりそうになる。ジョシュアが乗っ取ったミサイルシステムから本物の攻撃が始まる寸前、主人公はジョシュアを説き伏せて、核戦争の戦略を次々とシミュレーションさせた。米ソがどんな手を選んでも必ず両方が殲滅すると悟ったジョシュアは、「このゲームはおかしいです」と言うのだった。「勝つための唯一の方法は、プレイしないことです」

僕が選んだのもそういうことだった。このゲームをプレイしないことを選んだ――少なくとも、両親それぞれの望むとおりの参戦はしないと決めた。両親が僕を介して攻撃しあうときも、僕はどちらの手も離さなかった。苦しくても息子にとって最善の道を選ぼうとするふたりを、理解しようと努めた。母の家にいるあいだは、母の理性と感情を統べるしきたりを尊重し、自分もその価値観を信じた。父の家にいるときは、父の世界に自分を合わせた。簡単だったとは言わない。親に離婚された子どもの多くがそうであるように、僕は正反対に引っ張るふたつの力につねに引き裂かれていた。自分が何を信じているかわからなくなるときもあった。けれど、父母の周波数に自分をチューニングするコツを身につけて、ふたりの絆が断たれたあとも、僕と両親とのつながりを守りつづけた。

あの頃を振り返ると、今は感謝しかない。人間ふたりの体験がこれほど根本的に食い違い、どちらも真実で、どちらにも深い思いがあると知ったのは、たぶん僕にとって人生最大の学びだったからだ。

なぜヒトは「やさしさ」なんてものを進化させたのか

特殊なめがねをかけていると想像してみてほしい。熱感知センサーに似ているが、感知するのは体温ではなく感情だ。人の内側に広がる怒り、恥ずかしさ、喜びなどの感情が、明るい光のフレアで見えてくる。しばらく観察していると、その光が誰かひとりのもとにずっととどまるわけではないのがわかるだろう。泣いている友達、楽しいエピソードをしゃべっている友達の声や表情が空中を伝わり、聞いているもうひとりの脳に入っていく。そうして人は変質する。友人の感情を受け止め、思考を読みとり、友人の幸せを願ったり憂いたりする。一言で言うならば、共感する。

人はしばしば「お気持ちお察しします（アイ・フィール・ユア・ペイン）」という表現で、共感したという意思表示をする。あなたの痛みをわたしも感じます（アイ・フィール・ユア・ペイン）……程度の差はあるにせよ、共感というのは、そういうひとつの感覚（フィーリング）だと理解されることが多い。

しかし、本当のところは、もう少し複雑だ。「共感（エンパシー）」と呼ばれる人間の反応には、実は数種類の異なるパターンがある。相手がどう感じているか把握するのは、認知的共感。同じ感情をもつのは、情動的共感。相手が置かれた状況を何とかしてあげたいと望むのは、共感的配慮だ。*

＊共感の定義について、詳細は「参考資料Ａ　共感とは何か」（307ページ）で説明している。

他人の感覚はわかりえない。青という色を、あなたがどう見ているのかすら、僕にはわからない。あなたの心が浮き立っているとき、怖がっているとき、具体的にどんな感覚を抱いているのか、僕にはっきりと理解しようがない。心はお互いの周りを頼りなく回るだけで、触れあうことは絶対にない。人間ふたりが友人になれば、心は少し近づく。僕の両親の場合は心が遠く離れていった。共感はこの距離を超えようとする力だ。共感を通じて、僕たちは互いの世界に近寄り、相手の気持ちを推測する。何度も何度も、信じられないほどの回数、僕らは実際にこの作業を正しく実行している。[1] 赤の他人が語る感動的な話を聞けば、その人が感じている気持ちをかなり正確に描写できる。相手の顔を見ただけで、[2] その人が何を面白がっているのか察したり、その人が信用できそうかどうか直感的に判断したりする。

しかし、共感のもっとも重要な役割は、ほかにある。やさしい行動、親切な行動を引き出すことだ。[3] 自分を犠牲にしてでも他人を助けようという気にさせる。本来、そんな行動は、生きるか死ぬかの場面では不必要なことだ。* そういう意味では、やさしさは必需品ではなく贅沢品と言ったほうが正しいのかもしれない——究極のソフトスキルであって、過酷（ハード）な世界では何の役にも立たないものと感じられる。この点については、チャールズ・ダーウィンも頭を悩ませたものだった。ダーウィンの自然淘汰論によれば、生き物は何をおいても自分自身を守らねばならない。他人を助ける、ましてや自分の安全をおびやかしてまで他人を守ろうとするなんて、彼の理論に当てはまらない。ダーウィンは著書『人間の由来』でこう書いた。[4]「仲間のために自分の命を犠牲にしていると、往々にして、その高潔な性質を受け継ぐべき子孫を残せずにこの世を去ることになる」

ところが実のところ、やさしさは動物の世界に欠かせないサバイバルスキルのひとつなのだ。生まれたての生き物はかよわさの塊で、鳥のガンならば数日、カンガルーならば数か月、そして人間ならば十数年ほど、自分ひとりで生きる力をもたない。だから親が身を削って子どもらを生き永らえさせる。そうしないと子孫を残せず、種を存続させられないからだ。子どもだけではない。動物は仲間を守ることで、おのれの遺伝子の生存を確保する。動物同士で協力することもある。単独では生き残れない場面で、力を合わせて食べ物を見つけ、命を守り、数を増やしていく。

こうした状況におけるやさしさは、賢さと言い換えることができるだろう。とはいえ、動物がほかの動物を助ける理由は、それでは説明がつかない。賢いと言っても、母リスは自分の遺伝子が後世に引き継がれることなど知る由もないのに、なぜ子リスを養うのだろう？　サバンナ・モンキーは、仲間が親切のお返しをしてくれる確率など計算できないのに、なぜ仲間に手を貸すのだろう？　この疑問に対する自然界の答えが、[5]共感なのだ。生き物はほかの生き物の痛みを見て、その痛みを自分も感じる。だから、自分を助けるために、相手を助けようとする。

共感すると、相手にやさしくする。この法則は人類が生まれる前から存在している。実験室のラッ

＊本書に掲載している主な科学的主張の評価については、「参考資料B　エビデンスの評価一覧」（315ページ）を確認してほしい。

トは、同じケージに入れられていたラットが電気ショックを受けるのを見ると、体を固くしてフリーズする（不安の表現）。こうした共感の反応を示したラットは、仲間を助ける行動をする。[6]慰めるためにチョコレートのかけらを与えてやることもある。野生のネズミも、ゾウもサルもカラスも、共感と親切、その両方を示すことがわかっている。

人類ではこうした共感の形が飛躍的に進化した。それは幸いなことだった――何しろヒトは、身体的にこれといった武器がないのだから。誕生したての頃のヒトは、数家族がまとまって暮らしていた。鋭い歯もない。翼もない。人類に近い親戚であるサルたちのような強靭さもない。一方で競争相手はいた。ほんの3万年前には、大型の脳をもつ人類はほかに少なくとも5種はいたと言われている。[7]しかし、われらサピエンスは1000年ほどをかけて、サピエンス同士で協力しやすい身体へと進化した。[8]テストステロン（男性ホルモン）の値が下がり、顔が柔和になり、以前ほど攻撃的ではなくなった。ほかの霊長類と比べて白目の部分が大きくなったので、相手の目の動きを追えるようになった。複雑な顔の筋肉で、感情表現もゆたかになった。そして脳が発達し、お互いの思考や気持ちを、より正確に理解できるようになった。

こうして人類は共感能力を大きく発展させた。だから現代の僕たちも、友達やご近所だけでなく、敵、他人、そして映画や小説に出てくる架空の人物の頭の中にも入り込むことができる。僕らは地球上で「もっともやさしい」種だ。

もちろん、チンパンジーも協力しあうし、苦しいときにはいたわりあうが、チンパンジーの善意は限られている。食べ物を分け与えることにはさほど積極的ではないし、群れの仲間に親切にすることはあっても、そうでない相手には敵意をむき出しにする。人類はそれとは対照的で、この世で一番の協力上手だ。ほかのどの種よりも巧みに互いを助けあう。それが僕らの武器なのだ。[9]一人ひとりはたいした力をもたない人間は、力を合わせることで強靭になる。マンモスを狩り、吊り橋をかけ、そして地球を支配する唯一無二の生き物になった。

人類の数が増え、生息地が広がるにつれ、やさしさも拡大した。世界各地の文化で、人は食べ物やお金を分かちあっている。アメリカ人は2017年の1年間に、慈善団体に4100億ドルを寄付し、[10]ほぼ80億時間をボランティア活動に費やした。こうしたやさしさの行動は、たいていの場合、共感に端を発するものだ。共感力の高い人ほど、より多くの寄付をして、[11]より頻繁にボランティア活動をする。ほんの一瞬でも共感の心が動くと、人は他人を助ける行動に出やすくなる。写真のネガポジ反転のように、暗く苦しい時期にこそ、人間の高潔な力が輝くこともある。ホロコースト時代に、命を賭してユダヤ人をかくまった家族もいた。現代では、銃撃事件が起きた学校で、身を挺して生徒を守った教師もいた。

哲学者ピーター・シンガーは、名著『拡大する輪（*The Expanding Circle*）』[12]（未訳）で、こう述べている。かつての人類は狭いグループの中だけ——家族と、おそらく友人が数人ほど——で世話しあっていたが、時を経るにつれ世話の輪の直径が広がり、部族、町、やがては国家を超えた向こうの人間にも関心をもつようになった、と。

その輪は今では地球全体に広がっている。僕たちが食べる食材も、病気のときに飲む薬も、利用する技術も、世界中から調達されている。生涯一度も顔を合わせることのない無数の同胞に世話をされ、僕たちは生存している。そして僕たちも、寄付や、投票や、文化を通じて、一度も会うことのない誰かを助ける。地球の裏側に住む人たちがどんな暮らしをしているか、その詳細を瞬時に理解し、僕たちは同情や思いやりの気持ちで行動を起こすことができる。

僕たちは「共感を破壊するシステム」の中で暮らしている

できる。

けれど、するとは限らない。

ここに共感にかかわる重大な真実が見えてくる。そもそも共感の本能は、視界に入る他人のほとんどが「身内」という時代に進化し確立したものだ。かつては、友人もご近所も、だいたい似た人間ばかりだった。生涯ずっと一緒に過ごすのだから、お互いを理解しあうチャンスも無数にあった。未来はそうした仲間とともに迎えるものだったので、やさしくしても、残酷に扱っても、そのうち「お返し」があるとわかっていた。因縁は強くきっちりと結ばれ、抜け道はなかった。苦しむ人は目の前にいるのだから、手を差し伸べれば確実に助けられる。小さく緊密に結ばれたコミュニティが共感の源泉だった。人にやさしくすることが容易となる条件が整っていた。

手を差し伸べる相手は決まっていた。子を守りたいという本能を抱かせるホルモン[13]は、裏を返せば、よそ者や部外者に対して警戒心を抱かせる。よそ者はライバルかもしれないし、盗みをするかもしれないし、敵かもしれない。人類は、お互いを理解する能力と併せて、「自分たち（us）」と「彼ら（them）」を区別して考える習性を身につけた。

しかし、時代が進み世界が発展するうちに、やさしさの行使は難しくなっていく。人類は２００７年に決定的な一線を越えた。史上初めて、都市に住む人間の数が、郊外に住む人間の数よりも多くなったのだ。[14]２０５０年には人類の3分の2が都会で暮らしていると言われる。その一方で、孤立は深まるばかりだ。[15]１９１１年の時点ではイギリス国民のおよそ5％が独居生活をしていた。1世紀後には、それが31％になった。特に若い世代の独居が増え、現在のアメリカでは１９５０年と比べて10倍以上の数の若者（18歳から34歳）がひとりで暮らしている。都心ではいっそう顕著で、パリとストックホルムでは住民の半数以上が独居だ。マンハッタンとロサンゼルスには、それが90％を超える地域もある。

都市が広がり、多くの人間が小さな世帯単位で生活することで、視界に入る人間の数は増え、その中で「知っている人」の割合は小さくなった。教会の礼拝、チームスポーツへの参加、食料品店でのショッピングなど、人と人が定期的に接点をもつ儀式は、もっぱら単独行動へ、しかも多くの場合はインターネット越しの活動へと置き換わった。近所の店でたまたま目が合っただけの他人と、バスケの試合や、学校制度や、ビデオゲームについて雑談を交わしたとしたら、それがきっかけで会話が深まり、お互いのさまざまな面を知ることもあったかもしれない。ところがオンラインの場合は、自分とは相反するイデオロギーなど、絶対に好きになれない部分が最初の接点となって他人の存在を知ることもめずらしくない。その場合の相手は、人である以前に、まず敵だ。

仮に共感を破壊するシステムを作りたいと思うなら、今まさに僕らが築いている社会以上にふさわしいものは作れないだろう。ある意味で、共感はすでに壊れている。時代を経るうちに共感の力は摩耗してしまった、と考える科学者は少なくない。ためしに、次に挙げる設問が自分に当てはまるかどうか、１（まったく当てはまらない）から５（完璧に当てはまる）で答えてみてほしい。

・わたしは、自分より不幸な人に対して、よく思いやりや心配の気持ちをもちます。

・わたしは、判断をする前に、できるだけ全員の異論を聞きます。

心理学者は40年前から、こうした設問を使って数万人のデータを集め、人間の共感力を測定している。残念ながらあまりいい結果は出ていない。共感力は減りつづける一方だ。特に21世紀になって坂を転がるように減少している。２００９年の平均的な人の共感力は、１９７９年の人々の75%がもっていた共感力のレベルに達していなかった。[16]

もちろん今でも僕らは共感する。しかし、共感した僕らが示す思いやりには、ムラがある。アラン・クルディという3歳児の悲劇を考えてみてほしい。2015年9月、アランの家族は生まれ故郷であるシリアを逃れ、トルコからギリシャへ渡ろうと、地中海の狭い海峡にゴムボートで挑んだ。ボートは波間で転覆し、家族は闇夜の中で3時間以上も海を漂った。父親の必死の努力もむなしく、アランは、兄弟と母とともに溺れ死んだ。翌日救助された父、40歳のアブドゥラ・クルディは、「何も望みません」と語っている。「世界中のすべての国をくれると言われても、いりません。大切なものはもうなくなってしまった」

このとき、ひとりのカメラマンが、浜辺に打ち上げられたうつぶせの小さな遺体を見つけ、その光景を写真に収めている。見る者の胸を締めつけずにはいられない写真だ。アランの姿は世界中に知れ渡り、人道的危機の現実をまざまざと知らしめた。『ニューヨーク・タイムズ』紙は「破壊の規模の問題ではない（……）たったひとつの悲劇が、この出来事をはっきりと伝えている」と報じた。[17] シリア難民を支援する団体には莫大な寄付が集まった。それから、どうなったか。大半の人々は自分の生活を続けた。シリア危機はその後さらに熾烈なものとなったが、寄付も、報道も、高まったときと同じように急速に薄れて、10月頃にはすっかり消えていた。

アランの死が、世界中で共感と思いやりの気持ちに火をつけたことは確かだ。アランに限らず、過酷な状況にある子どもの描写は、先進国に住む人々の気持ちを揺さぶる。とはいえ、実のところひとりに共感するのはたやすいことなのだ。その子の顔、その子の涙が、脳裏にちらついて離れない。だからといって多数の人々の苦しみに共感するかというと、そうとは限らない。研究室での実験でも、人間は8人、10人、あるいは数百人の悲劇に対してよりも、たったひとりの被害者に対してのほうが、強く共感することがわかっている。

僕らの祖先が一度にひとりに共感していたのは合理的な対応だった。今は、その本能が僕らを縛っている。今の僕らの周りは心痛む話でいっぱいだ。2010年のハイチ地震では何十万という人が命を落とした。この原稿を書いている時点で、イエメンでは800万人が、いつどこで次の食事にありつけるかわからずにいる。こうした数字に僕らは驚く。しかし、それはあまりにも圧倒的で、どう受け止めたらいいかわからない。数字の重みにつぶされて、僕らの思いやりはへなへなと崩れてしまう。[18]

自分が属する集団を絶対視する同族主義（トライバリズム）が、さらに根深い問題を作り出している。同族主義の現状を知りたいなら、アメリカの政治的分断を眺めてみればいい。50年前なら、民主党支持者と共和党支持者がディナーの席で政治的見解について議論を激しく戦わせることはあっても、一緒に食事をすることは可能だった。ところが今では、双方が相手を愚か者、悪魔、もしくは危険人物とみなす。トイレや、アメフトのフィールドなど、かつては中立地帯だった領域すら、お互いの倫理観が衝突する場所になった。憎しみにまみれた現代人は他者の苦しみを甘美に味わう。せっせと敵を攻撃し、荒らし、つつき、煽り立てる。このゆがんだ生態系で、思いやりは霧散どころか、逆噴射をしている。

詩人や牧師も、市民団体も、社会機構（ソーシャル・ファブリック）のほころびを何とか繕おうとする人々が、総じて共感にフォーカスを置いて訴えているのは、ある意味で当然の展開だ。

2006年、当時はイリノイ州選出の上院議員だったバラク・オバマは、同州ノースウェスタン大学の卒業生祝辞で、「国家財政の赤字についてはよく話題になりますが、わたしたちは別の赤字、すなわち共感の欠乏について、もっと話しあうべきだと思っています」と語った。[19] オバマは現代の無残な状況について、さらに言葉を続けている。「今のわたしたちが生きているのは、共感を大切にしない文化です。この文化は、富を築き、外見を整え、若さを保ち、有名になり、身の安全を確保し、楽しく過ごすことを最優先とすべし、とわたしたちにささやきかけます。こうした利己的な衝動を、権力者が奨励すらしているのです」。共感の回復は、国家を立て直すために絶対に欠かせないものだ、とオバマは主張した。哲学者のジェレミー・リフキンは、さらに殺伐とした言葉で、こう書いている。「われわれがグローバルな共感を抱けるようになれば、文明の崩壊は回避され、地球は救われるだろう。問題は『はたして間に合うのか』という点だ。人類につきつけられているもっとも重要な問いである」[20]

オバマとリフキンがこうした懸念を表明したあとにも、事態は悪化する一方だ。今の僕らの文化は濁っている。薄くぺらぺらに引き延ばされ、あちこちがほころんでいる。狭い範囲の仲間を守りあうやさしさの本能が、巨大かつ多様になった世界に不安と憎しみを植えつけ、育てている。ニュース機関やソーシャルメディアのプラットフォームにとって、そうした分断は儲けのタネだ。炎上を生み出し、炎上で成長している。

現代社会の基盤は人間と人間のコネクションだ。その基盤はもろく、その上に建てられた僕たちの家はぐらぐらと揺れ動いている。僕はこれまで長年をかけて、共感はどう働くか、人間にとってどう役立つかという研究をしてきた。だが、心理学者として現代の共感を研究するというのは、気候学者が北極の氷を調査するのに近い。共感の貴重さを痛感する一方で、その貴重な存在が年々溶け去っていくのを目の当たりにしている。

共感力は遺伝子で決まる？——「ロッデンベリー仮説」の検証

これはどうしようもないことなのだろうか——その答えを明らかにするために、僕はこの本を書いている。

科学者や哲学者は数世紀前から、共感の力は遺伝子で受け継がれていると論じてきた。生まれたときから脳に組み込まれているのだ、と。僕はこれを「ロッデンベリー仮説」と呼んでいる。史上最高のテレビ番組『スター・トレック』を生み出した映像プロデューサー、ジーン・ロッデンベリーにちなんだ名前だ。あのシリーズには、宇宙船USSエンタープライズ号にカウンセラーとして乗り込むディアナ・トロイというキャラクターが出てくる。彼女の共感力の高さは銀河中に知られている。ロッデンベリーは、このディアナと対極の存在として、データという名前のアンドロイドも登場させた。データは、バイオリン演奏と模型船作りの腕は一品なのに、人の気持ちがまったくわからない。

ロッデンベリー仮説は、昔から学術的に言われつづけてきたふたつの想定を指している。

ひとつは、共感とは天性の素質である、という説だ（もうひとつは19ページで）。生まれたときから備わっていて、ずっと変わることはないと考えている。

ディアナ・トロイは、半分は地球人で、半分は、テレパシー能力をもったヒト型異星人ベタゾイド族だ。つまり彼女の共感力は異星人としての遺伝子によって生じている。それは先天的な素質であって、後天的な能力ではない。ふつうの地球人は、水中で呼吸したり尻尾を生やしたりできないのと同じく、決して彼女のようにはなれない。一方、アンドロイドのデータが共感力に欠ける理由は、人工の脳がそうプログラムされているからだ。ディアナとデータを見る限り、共感力のレベルは最初から決定している。

異星人とアンドロイドは両極端だが、僕たち人間もその中間のどこかで共感力のレベルが決定していると言われている。大人になってから身長が変わらないのと同じように、共感力も伸びたり縮んだりせず、一定のままだという。

この発想は、元をたどると、イギリスの科学者フランシス・ゴルトン[21]にさかのぼる。ゴルトンは「測れるものは何でも測る」がモットーで、人間の知能に並々ならぬ関心を抱いていた。1884年にロンドンで開催された万国衛生博覧会では、彼が世界初の心理実験ショーを行っている。観客は細長い机に並んで、一連のテストを受けた。たとえば、光が点滅したらすぐさま合図をするテスト。次に、似た音を聞き分けるテスト。残念ながらゴルトンの意図とは裏腹に、このテストで被験者の知能レベルや職業的成功を言い当てることはできなかったが、ゴルトンは失望しなかった。使った道具の問題だと考えていたからだ。周囲もこれに賛同したため、1920年頃まで、IQや性質や個性を測定する実験が数えきれないほど実施された。

ゴルトンはチャールズ・ダーウィンのいとこで、徹底した遺伝子決定論者だった。民族集団を知能で格付けして、「優生学」という言葉を生み出し、知能と倫理面で優れた人間だけを選択的に生んでいく「ユートピア」を思い描いていた。もちろん優生学は後世で明確に否定されている。しかし、当時の心理学者たちはゴルトンの思想に影響を受け、心理実験によって人間の不変的な「レベル」がわかると信じた。たとえば「知能は中レベルで神経過敏」という診断が出たとしたら、それが生まれつきの素質で、死ぬまでずっとそのままというわけだ。

心理学の世界では、20世紀はじめ頃から共感の研究が始まっている。ゴルトンが生んだ実験重視の風潮に乗って、共感について調べる心理アセスメントが何十種類も考案された。[22] 人の表情を見て感情を答えさせる実験や、他人への反応を調べる実験などだ。そばにいる人間が電気ショックを受けるのを見たら、被験者の心拍はどれくらい跳ね上がるか。[23] 孤児の話を聞くと、どれくらい悲しくなるのか。心理学者はこうした実験を利用して、「共感力のある人間」の典型像を描いた。年齢が比較的高い、知能が高い、性別は女性、芸術に関心があるといった条件が備わっていれば、その人は共感力が高いことが多い。これを「事実」として活用して、セラピストに向くタイプ、裁判官に向くタイプを見分けようという試みもあった。しかし、心理学者が期待したほどわかりやすい発見は得られなかった。[24] ある共感測定で高いスコアを出しても、別の測定で高いスコアが出るとは限らない。こちらのテストでやさしい人間だという結果が出ても、別のテストでは否定されたりするのだった。

それでも心理実験の人気は衰えず、1990年に、ひとつの頂点に達している。心理学者ピーター・サロベイとジョン・メイヤーが「感情的知性（EI、Emotional Intelligence）」[25]（IQになぞらえてEQとも呼ばれる）というコンセプトを生み出した。EIはたちまち大衆に広まり、解釈や翻訳を経るうちに、一部の意味が失われて伝わった。EIは訓練を通じて伸ばせるというのがサロベイとメイヤーの主張だったのに、EIの高い人材を特定して採用するとか、交際すべき相手をEIで判別するとか、そうしたサービスを売る「専門家」も現れた。「犬が嫌い？　そんな恋人とは別れなさい」。犬に対する感情で人のEIをジャッジして、それが一生変わらない性格だと決めつけるのだ。

『スター・トレック』の宇宙人、ディアナ・トロイの共感力は、一種の超能力だったが、本人にとってはしばしば厄介な足かせだった。彼女はシリーズの中で何度も、宇宙船内で誰かとぶつかり、相手の感情の奔流に圧倒されて倒れてしまう。アンテナをオフにしておく方法がないのだ。一方でアンドロイドのデータのほうは、自分に向けられた皮肉や、周囲の悲しみや、恋心を理解できず、そのせいでしょっちゅう無自覚に面倒を起こす。[26]彼が人に無礼を働くのは、ディアナと同じく自分ではどうしようもない。

これこそがロッデンベリー仮説のもうひとつの想定だ。共感が先天的な素質であるだけでなく、その共感の発露はつねに「反射的に」出るものだと考えている。とっさに、無意識で、どうしようもなく表に出てくるものだ、と。

この発想のルーツをたどると、古代から感情というものがそのように解釈されてきたことがわかる。古代ギリシャの哲学者プラトンは、『パイドロス』という著作で、人間の魂を2頭立ての馬車にたとえた。御者――理性を象徴している――は苦労しながら2頭の馬――感情を象徴している――を制御している。1頭は感情のうちでも本能、欲望をつかさどっていて、あまり見目麗しくない。「ねじくれた不格好な動物（……）目は灰色、顔は赤黒い（……）鞭にも拍車にもまったく従おうとしない」。人の心の中ではつねに理性と衝動が戦っていて、往々にして理性が負けるのだ。プラトンはそう考えた。

誰もが同意見だったわけではない。同じく古代ギリシャのストア派の哲学者エピクテトスは、感情とは思考の産物だと信じていた。「人を振り回すのは出来事ではない」と書いている。「出来事をどう理解したか、それが人間を左右するのだ」。これはなかなか勇気づけられる意見だ。考え方さえ変えれば苦しい気持ちも変えられると言っている。西洋の外では、仏教などの信仰の実践者たちが、同様のテクニックを追求している。

しかし、西洋の思想家たちは、プラトンの見解を好んだ。彼らに言わせれば、感情とは原始的で動物的な衝動であり、招かれざる客だ。酒を飲んで喧嘩をするのも、ばかな投資をしてしまうのも、深夜にアイスクリームをドカ食いするのも、感情のせいだ。アダム・スミス、テオドール・リップス、エーディト・シュタインなど、共感について考察していた古き賢人たちは、共感も自動的なものだと考えた。自分の意思とは関係なく、他人の気持ちに影響を受けずにはいられない（アンドロイドのデータのようなタイプならば、人の気持ちを無視せずにはいられない）、どうしようもないというわけだ。こうした見方が現代において発展し、感情は「伝染性がある」とも言われるようになった。[27] 人から人へウイルスのように勝手に伝わってしまうのだ、と。

サロベイとメイヤーがＥＩという発想を打ち出した頃、イタリアのパルマではまったくの偶然で、共感の生物学的な仕組みが解明された。

パルマの研究者たちは、脳が身体の動きをどう制御するか調べる目的で、マカクザルというサルの前に食べ物を置く実験をしていた。サルが食べ物を手でつかんだときに、脳内でニューロンの発火が起きる様子を、頭蓋骨に埋め込んだ電極を通じた音として記録していた。ある日、録音機材を回しっぱなしにした状態で、研究者が何気なくテーブルに食べ物を置いた。すると、檻の中に座っているサルの脳内で、その研究者の動作を見たことによって、サル自身が食べ物をつかんだときと同じ爆発的なニューロンの活動が起きたのだ。奇妙な出来事だったが、その後も何度も同じサルで、そして別のサルでも同じことが確認された。研究者はこうした働きをする細胞を「ミラー・ニューロン」[28] と名づけた。わかりやすく言えば、まさに「猿真似細胞」だ。

その後に何百件という研究で――僕自身も研究室で同じ実験をしている――人間でもミラーリングの働きが確認された。[29] 動作だけではない。感情でも、ミラーリングは起きる。誰かが痛みや嫌悪や喜びを感じているのを見ると、自分がそれらを体験しているときと同じ反応が脳内で起きるのだ。

ここから導き出される結論は、シンプルであり、実に叙情的でもある――僕たちは、本当に文字どおり、他人の気持ちを自分で感じている。痛みも、喜びも、不安も。さらに、脳でこのような共感の反応が起きると、思いやりのある行動が引き出されることも明らかになった[30]。他人が電気ショックを受ける様子を見て、その痛みをミラーリングした被験者は、かわりに苦痛を引き受けることを自主的に選びたがる。他人が喜ぶ様子を見て、喜びをミラーリングしていた被験者は、人に自分のお金を分け与えようとする。

つねに一貫した研究結果が出ていたわけではない。ミラーリングが起きてもやさしさが発動しないときもあるし、どの程度共感しているかもわからない[31]。脳内でミラーリングが具体的にどう作用しているのかも不明だ[32]（詳しくは注記を読んでほしい）。それでも一部の研究者は、人間の善良さをつかさどる究極の源泉を発見したと確信した。ある神経科学者は、現代の息苦しさを語る文脈で、ミラー細胞を「ガンディー・ニューロン」[33]と表現している。神経科学者でなくても、fMRI画像を見れば、共感というのは「脳内にある」ものだと思わずにはいられなかった。美しく彩色された脳画像に真実が現れていると考えずにはいられなかった[34]。神経科学のきちんとした根拠にはほとんど触れていない解説であっても、脳を引き合いに心について語られると、人はつい納得してしまうのだ。

こうして、ミラーリングは共感の仕組みを説明する最大の根拠となった。まさに僕が提示したロッデンベリー仮説と一緒だ。脳画像を見た人々は、思考回路が「そのように組み込まれている」[35]と考える。特定の配線が脳内でつながっているというわけだ。コンピューター科学に影響を受けたこの比喩は、裏を返せば、脳内の配線を取り換えない限り、僕たちの思考回路を変えることなどできないのだと示唆している。

誰でも、今からでも磨くことができる

プラトン、ゴルトン、そして現代の心理学と神経科学、さらにはポップカルチャーの名作『スター・トレック』に至るまで、伝えていることははっきりしている。共感は自分の意思でどうこうできるものではない、と言っているのだ。

共感が天性の素質であるとすれば、徐々に共感力のある人間になっていく方法などない。そして共感が反射的に出てくるものだとしたら、他人に対するとっさの気持ちを変えられるわけがない。

もちろん、共感が自然と湧いてくる場面なら、こうした説には何も問題がない――家族同士、友人同士、その他の仲間内でなら、天性だろうが反射的だろうが、共感すること自体は変わりないのだから、特に支障はないのだろう。

ところが、現代はその点で分が悪い。共感が自然と湧き出てこない場面ばかりだからだ。脳の回路の問題だからどうにもならないというのなら、硬直と分断が進む世界の前で、僕らはただ立ち尽くし、眺めているよりほかにない。

幸い、ロッデンベリー仮説は――この仮説に表れている数世紀分の「常識」も――間違いだ。共感

の力は練習して高めることができる。僕らは、もっとやさしくなることができる。

そう言われても腑に落ちないかもしれない。しかし、数十年にわたる研究がこれを裏づけている。僕自身の研究を含めた多くの実験で、共感は固定された素質ではなく、むしろスキルに近いことが明らかになっている。時間をかけて少しずつ磨き、現代に合わせて調節していくことも可能な力なのだ。

ダイエットと運動の習慣について考えてみてほしい。大昔の人類は、つねに身体を動かさなければならず、栄養をなかなか摂取できない環境で生きていた。だから脂肪やタンパク質を好み、休憩を欲する身体に進化した。ところが現代の人間の多くは、ファストフードを好きなだけ堪能できるし、逃げるために必死に走る必要もない。もしも僕たちが本能のままに生きているなら、食べすぎ、太りすぎで、バタバタと早死にしていくはずだ。それでも現代人の多くはその道を選ばない。健康維持に努め、食生活を改善し、ジムに行ったりする。それが賢い生き方だと心得ている。

同じように、たとえ人類が身内だけを思いやるように進化したのだとしても、その制約を自分たちの力で超えていくことはできるはずだ。面倒な同僚の話を聞くときと、苦境にある親戚を励ますときでは、共感のレベルは自然と変わってくる。誰でも状況に応じて共感のレベルを上げ下げしているのだ。ステレオの音量を調節するのに近い。だとすれば、少しずつ感情の精度を磨くことで、遠くにいる他人や、部外者や、もしくは人間以外の生き物に対しても、思いやりの心をうまくチューニングできるようになる。進化の制約という鎖から、僕たちの共感力を解き放つことは可能だ。

共感はスーパーパワーではないし、異星人の超能力でもない。この力は、人によって差があるとはいえ、僕たち全員に備わっている。ありふれたふつうのスキルと言ってもいい。スクラブル〔アルファベットを並べて単語を作るゲーム〕をやっているうちに、だんだん単語並べに強くなり、速くなり、巧みになるのと同じだ。最初から秀でている人もいるが、鍛えられるかどうかは自分しだいだ。座りっぱなしの生活をしていれば筋肉は衰える。意識して動いていれば、たくましく強くなっていく。

僕にとって、両親の離婚は、共感力を鍛えるジムのような体験だった。心を閉ざしたり諍いに加担したりせず、父母の両方と心を通わせるために、僕は共感力を意識的に使う必要があった。健康的な生活を自分で選ぶのと同じように、人は共感力の高い人間になるという道を自分で選ぶことができる。そのふたつの選択は往々にして同じことだ。小説家のジョージ・ソーンダーズは、次のように言った。[36]

「誰の中にも混沌としたものがあります。病気と言ってもいいかもしれません。『利己的』という病気です。幸い、その病気には治療薬があります。誠実になり、先のことを考えて行動し、自分が得をしたいときにも忍耐強く待つのです。それが利己主義に打ち勝つ一番よく効く薬です。人生を通じて、その薬を求めつづけていってください」

この本は、そうした「薬」について、科学的な根拠を示しながら書いていく。友情、芸術、コミュニティ形成など、さまざまな場面でふさわしい対応を選ぶことで、僕たちは共感力を高め、やさしさを広げることができる。市民との友好的な交流について学ぶ警官の話や、大量虐殺を経たフツ族とツチ族が赦しに向かう話、差別していた相手と和解した話などを紹介したい。仮出所となった犯罪者が、自分に判決を言い渡した裁判官と一緒に小説の感想を語りあい、人間的な心を取り戻していくエピソードもある。新生児集中治療室の医師と看護師が、自分たちが苦しさに溺れることなく、患者家族の苦しみに寄り添う道を模索する話も。

こうしたエピソードに登場する人々は、決して軽々と思いやりを発揮しているわけではない。誰であろうと簡単なことではないし、この本にも「今日からやさしくなれる10のステップ」なんてものは載っていない。見た目がどれほど善良そうでも、必ず善良だと断言することもできない。人はもともと39%くらいやさしいのかもしれないし、71%かもしれないし、その中間かもしれない。

でも、これだけは言える。重要なのは出発点ではない。そこからどの方向へ歩いていくかだ。

今から5年後の世界、もしくは1年後の世界は、もっと冷酷で陰惨な場所になっているだろうか。それとも、もう少しやさしい場所になっているだろうか。社会の仕組みは今以上に破綻しているだろうか、それとも修繕が進んでいるだろうか。他人にやさしくするのは義務ではないし、先に相手が残酷な真似をしたり、無視してきたりするならば、こっちだって共感したいとはなかなか思えない。だからといって、本能のままに感情をぶつけているだけでは、僕たち全員にとって、生きることは今後ますます苦しくなる。僕たちの向かう方向も、人類全体の運命も、文字どおり、一人ひとりの心のありようにかかっているのだ。

第1章

共感は「本能」か

――マインドセット研究でわかった心と脳の真実

Eppur si muove（それでも地球は動く）

——ガリレオ・ガリレイ

地質学の門外漢が見つけた「大地のプレート」

1世紀前は、ほとんどの人が、大地は足元で止まっていると信じていた。オーストラリアは昔からずっと島で、ブラジルとセネガルは最初から太西洋を隔てた土地だった。当たり前すぎて話しあうこともなかった。そこに挑んだのがアルフレッド・ヴェーゲナーだ。[1] 冒険家兼気象学者という異色の人物で、気球の最長滞空時間の記録を塗り替え（ヨーロッパの上空を2日間以上も漂った）、グリーンランドを探検し、ツンドラ地帯に爆薬を仕掛けて凍土の深さを調べたりもした。50歳で命を落としたのも、こうした探検の途中だった。

ヴェーゲナーは、海底地形地図を調べていたときに、大陸と大陸がパズルのようにかみあうことに気づいた。「南アメリカの東海岸は、アフリカの西海岸とぴったり合う。まるで最初は組み合わさっていたかのように」と、女友達にあてた手紙で書いている。[2]「これはぜひ追究してみなくては」。ヴェーゲナーはほかにも不思議な点を見つけていた。アフリカの草原には古代の氷河が残した亀裂が走っているが、アフリカがずっと赤道付近にあったのなら、なぜそんなことがありえるのか。シダ植物やトカゲの同一種がチリにも、インドにも、そして南極にも生息しているが、なぜそんな遠くまで移動することができたのか。

当時の地質学者たちは、古代には陸が橋となって大陸をつないでいたと考えた。だから生物があちらからこちらへ移動することができたというわけだ。ヴェーゲナーはこれに納得しなかった。

1915年の著書『大陸と海洋の起源』では、常識を根本から覆す新説を出している。地球上の陸地は、大昔はひとつの塊――彼はこれを「パンゲア」と名づけた――で、10億年ほどかけて分裂し、今の僕たちが知るところの大陸になったというのだ。大西洋は、実のところ最近できたばかりの海で、今もまだ拡大を続けている。最初は同じ場所で進化していた同一種の生き物は、乗っていた陸地に運ばれてはるか彼方まで散らばった。この地球の表面は動いている。知覚できないほど少しずつ、しかし、つねに動きつづけているのだ。

気球と違って、この新説は無事着陸というわけにはいかなかった。当時の地質学者たちは、のちに「大陸移動説」と呼ばれるようになった発想を容赦なく叩いた。ヴェーゲナーは地質学者ではない。それなのに、専門分野できちんと確立されている常識に対し、こんな珍妙な説で逆らおうとするなんて、厚かましくてとうてい受け入れられるものではなかった。ある研究者は、多くの反論を代表する形で、大陸移動説を「地表や極点の移動を信じる病気が悪化した人間の妄言」と言った。ヴェーゲナーの側につく者もわずかながら存在し、「大陸移動説派」と呼ばれる少数グループもできはしたが、従来の説を信じる「大陸固定説派」のほうが優勢だった。地質学専門誌『ジャーナル・オブ・ジオロジー』の編集者ローリン・チェンバレンは「ヴェーゲナーの仮説を信じるとしたら、過去70年間にわれわれが教えられてきたことをすべて忘れ、一からやり直さねばならない」と書いている。ヴェーゲナーがこの世を去った時点で、彼の説は科学史のゴミ箱に投げ込まれた状態だった。

それから数十年後に、科学者はプレートの存在を発見した。大陸よりも巨大な塊がマグマの対流に押されて動いているのだ。北米プレートとユーラシアプレートは、爪が伸びるくらいの時速で、今も少しずつ離れている。僕が生まれてから今までに3フィート（1メートル）ほど動いている計算だ。ヴェーゲナーは、信じがたい発想を掲げた地質学の門外漢だったが、結果的には正しかった。

こうして地質学は書き換えられた。静止しているかのように見える大地が、実は今も動いていると専門家も認めたのである。

「こころ固定説」――心と脳は変化しない、は本当か？

地球や天体がたえまなく変化していることを、今の僕たちは理解している。ところが、自分自身を理解する力という点でいうと、僕たちは昔の科学者以上に石頭だ。年齢を重ね、骨がこわばり、頭髪が白髪になるとしても、人間の本質は変わらないと思い込んでいる。「本質」のある場所については、数世紀のあいだで諸説が変遷した。神学者は、永久不滅の魂が人の本質だと考えた。もう少し世俗的な哲学者は、人が生まれもった気質と徳を重視した。近代においては、人間の性質は生物学的なものとされ、遺伝子に刻まれ、身体に組み込まれたものと見られている。

本質がどこにあるにせよ、ひとつ共通点がある。人の本性は変わらないと考えられている点だ。僕はこれを「こころ固定説」と呼びたい。かつての地質学者は大陸は動かないと見ていたが、それと同じ目で人間をとらえているからだ。確かに、心も固定説で考えるほうが安心だ。他人や自分の性質がはっきり把握できる。その一方で、固定説で考えていると、制約から逃れられない。人を騙す人間はつねに騙す。嘘つきはいつでも嘘をつく。

19世紀に「科学」とされていた骨相学では、人の知性が脳内の決まった領域に収まっていると考えていた。そこでノギスを使って頭蓋骨のでっぱりやへこみを計測し、徳や高潔さの度合いを判断した。まさに固定説だ。この考え方は、広がりつつあった社会的ヒエラルキーを正当化するのに役立った。[3] 骨相学者チャールズ・コールドウェルはアメリカ南部を回って、アフリカ系の人々は奴隷となるように脳ができていると説いた。コールドウェル以外にも多くの知識人が、「生物学的真実」を根拠に、女性に教育を施す価値はないとか、貧乏人は貧乏になるように生まれたとか、犯罪者は決して更生しないなどと主張した。科学としての骨相学は破綻していたが、イデオロギーとしては便利だったのだ。

20世紀初頭になる頃には、さすがに神経科学の世界も骨相学など信じていなかったのだが、人間の生態は固定だという認識は残った。脳が幼少期に飛躍的に発達することは科学者たちも知っていた――単に成長するだけでなく、信じられないほど複雑な構造へと変わっていく。それでも、ある程度発達すれば、ほとんどの部分は変化が止まる。当時の神経科学で利用可能な道具を使ってどれだけ調べても、大人になってからの脳の変化は確認できなかった。「人間の本性」に対する当時の常識と相まって、この見解は教義のように定着した。傷は治る、しかし脳震盪や、加齢や、酒の飲みすぎで壊れた神経細胞は決して入れ替わらない。科学者たちはそう信じた。

近代の神経科学の父と言われるサンティアゴ・ラモン・イ・カハル[4]が説明している。「成人の脳内における神経回路は固定のものだ。発達は終わっていて、もう変わることはない。すべてはいつか死にゆくだけで、再生は起きない。この厳然たる事実が、もしも覆ることがあるのだとしたら、それは科学がだいぶ進歩したときのことだろう」

冷戦がもたらした知能と性格に関する「皮肉な発見」

科学は厳然たる事実を覆す必要などなかった。間違っていたと気づいただけだ。最初に道を切り開いたのは、今から30年前の鳥の研究だった。カナリアなどの小鳥のオスは交尾相手の気を引くため、毎年春になると新しい歌を歌う。科学者は、歌のレパートリーが増えるにつれ、鳥の脳内で新しい細胞が1日に何千と芽吹くことを発見した。[5]その後の研究で、成体のラット、トガリネズミ、そしてサルでも、新しい神経が生じることが明らかになった。

とはいえ、人間の成人でも脳が育つかどうかは疑わしかった。そこに予想もしない切り口をもたらしたのが、米ソの冷戦だ。

冷戦初期の数年間、アメリカもソ連も頻繁に核実験をしていたが、1963年に部分的核実験禁止条約が成立してからは、そうした実験が行われなくなった。核爆発によって生成される放射性炭素（^{14}C）の値が、冷戦初期の数年間だけ急速に上昇し、条約成立を境に、急速に下落したというわけだ。

放射性炭素は植物や動物に取り込まれ、それを人間が食べ、食べたものから体内で新しい細胞が作られる。スウェーデンのカースティー・スポールディングら神経科学者は、このプロセスを利用した研究を考案した。考古学の年代測定法を借りて、脳細胞の^{14}C値を計測し、細胞がいつ生まれたものか調べたのである。すると驚くことに、人間の脳内には新しい細胞があった。[6] 生涯を通じて新しい細胞が育ちつづけていたのだ。

脳は「据え置き型」ではなかった。脳は変わる。その変化は気まぐれで起きるわけではない。ＭＲＩを使った研究では、体験、選択、習慣が脳を形成することが何度も確認されている。[7] 弦楽器やジャグリングの練習をすると、脳の中で手の動きをつかさどる領域が成長する。慢性的ストレスやうつ状態が続くと、記憶や感情にかかわる領域が退化する。

こうして徐々に、脳は固定だという説は崩れていった。人間の本性は不変であるという説をどれだけ追究しても、少しも証拠（エビデンス）が見つからなかった。知能もそうだ。もしもフランシス・ゴルトンの主張が正しいなら、知能は誕生時点でレベルが決まっていて、そのまま変わらない。ところが、ゴルトンの時代から１世紀あとの１９８７年に、心理学者ジェームス・フリンが驚くべき傾向に着目した。アメリカ人の平均ＩＱが過去40年間で14ポイントも上昇しているのだ。[8] ほかの研究者も、世界各地で同様の傾向が見られることを発表した。

さらに重要な点として、同じ家系であっても世代によって知能に差があることもわかってきた。つまり遺伝に縛られることなく、新たな選択や習慣が、人の素質を変えていく。[9] 栄養摂取や教育の状況が変わると、知能レベルに差が出る。これと同じ理屈で、貧しい家庭の子どもが裕福な家庭の養子になると、ＩＱが10ポイント以上も上昇することが確認された。60万人以上を対象とした最近の心理調査でも、学校に通う1年間でＩＱが約1ポイントずつ上昇すること、その効果は生涯ずっと続くことが発見されている。

知能だけではない。性格も、僕たちが思っている以上に大きく変化する。[10] 成人して実家から独立すると、それまでよりも神経がこまやかになる。結婚すると、内向的になって守りに入る。初めて仕事に就くと、いい加減だった人物が実直になる。意図的に性格を変えることもある。心理療法を受けて、神経過敏の性質がやわらいだり、内気すぎる性質が外向的になったり、嘘つきから正直者へと変化したならば、その変化はセラピー終了から最低でも1年間は持続する。こういう性格だから一生こういう生き方のままだ——というわけでないのだ。僕たちの日々の選択が、僕たちの性格に反映されていくのである。

「こころ移動説」——生まれと育ち、共感力はどちらで決まるか

大陸は動かない、人間の本性は一生変わらない——かつての科学の確信は、こうして否定されるようになった。僕らは固定ではない。凍りついてもいない。僕たちの脳と精神は生涯を通じて変わりつづける。その変化はゆっくりかもしれないし、知覚できないかもしれない。それでも僕らは確かに動

いている。

ヴェーゲナーの「大陸移動説」に合わせて、これを「こころ移動説」と呼んでみよう。移動すると言っても、誰でも何にでもなれる、という意味ではない。挑戦するのは自由だが、僕は念じただけでモノを動かせる人間にはなれないし、ノーベル物理学賞をとれるようにもなれない。賢さや、感情の起伏や、やさしさの度合いなどは、確かに遺伝子によってある程度は決定される。人の性質の一部は遺伝的なもので、一部は経験によるものだ。問題は、そのふたつがそれぞれどの程度かかわっているか、という点だ。

知能を例に考えるならば、人が賢いほうになるか、賢くないほうになるか、遺伝子は最初のお膳立てをしていると言えるのではないだろうか。いわば「設定値（セットポイント）」がこの時点で決まっている。しかし、その後の可能性は、誰の場合でも幅がある。どんな親に育てられるか、教育はどのレベルまで受けるか、あるいはどんな時代に生まれたかといった要素で、ポイントは上がったり下がったりする。「こころ固定説」では最初の設定値に着目し、誕生時点の条件で賢さがわかると考えるが、「こころ移動説」ではポイント変動の幅に着目し、その人がどんな人間に「なりうるか」を考える。どちらの視点にも意味があるものの、人間の本性に関する議論は、これまでずっと固定説ばかりで語られてきた。その結果として、人はどんな自分になっていく力があるのか、という視点が軽んじられてきたのだ。

ロッデンベリー仮説が正しいとすれば、共感は先天的な素質であり、個人の努力ではどうにもならない。確かに思いやりのある人とない人が存在することを考えれば、この認識は正しいと感じられる。世間には聖人もいればサイコパスもいる。その違いについてもう少しよく考えてみたい。

ソールとポールというふたりの人間がいると想像してほしい。ポールは、どちらかというと思いやりに欠け、利己的だ。「こころ固定説」で考えると、彼の性質はこのまま永遠に変わらない。人が設定値から遠く離れることなどめったにないからだ。この場合、ソールとポールがどちらも狭い幅の中で生きていると想定している。ポールにとっての最大限の思いやりは、ソールにとっての最低限の思いやりにも届かない。

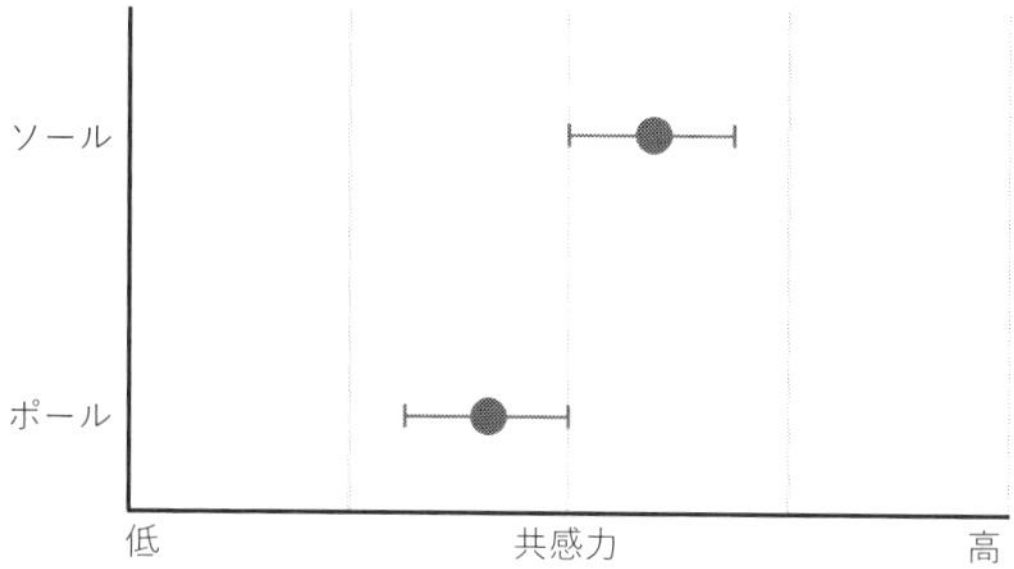

ソール
ポール
低
共感力
高

この構図は確かに真実を含んでいる。共感力は、少なくともある程度は、遺伝的なものだ。双子を調べた研究の多くがそう示している。双子に人間の目の写真を見せて感情を読みとらせる実験もあったし、おもちゃをほかの子と共有できるかどうか保護者から聞きとり調査をした例もある。ある独創的な実験では、研究者が2歳から3歳の双子がいる家庭を訪問している。研究者は双子の前で、かばんに手をぶつけたふりをする。別の場所から隠れて観察している研究者が、幼児がその様子をどれだけ気にするか、けがをしたお客をどれだけ気遣うか測定した。

どのような基準で測定する場合でも、一卵性の双子のほうが、二卵性の双子と比べて、ふたりとも同じ反応をすることが多い。双子は同じ家族として暮らしているが、一卵性のほうは遺伝子のすべて、二卵性のほうは遺伝子の半分を共有している。二卵性の双子は同じ反応をしないのに、一卵性の双子が同じ反応をするとしたら、その性質――性格や知能など――は「遺伝性である」と科学者は考える。こうした分析で共感力を調べたところ、共感力の約30%は遺伝で決定していることがわかった。[11] 寛容な性格かどうかも、ほぼ60%が遺伝で決まる。遺伝の影響はかなり大きいというわけだ。IQの遺伝的要素はだいたい60%なので、[12] それと肩を並べる。この度合いは変動しない。ある研究で被験者に12年にわたって何度か共感テストを受けさせたところ、25歳のときのスコアから35歳のスコアが予測可能だったことがわかった。[13]

遺伝子が共感の「設定値」となることは間違いないというわけだ。しかし、「こころ移動説」では、それでも人は大きく変われると考える。双子研究の話をもう一度例に挙げよう。共感ややさしさは部分的には遺伝性だ。裏を返せば、遺伝では決まらない要素も残っている。体験、環境、習慣などが大きく影響してくるのだ。ソールとポールの共感力のポテンシャルは、実のところ、かなり幅が広い。経験や選択によって、ふたりはその幅を大きく揺れ動く。この法則で言うと、最初の設定値に差があったとしても、体験や選択しだいで、ポールが示す最大限の共感はソールの最低限の共感を上回るのだ。

共感力が経験によって形成されることは、数十年にわたるさまざまな研究で確認されている。[14] 1歳のとき、共感力の高い親に育てられていると、2歳になった時点で、同年齢の子どもと比べて、他人に関心を示したり、人を心配したりすることが多い。4歳では人の気持ちになって考えることができ、6歳では人に対して寛大な行動をとれる。

恵まれない状況の子どもの場合、生育環境はいっそう大きな影響をおよぼす。施設で暮らす子どもの虐待が社会問題になっているルーマニアで、心理学者のチームが孤児たちの調査をしたところ、だいたいは発育不良で、ネグレクトを受けていた。ほとんどの子が他人から愛情を向けられた経験がなく、他人を思いやる方法を学んだこともなく、サイコパスの特徴に似た共感力欠如の兆候を示していた。それでも一部の幸運な孤児は、2歳前後で、引き取り手が決まる。すると、施設に残った孤児に見られる問題が発生しにくくなり、一般的なレベルの共感力が育っていくことがわかった[15]。特に、養父母にあたたかく迎えられた場合は、その傾向が顕著だった。先ほどのグラフで言うならば、最初は過酷な環境が子どもを左（共感力「低」）へ寄せていたのだが、あたたかい環境に移ることで、中央のほうへ戻っていくというわけだ。

大人になってからも、環境や状況によって共感の位置が固まってしまうことがある。うつを経験すると、その後の数年間、共感力が低くなりやすい[16]。うつ以外でも、過酷な体験の影響は、実に意外かつ多様な形で現れる。たとえば、自分が誰かに苦痛を与える側になっているとき、人の共感力は薄れていく。反対に、苦痛を与えられる側にいる

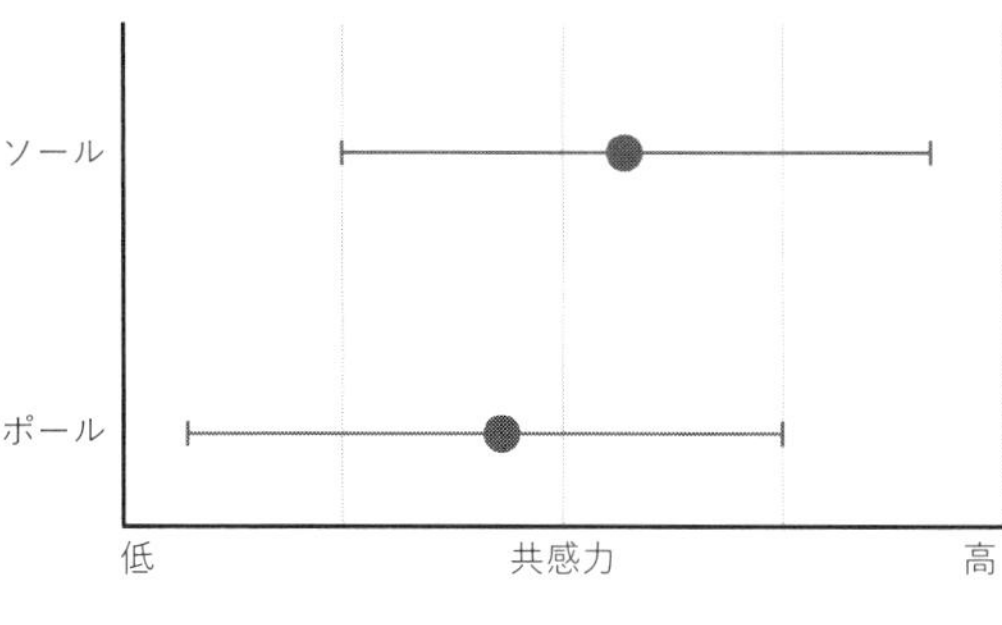

ときは、共感力が高まることがある。

クビを宣告するとき、管理職の心の中で何が起こっているのか

他人にいっさい苦痛を味わわせずに生きていくことは不可能だ。[17] たとえばがん治療にあたる医師は、人がいやがることをしょっちゅう告知しなければならない。あなたのがんが悪化しました、治療は成功しませんでした、残念ながら回復は期待できません……。誰かに悪い告知をするのは病院だけではない。企業では、さまざまな事情で従業員を解雇せざるを得ない状況が生じる。アメリカでは2017年に、1か月に約3万4000人が解雇されていた。[18] 心理学者ジョシュア・マーゴリスとアンドリュー・モリンスキーは、こうした状況を「必要悪」と呼ぶ。がんを患う患者や、クビを切られた労働者に同情するのは簡単だが、必要悪を執行する人間にも苦しみはある。がん専門医のおよそ50%は、悪い告知をするたびに強い心痛とストレスを感じると答えている。[19] 実験室実験〔現実の場面ではなく、研究室内で仮定のシチュエーションを試すこと〕で、悪い告知をする演技をした場合でも、医学生の心拍は上がっていた。

自分が原因で誰かが苦しんでいるとき、その相手を思いやるのは、すなわち自分を責めることにつながる。すると罪悪感が生じる。企業が大量解雇をするとき、実際にクビ切りに携わる管理職は、その期間に不眠症を発症したり、健康を害したりする。[20] そうした状況に置かれた人間は、自分を守るた

め、状況から感情を切り離すのだ。マーゴリスとモリンスキーの研究では、必要悪を執行した人のおよそ半分が、対象者と距離をとっていた[21]。解雇の手続きを進めているあいだは、従業員の家族について考えないようにしていた。ぶっきらぼうな物言いをして、会話も短く切り上げていた。患者に病気の告知をしなければならない医師は、治療の技術的な面だけに意識を集中し、患者の痛みは極力無視する様子が見られた。

他人に痛みを負わせた本人が、自己防衛のために相手を非難したり、非人間的に扱ったりすることを、「道徳不活性化（モラル・ディスエンゲージメント）[22]」という。1960年代に、ある心理学者の研究チームが、被験者に指示して他人に繰り返し電気ショックを与えさせるという実験をした[23]。被験者は、その電気ショックは本当は痛くないんだと考えたり、被験者は本当は悪いやつだと考えたりしていた。ほかにも最近の実験で、白人のアメリカ人被験者に、かつてヨーロッパからの入植者がアメリカ先住民を大量虐殺したという文章を読ませた。すると被験者は、先住民は希望や恥といった複雑な感情をもてない人種ではないか、と考えた[24]。

道徳不活性化は、感情の硬化を招く。心理学者アーヴィン・スタープは数十年前から、戦時中に敵を殺したり、大量虐殺に加わったりした人間の研究をしている。こうした人々は共感の電源をオフにして、「相手の幸せや苦しみについて懸念する気持ちを減らす」ということがわかった[25]。2005年にアメリカ南部の刑務所で、死刑執行人を対象とした聞きとり調査が行われたときも、スタープの研究と同じ結果が出ている[26]。執行人は死刑囚のことを「人間であると認識される権利を失った存在」だと主張するのだった。死刑に直接的にかかわる作業――注射を受ける場所まで運ぶ車椅子に拘束するなど――をする人ほど、非人間化の心理が強く働く。死刑囚との距離が近ければ近いほど、相手を人間と見ないようにするのだ。

トラウマ・サバイバーが示す深い共感力の謎――外傷後成長

他人を苦しませた人は、こうして共感グラフの左側（共感力「低」）のほうへ寄るので、人を思いやることが難しくなる。

一方、強い苦しみをこうむった人のほうはどうだろうか。トラウマとなる出来事――暴力、病気、戦争、天災など――は、心に対する地震のように、人生の基盤を揺るがす。こうした出来事を経験すると、世界は危険で残酷で先の見えない場所だと思えてくる。そして多くの人がPTSDを発症する。つらい記憶がフラッシュバックしたり、前の生活に戻ることを困難に感じたりする。

ところが、こうしたPTSDは、程度の差はあれ軽減していくことが少なくない。性暴力の被害者の場合、事件から半年後にまったく同じ症状を訴えるのは、2分の1未満。帰還兵の場合、その数字はおよそ8分の1になる。[27] 彼ら・彼女らがつらい出来事に遭ったことは間違いないのに、それを乗り越える大きな力は、いったいどこから生まれているのだろう。

一般論ではあるが、他者の支えがあれば、トラウマ・サバイバーは比較的容易に回復の道を進む。[28]

そして立ち直ってくると、今度は自分が他人を支える役割を担うことが多い。２０１７年にハリケーン・ハービーと呼ばれる台風がアメリカのヒューストンを襲ったとき、２００５年のハリケーン・カトリーナの被災者たちが「ケイジャン・ネイヴィー」〔「南部の海軍」という意味〕」と呼ばれるチームを結成し、数十隻のボートでテキサスに向かい、ハービー被災者の救出にあたった。

ほかにも、トラウマとなる出来事を経験し生き延びた被害者が、「ピア・カウンセラー」という役割を担い、自分がかつて体験した傷に今苦しむ人々の支援にあたることもある。戦争からの帰還兵も、苦しい時期を対話で乗り越えようとする。薬物やアルコールと10年以上手を切っている元患者が、ほかの患者が最初の10日間を乗り越える手伝いをすることがある。

心理学では、こうしたやさしさを「苦難から生まれる愛他性」[29]と呼ぶ。この愛他性はさまざまな場面で生じる。最近の研究で、ブルンジ共和国、スーダン、ジョージアなど40か国以上で、戦争被害を受けたコミュニティを調べたものがある。[30]こうした土地に住む人々は想像を絶する苦しみを抱えているので、社会生活を断って引きこもっていてもおかしくない。ところが彼らは、社会運動や市民活動への参加を、むしろ積極的に増やしていた。研究者が金銭を渡すと、無傷だった町の住民と比べて、彼らは周囲の人とお金を分けあう傾向があった。同様に、政治的暴力や天災の被害者は、そうでない人と比べて、ホームレスや、高齢者や、恵まれない境遇にある子どもの支援活動に自主的に加わる確率がとびぬけて高い。レイプ・サバイバーの80%が、事件から数か月後には、以前よりも深い共感力を示すようになる。[31]

こうした変化は持続する。心理学者ダニエル・リムとデイヴィッド・デステノの研究では、自動車事故や犯罪被害に遭う、重病にかかるなど、過酷な体験をした人の分析を行った。調査対象者は研究室に呼ばれ、そこで他人が面倒な作業に苦労している光景を見る。すると、過去につらい体験をした被験者ほど、惜しみなく他人に手を貸していた[32]。つらい体験からかなりの年月が経っていた被験者でも、その傾向は変わらなかった。

共感力のグラフで言うならば、彼らはグラフの右（共感力「高」）へと寄っている。他人を助けようと力を尽くし、その行為を通じて自分自身を助けているのだ。「被害者」という表現は、被害を受けたことによって弱くなったという印象を与えやすいが、実際には多くの経験者が以前よりも強くなり、以前よりも濃い生き方をするようになる。つらいことがあったあとに信仰が強まったり、人間関係が深まったり、生きる目的を新たに抱いたりすることを「外傷後成長（ポスト・トラウマティック・グロース、ＰＴＧ）」[33]という。これは実のところ、ＰＴＳＤの発症と同じくらい、よく見られる現象だ。他人に深い共感を示し、人助けを行うサバイバーの多くが、こうした外傷後成長を報告している。傷を負ったばかりの他人の相談に乗ることで、自分がそれまでに乗り越えてきた道のりを実感し、強くなれたことを理解するのだ。苦しんだ経験で、今誰かの役に立てているのだとすれば、自分の経験は決して無駄ではなかったと感じることができる。偉大な精神科医で、ホロコーストを生き延びたヴィクトール・フランクルが、こう書いている[34]。

「自分が人間というものに対してどんな責任を担っているか、それを意識するようになった人は

(……)人生を投げ捨てることはできなくなる。自分が存在する理由がわかっているので、人生のあり方がどのような形になろうとも、ほとんどは耐えていけるのだ」

スタンフォード大学の採用試験で、マインドセット研究と出会う

経験は、僕たちを共感グラフの「高」や「低」へと動かす。とはいえ、ここまでに説明してきたのは、あくまで偶発的な出来事による共感力の変化だ。人は、他人に冷たい人間になることを目指して、他人を傷つけるわけではない。自分が決めた選択に合わせてそんな態度をとるだけだ。当然ながら、被害者になったほうも、傷つけられることを選んだわけではない。起きてしまった出来事の結果として、思いやりの力が伸びていく。人は基本的には家族を選べないし、遺伝子も選べない。だとすれば次に生じてくる疑問は、「共感力を意図的に伸ばすことは可能か」という点だ。

その疑問に答える有望な研究がある。「共感力は伸ばせる」と信じるだけで、実際にそうなるというのだ。[35] 僕の師匠のひとり、心理学者のキャロル・ドゥエックが、この説を教えてくれた。

僕がキャロルに出会ったのは、スタンフォード大学の採用面接を受けたときだ。僕はもともとあがり症で、その日は特に緊張していたので、面接を受けるというだけで軽くパニック状態だった。彼女のオフィスに向かう途中でトイレに立ち寄り、ペーパータオルを冷たい水で濡らして首の後ろにあて、止まらない汗を何とか抑えようとした。面接が始まると、自分の研究命題について早口で説明し

た。「人間の共感力は変わるかどうか知りたいんです」。共感は部分的には遺伝で決まるが、環境によっても変わる可能性があることなど、この章で書いてきた説を彼女に説明した。

「それで、人はどう考えているのでしょう?」とキャロルは質問した。

僕は戸惑った。科学者の考えについて、たった今5分ほどみっちり語ったばかりだ。わかりにくかっただろうか。話を急ぎすぎただろうか。不合格だろうか。僕は説明を再度試みようとしたが、キャロルはそれを遮って、もう一度尋ねた。

「そうじゃないんですよ。人はどう考えるのか、と聞いたんです。研究者じゃなくて、本人はどう感じているんでしょう」

もちろん研究者も人間だ。しかし、キャロルの一見シンプルな質問で、僕は気づかされた。人間が自分の共感力は伸びるものだと思っているのか、ずっと変わらないものだと感じているのか、僕は考えていなかった。

重要な着眼点だ。この問いの答えを知る人物が存在するとしたら、それはキャロル・ドゥエック本人にほかならない。彼女は数十年間も「マインドセット（思考回路）」について研究してきた。人が自分の心理について何を信じるか、という研究だ。それによると、人間は大きく2種類に分かれる。僕の言葉で言うならば、「こころ固定説派」は、知能や外向性など、人間の性質は変わらないと考えている。自分自身も含め、人を最初の設定値で判断する。一方「こころ移動説派」は、同じ性質のことを、天性の素質というよりスキルのようなものだと考える。「今はこのレベルの知能かもしれないが、これから変わることもありうる。努力をすれば、きっと伸びる」と信じている。

こうしたマインドセットは本人の行動に影響する。[36] 苦しい状況に置かれたときほど、考え方によって対応の差が顕著になる。キャロルが他の研究者とともに行った有名な研究では、まず知能に関する学生のマインドセットを測定し、それから難しい課題を解かせた。その後、テストの成績が悪かったと告げた。すると、最初の測定で「こころ固定説派」だった学生は、自分に能力がないのだと受け止めた。彼らは補講やトレーニングを受ける機会を避けたがった。そんなものを受けても伸びることはない――伸びないのなら試す意味もない――し、余計に恥をかくだけだと思うからだ。補講を受けたとしても、やっぱり自分は賢くない、今後も賢くなんかなれない、とはっきりするのがオチだと思っていた。一方、「こころ移動説派」だった学生は、補講の機会を歓迎した。もっと勉強すれば、もっと伸びるはずだと考えていた。

キャロルはマインドセットの測定だけでなく、マインドセットの転換も試みている。ある実験では、学生たちに「知能は可鍛性がある」（高めることができる）という論文を読ませた。論文を理解した学生は、当初のマインドセットにかかわらず、「こころ移動説派」に切り替わった。そして、知能は伸ばせるという認識のもと、一生懸命に課題に取り組んだ。こうした転換は長期的な影響を生む。30件以上の先行研究を分析した最近の心理学論文によれば、アメリカの学校で生徒に「きみはもっと賢くなれる」と教えると、翌年の学業成績がわずかに――しかし明らかに――高くなったという。[37] 特にマイノリティの生徒の場合、マインドセットによって歴然と成績に違いが出る。場合によっては、人種的な不利益によって生じる成績格差が埋まるほどの伸びも見られた。

スタンフォード大学で研究を始めた僕は、キャロル、そして同じく心理学者のカリーナ・シューマンとともに、知能と同じ働きが共感でも見られるかどうか調べることにした。[38]「共感力は天性の素質だから仕方ない」と信じる人は、共感しにくいときには共感を示さないのではないか。逆に共感はスキルだと信じる人は、共感しにくいときにも共感を示そうと試みるのではないか。

調査はシンプルな方法でスタートした。数百人を対象に、次に示す設問に対し、一般的にどちらが正しいと思うか尋ねた。

・思いやり深いかどうかは、自分自身の力で変えられる。

・思いやり深いかどうかは、自分自身の力で変えられない。

この回答から、被験者を「こころ固定説派」と「こころ移動説派」に分けた。それから、共感を示すのが難しいさまざまなシチュエーションを体験させた。すると、ほとんどの状況で、「こころ移動説派」は、一生懸命に共感を示そうとしていた。自分と違う人種の人が感情をあらわにして語っていても、できるだけ長く耳を傾けようとする。自分と異なる政治見解をもつ人の意見も、理解しようと努力していた。

僕たちはさらに、共感に対する認識を転換する実験をした。被験者に2本の雑誌記事のうち1本を見せる。どちらも書き出しは同じだ。

「わたしは先日、偶然に、高校の同級生と会いました。10年以上前に卒業して以来だったので、目の前にいる人物と、記憶の中にある人物を、比べて考えずにはいられませんでした。あの頃の彼女は冷酷なタイプで、他人の身になって考えたり、人の気持ちを理解したりといったことが、ほとんどない人でした」

このあと、「こころ固定説」の文章は、こんなふうに続く。

「その彼女が今は住宅ローン会社で働いていて、返済できない人の住宅差し押さえもしていると知って、わたしは驚きませんでした。彼女はあの頃のままだったのです。彼女は変わらなかったんだな、以前の冷たい人格から成長できなかったんだな、とわたしは思いました」

文章はさらに、共感力は天性の素質だと述べる主張が続く。最後はこう締めくくられている。

「彼女の共感力が年月を経ても変わらなかったのは、当然のことなのかもしれません。たとえ本人が、人に思いやりを示す方法を学ぼうとしたとしても、おそらくうまくいかなかったでしょう。それが彼女という人間なのです」

一方、「こころ移動説」の文章では、書き出しの続きが違う展開になっていく。

「その彼女が、今ではソーシャルワーカーとして働き、結婚して家族もいて、コミュニティにも積極的に貢献していると聞き、わたしは驚きました。彼女は前とは違う人間になっていました。何がきっかけでこんなふうに変わったんだろう、とわたしは思いました」

文章はさらに、共感はスキルだと述べる主張が続く。人は思いやりの力を学べる、実際にそうなるという証拠を説明する。そして最後はこう締めくくられる。

「きっと彼女は長い時間をかけて、思いやりの心を育ててきたのでしょう。今はソーシャルワーカーとして、彼女自身がそれを他人に伝えられる立場にあるわけです。思いやりのある人間かどうか、それは自分自身で変えていくことができるのだ、と」

被験者はどちらかの記事を読み、その趣旨を理解した。1本目の記事を読んだ被験者は、「こころ固定説」に納得した。2本目の記事を読んだ被験者は、「こころ移動説」に納得した。ここで重要なのは、この心境変化によって行動も変わったという点だ。記事を読んで「こころ固定説派」に切り替わった被験者は、共感にムラが生じていた。自分と似た考え方をする他人には多少の共感を示すものの、そうでない他人は拒絶する。一方、記事を読んで「こころ移動説派」に切り替わった被験者は、それとは正反対だった。彼らは人種や政治的見解が異なる相手にも、共感を示すようになっていた。

「共感力は伸ばせる」と信じることから始めよう

もう少し難しいシチュエーションでも、「こころ移動説派」の共感力が確認されている。スタンフォード大学の学生を対象に、がん啓発キャンペーンを実施すると告げ、キャンペーンに貢献する方法を何種類か提示した。気軽にできる方法としては、たとえば、寄付を呼びかける行進に参加する。もう少し荷が重い方法としては、がん患者支援グループの集会に参加して、患者たちの体験談を聞く。こうしたボランティア活動に何時間捧げるか尋ねたところ、気軽なボランティア活動ならば、「こころ固定説派」も「こころ移動説派」も同じくらいの時間を投じると答えていた。ところが、荷が重いほうのボランティア活動では、「こころ移動説」に切り替わった学生のほうが、2倍も長い時間を捧げると答えた。ふつうなら避けたくなるシチュエーションにも、彼らはおじけづかなかった。

被験者が読む記事は無作為に決めている。つまり、実験開始の時点では、集団に偏りはなかった。

それなのに数分かけて記事を読んだだけで、片方の集団は共感グラフの左へ（共感力「低」）、もう片方の集団は右へ（共感力「高」）、明らかに位置を移動していたのだ。

この実験からは、かなり深刻で皮肉な状況が浮かび上がってくる。共感力は伸ばせると信じるなら、共感力は伸びる。しかし、それは現代社会の主流の考え方ではない。僕たちは「こころ固定説」で生きている。やさしさを発揮しにくい壁に囲まれて、その中で「こころ固定説」の情報ばかりを見聞きしている。そしてまたやさしさを塞ぐ壁が増える。悪循環だ。

だが、この悪循環を打ち壊し、人間の本性――僕たちの知能、性格、そして共感力――はある程度は自分しだいで変わると思えるなら、そこから「こころ移動説派」として生きていくことも不可能ではない。それまで見えていなかった共感の機会が視野に入るようになる。おそらく、この本を読み進めるだけでも、あなたはその方向へ少し進みはじめている。

マインドセットを変えるのは第一歩だ。共感力は伸ばせると信じて、僕たちはその先へ進むことができるだろうか。目の前の体験にただ流されるのではなく、共感を自分の意思で発揮していくことは、できるだろうか。次の章でその方法を考えていきたい。

第2章

僕らは共感を「選択」している

——いったい何が「思いやり」を疎外しているのか

2枚の写真、2通りの共感力

ロン・ハヴィヴとエド・カシは、苦しみを見守るのが仕事だ。「たいていの人が逃げ出すような場面に、わたしたちは引き寄せられます」とカシは語っている。ふたりはフォトジャーナリストだ。数十年にわたり、葬列から暴動まで、さまざまな出来事を写真に収めてきた。被写体のつらい瞬間を直視するという点ではふたりとも同じだが、仕事に対するアプローチは異なっている。ページをめくってふたりが撮った写真を見てほしい。撮影地は6000マイル（9600キロメートル）離れた場所で、撮影時期にも2年のずれがある。

上の写真はハヴィヴが撮影した。コソボ紛争での写真だ。このときセルビア人が民族浄化運動を立ち上げて、ムスリムの抹殺や追放を行った。多くのムスリムが近くの山々に逃げ込んだが、避難所になる場所は少ない。ハヴィヴは「このコミュニティは山間に隠れ住んでいたが、季節はどんどん寒くなっていた」と説明している。

「写っている幼子は、寒さにさらされて亡くなった。その埋葬の準備をしているところだ。イスラムの伝統に沿って、埋葬の前に体を清めている」

こうした写真を撮影するときのハヴィヴは、自分の感情を切り離している。

「わたしがこうした場面に立ち会うのは、世間に知らしめる責任のためであって、自分自身のためではない（……）感情が乱れて写真が撮れないことがあってはならない」

悲しみの空気に囲まれていても、ハヴィヴはポーカーフェイスを保つという。

もう1枚、下の写真はカシが撮影した。中央に写る女性はマキシーンという名前で、パーキンソン病とアルツハイマー病の末期だった。「この日が彼女の最期の日だ、とはっきりわかっている状態でした」とカシは語る。

「『もうがんばらなくていいよ』と、夫が彼女に伝えてあげる必要がありました。そうすべきだと夫に伝える立場にあったのが、わたしでした。そこで夫の前で膝をつき、言いました。『アート、あなたがマキシーンに、もういいよ、と言ってあげなければ』。彼は身を起こし、妻にその言葉を言いました。1時間半後、彼女は息を引き取りました」

ハヴィヴと違って、カシはこうした場面で自身の感情にどっぷり浸るのだという。

「優秀なプロならば、『仕事のためにいるのだから』と言って、無感情になることができるのでしょう。でもわたしは、たいていこういう場面で、かなり泣いてしまうんです」

カシは被写体とのあいだに密接な絆を育む。最後の数か月間、夫婦は自宅に介護用ベッドを運び込み、横並びのベッドで眠っていた。亡くなった日の夜は、アートがひとりきりにならないよう、カシが折り畳みベッドを使って同じ部屋で寝たという。

カシとハヴィヴの写真に対する向きあい方は、どうしてこれほど正反対なのだろう。ひとつの可能性として考えられるのは、彼ら自身にとって「そのようにしかできない」という説だ。これはロッデンベリー仮説の第2の想定「共感とは反射的なもの」に該当する。感情を揺さぶる場面に居合わせる

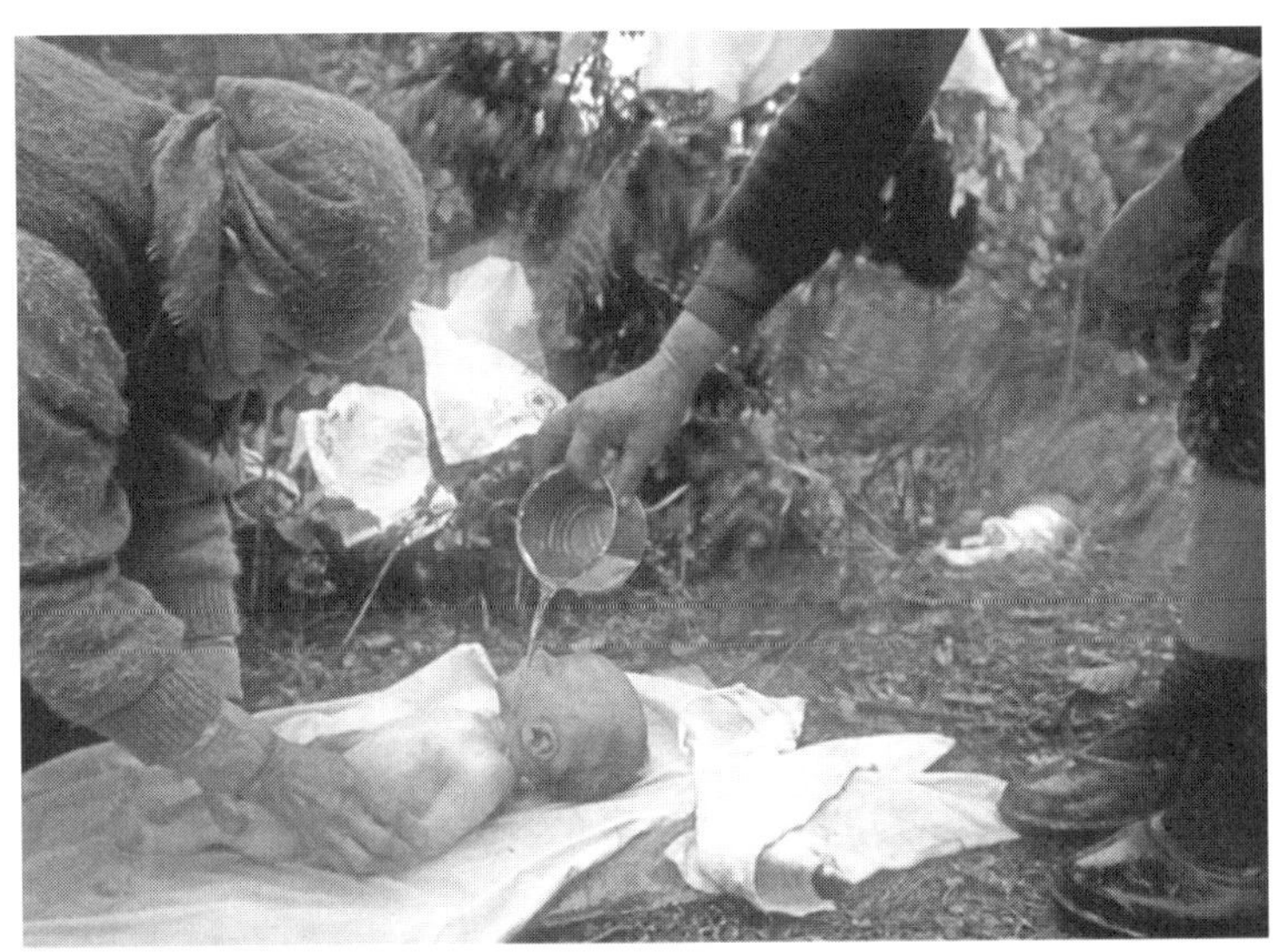

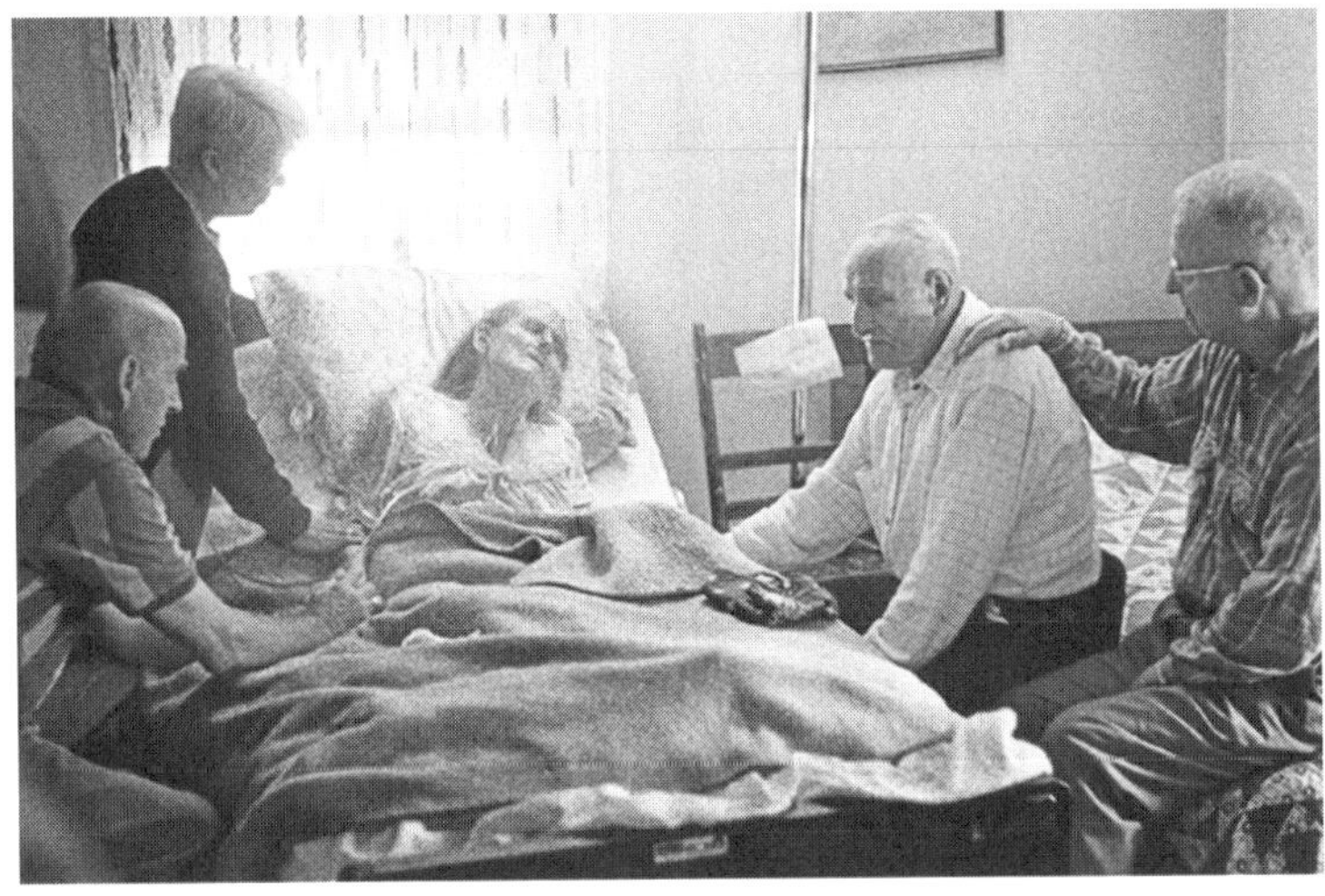

と、それに反応して、自分のもともとの共感力が否応もなく発揮される。カシは、『スター・トレック』に出てくる超能力者ディアナ・トロイのタイプで、共感せずにはいられない。ハヴィヴは、おそらくアンドロイドのデータに近いタイプで、共感を閉じ込めずにはいられない。

とはいえ、この説に対して、ふたりはどちらも同意しないだろう。ハヴィヴは人の気持ちがわからないわけではない。むしろ被写体に深く心を寄せている。それと同時に、彼らを助けるためには苦しみを報道しなければならないのだ、と感じている。だから感情を動かさない。後日、仕事が済んだあとで、心を開放するのだという。「現場を離れたあとで感情が湧き出るよう、自分を訓練している」とハヴィヴは言う。「ホテルに戻ってからなら泣いてもいい、ということにしている」

一方でカシにとって、感情的な絆を作るのは、仕事の一環でもある。「ソーシャルワーカーのようなものですから」

ハヴィヴとカシは、ただ単にその場で生じる気持ちに流されているわけではない、彼らはそれぞれ、自分なりのやり方で、目的に合った共感力を発揮している。

心の中の「綱引き合戦」

綱引き合戦を思い浮かべてみてほしい。赤チームと青チームが綱のあちらとこちらに分かれて引っ張っている。綱引きの説明を頼まれたら、あなたは何と言うだろうか。一列になった若者たちが顔をゆがめ身体をつっぱらせて競うスポーツ。我慢強さで争う古代からの競技。かつてはオリンピックの種目にも入っていた。2024年の五輪で復活すると言われている。

しかし、物理学者に綱引きの説明を求めたら、まったく違う解説が返ってくるだろう。引っ張る強さと引っ張る方向の組み合わせが力として作用する。選手一人ひとりの力を矢印で描くならば、力の大きい選手は長い矢印、力の小さい選手は短い矢印だ。赤チームの矢印が総合的に長ければ、赤チームが徐々に引っ張り込んで勝利する。赤チームが疲れて、青チームが勢いを増せば、力が逆転して試合の形勢が変わる。

心理学者のクルト・レヴィンも、人間の行動をこれと同じように考えた。レヴィンは1930年代に、物理の法則をベースとした学説を組み立てている。人は心理的な力、すなわち「動機」によって引っ張られているのだという。「接近欲求」[1]が動機になっているときは、行動するほうに引っ張られる。「回避欲求」が動機になっているときは、行動することから離れていく。接近欲求のほうが強ければ、行動する。回避欲求のほうが強ければ、行動しない。レヴィンはこれを、食料品購入のプロセスを例にとって説明している。[2]

次ページの図において、買い物客は4つの食品を見つける。レヴィンによると、人を購入へと引き寄せる動機——おいしそう、健康によさそう——が右向きの矢印だ。そして購入から引き離す動機——高そう、食べごたえがなさそう——が左向きの矢印だ。食品3は、買い物客にとって魅力が大きく、避ける理由は少ない。これは購入決定だ。食品4がどうなるかもすぐわかる。しかし、食品1と

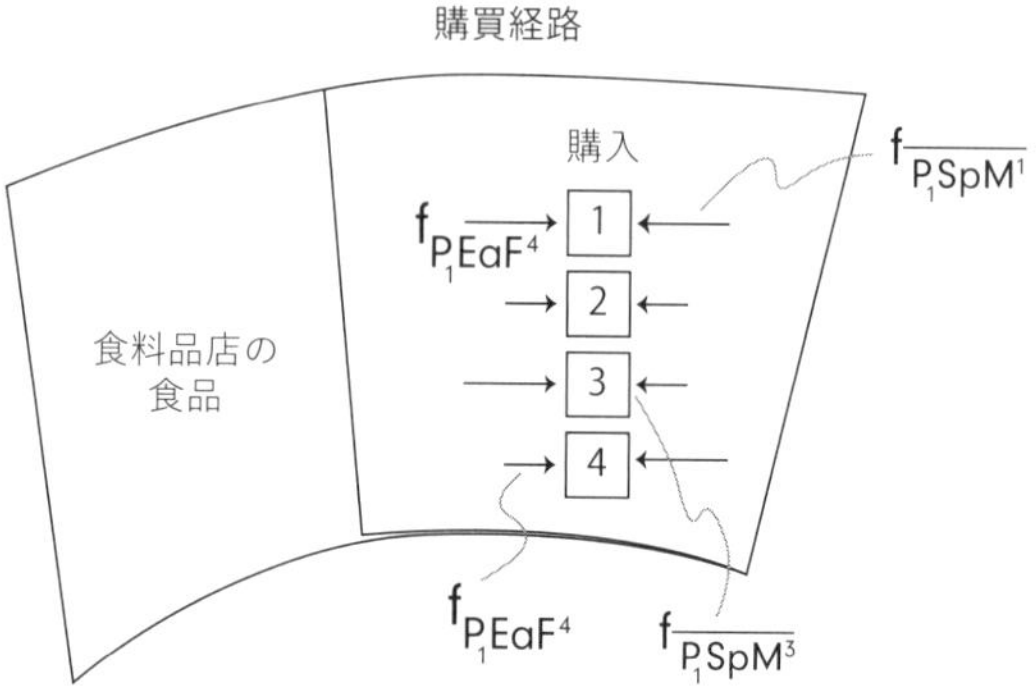

購買経路

購入

食料品店の食品

$f_{P_1 EaF^4}$ → 1 ← $f_{\overline{P_1 SpM^1}}$

→ 2 ←

→ 3 ←

→ 4 ←

$f_{P_1 EaF^4}$

$f_{\overline{P_1 SpM^3}}$

2はややこしい。食品1は、惹かれる理由も強いが避けたくなる理由も強い。おいしいけれど高い、といった具合に（たとえば、フィレステーキ）。食品2は、惹かれる理由も避ける理由も、どちらも薄弱だ。高くはないけれど味もそれなり、といった具合に（たとえば、ありふれたハム）。食品1は動機がぶつかって選びにくいし、食品2は動機が弱くて選びにくい。

レヴィンはこの理論を使って、同調圧力や政治的混乱など、さまざまな事象を説明している。レヴィンによれば、物事の検討一つひとつが、脳内の綱引きなのだ。朝起きてベッドから出るときも、わが子を叱るときも、ランニングをしようと決めるときも、綱引きでその行動が決まっている。「ベッドから出る」「叱る」「走る」という行動へ引っ張る力が強く、それらの行動をしない力を打ち負かしているというわけだ。

「人間は感情に支配されている」は本当か？

では、行動ではなく気持ちについてはどうだろう。感情も綱引きの結果であり、すなわち選択の問題だ——という考えは、実のところ最近まで、科学者のあいだではまったく聞かれなかった。心理学者のウィリアム・マクドゥーガルは1908年に、感情は「本能」だと主張している[3]。原始時代から人間にあらかじめ備わっているものだ、と。マクドゥーガルの説では、いつ恐怖や欲望や怒りを感じるか、人は自分で決めることができない。膝を叩かれたときにカクンと反応するかどうか、自分で決められないのと同じだ。現代でも多くの人がこの説に賛同している[4]。最近の研究で、700人以上を対象に、感情の働きについての考えを尋ねた。すると3分の1ほどの人が、「人間は感情に支配されている」という文章に同意した。半分ほどは「人は感情を制御できない」という文章に同意した。

マクドゥーガルは共感も本能と見ていた。他人の感情によって自動的に引き起こされる本能だ。「他人の痛みや喜びに接すると、たちまち触発されて、共感せずにいられない（……）それが自分自身の痛みや喜びとなるので、その感情にもとづいた行動を起こす」と書いている。僕が言うロッデンベリー仮説と同じだ。

共感本能はポジティブな力だ、とマクドゥーガルは信じていた。「共感の力があるからこそ団結もできる」。もっと悲観的な意見も、何世紀も前から存在している。ドイツの哲学者イマヌエル・カントは1785年に、「善良な性質は弱く、いつでも盲目だ[5]」と書いた。いずれにしても思いやりは反射的に出てくるものと考えている点では同じだ。生じるときには勝手に生じる、生じないときは生じない、それを自分で決めることはできない。友人の苦しみを見れば反射的に共感するが、他人の苦しみには共感しない。自分と似た人には共感するが、部外者には共感しない。写真を見れば心を揺さぶられるが、統計値を見ても心は動かない。

これが共感の致命的な欠陥だという指摘もある。[6] たとえば心理学者のポール・ブルームは、著書『反共感論――社会はいかに判断を誤るか』で、こう書いている。

「共感は狭い範囲の特定のものに、ぼんやりと向いている。そのため、人種の好みなど関心を引かれる要素があると、必ずそちらに引きずられてしまう」（強調は引用者による）

引きずられ、共感の方向がそれたときの僕らは、軌道修正という点でまったくの無能だ。特に現代では、誤爆した共感表現がゆがめられ、切り取られ、間違って使われていく運命にある。ブルームの考えによると、人間が真に節度ある生き物になるためには、感情など捨ててしまったほうがいい。アンドロイドのデータのように、あくまで合理的に判断する博愛主義を採用すべきなのだ。「人類の生存に共感は役立たない。理性に道を譲るべきだ」とブルームは述べる。

そうは言っても、心と頭はつねに交信している。感情は思考によって作られることもある。[7] 野原でクマを目にしたら、とっさに恐怖を感じるが、自分が動物園にいると理性でわかっているなら、恐怖ではなく好奇心が湧いている。子どもは、転んだとき、まず親の顔を見る。親が落ち着いていれば、子は立ち上がる。親が慌てていたら、涙腺を決壊させる。

つまり、感情は出来事に反応するのではなく、自分がその出来事を「どう解釈したか」によって変わってくるのだ。プロローグで紹介したように、古代ギリシャのストア派哲学者エピクテトスは、それを知っていた。シェイクスピアも知っていた。シェイクスピアはハムレットに「物事自体にいいも悪いもない。善悪を決めるのは思考だ」と語らせている。

だとしたら、そこからひとつの重大な結論が浮かび上がる――考え方を変えさえすれば、気持ちを変えることができるはずではないか。

「こころのチューニング理論」――人は共感するかどうかを選んでいる？

スタンフォード大学の心理学教授で同僚のジェームズ・グロスは、この現象を20年以上も研究している。[8] 彼が繰り返し行っている実験では、まず、本章の冒頭に載せたのと同じような写真を被験者に見せる。一部の被験者には、その写真について思い返すとき、できるだけ感情を抑えるよう指示する（ハヴィヴのように）。別の被験者には、湧きあがる感情をじっくりかみしめるよう促す（カシのように）。たとえば翌朝、コーヒーを飲みながらマキシーンの写真を思い返し、「ふたりは50年間ずっと一緒だったのに、このあとのアートはたったひとりなんだな」と想像をめぐらせて、悲しみを強く感じる。前者の被験者は、「ふたりはずっと愛ある生活を送ってきたのだろう」と考え、それを悲しみとは受け止めない。グロスの研究によると、こうして距離をとっていた被験者は、感情の揺れがあまり見られなかった。身体的ストレスの兆候はほとんど見られず、脳内で感情をつかさどる部分も落ち着いていた。悲しみに呑まれていたほうの被験者は、それとは正反対だった。

こうした距離のとり方を、僕は「こころのチューニング」と呼ぶ。頭の中でわざと計算に集中したり、自分の気持ちを見つめ直したりすることで、体験の感じ方を瞬時に切り替える方法のことだ。チューニングの技術は役に立つ。[9] 特に感情が激してしまう場面では、この力が必要だ。配偶者と口論になっても、「今の自分はどんな気持ちになっているか」と見つめ直す力があるのなら、その結婚生活は続くだろう。イスラエル人が、ガザ地区におけるパレスチナ人の行動についての記事を読んだとき、これと同じように対応できるならば、報復ではなく平和を目指す政策を支持する心境になれるだろう。

感情のアップダウンだけではない。その状況で役立つ気持ちを、意図的に選び取ることもある。ボクサーがリングに向かうときに必要なのはハッピーな気分ではなく、おそらくは怒りだ。物乞いが道行く人の同情を呼びたいなら、怯えた顔をするよりも、悲し気な雰囲気をまとうほうが賢い作戦だ。

心理学者マヤ・タミルの研究によると、人はたとえ負の感情であっても、「使える」気持ちのほうへ傾くことがある。[10] たとえば敵対的な交渉の場に出るときには、自分を奮い立たせるために、怒りに満ちた歌をあえて聴く。人の同情を引きたいときは、悲しい音楽を聴く。レヴィンが綱引きの比喩で表したように、人は感情の押し引きをする。自覚があろうとなかろうと、しょっちゅうそれをやっている。今この場で悲しい気持ちになったら、どんなコストがあるか、どんなメリットがあるか。嬉しい気持ちや不安な気持ちになることの損得を勘定して、目的に沿った感情を選んでいる。

共感も同じだ。確かにマクドゥーガルが言うとおり、共感が反射的に生じることもある。[11] しかし、それ以上に、人は共感の有無を選んでいることのほうが多いのだ。[12] 共感が役立つかどうかによって、共感することを選んだり、共感しないことを選んだりする。

共感する理由はわかりやすい。たとえば、楽しい気持ちには伝染性があるので[13]、そばにいる人が楽しければ自分も楽しくなる。周囲がハッピーなら、レースカーが競いあって勢いが生じるように、それが全体の空気になるからだ。人間関係の重要なニーズにも共感は役立つ。子ども時代の僕は、両親それぞれとの絆を守ることを望み、意識的に共感していた。同様に、魅力的な人や力のある人と出会って親しくなりたいと思ったときは、誰でも共感のチューニングを意識的に上げて、相手の気持ちに正確に読みとろうとする[14]。

共感することが負担だとしても、自分をよく見せるために、あえて共感する場合もある。マザー・テレサ、ダライ・ラマ、キリストの例を考えればわかるとおり、思いやりや寛容さは、徳の表れとして理解されやすい。だから、自分は徳の高い人間だと思ってもらう必要があるときほど、人はやさしい行動に出る。誰も見ていない場面よりも、人目がある場所で、思いやりを示す[15]。しかも、そうした行動をすることによって、自分自身も「わたしは善良だ」と納得する。

心理学の実験では、過去に誰かを裏切った体験を思い出させるなど、被験者の倫理観が疑問視される状況を作ると[16]、被験者はそのうしろめたさを償おうとする。他人に手を貸そうとしたり、慈善団体に寄付をしたり、環境保護を訴えたりする行動が、そうでない被験者よりも多く見られるのだ。

「善きサマリア人」も時間とお金しだい？

共感することを選ぶ理由があるのと同じように、共感しないことを選ぶ理由もある。たとえば誰かが苦しい状態にあるのなら、その人と一緒にいると、自分にも火の粉がおよぶかもしれない。[17]僕の友人で、心理療法士の女性は、うつ病の患者の診察を1日の最後にしないよう、スケジュールの調整に注意を払っているという。患者の闇を自宅にもち帰ってしまわないようにするためだ。

1970年代、S・マーク・パンサーという心理学者がカナダのサスカチュワン大学で行った実験は興味深い。共感すると苦しくなる場面で、人は共感することを避けようとするのだという。実験では、人の出入りの多い学生会館内のテーブルに寄付を呼びかける紙を置き、いくつか異なるシチュエーションを作った。あるときは、そのテーブルは無人だ。あるときは、車椅子の学生がそばにいる。お知らせの紙に笑顔の健康そうな子どもの写真を載せたり、悲しそうな病気の子どもの写真を載せたりもした。車椅子や悲しい写真は、共感を誘う小道具だ。すると、こうした小道具を目にした学生は、テーブルをぐるりと迂回して室内へ入っていく。[18]感情を動かされることを避けていたのだ。

自分の時間やお金が関係してくると、共感は負担になり、人はかたくなに共感を避ける。たとえばマンハッタンの道路を歩けば、かわいそうな人、恵まれない人の存在がいやでも目に入る。一人ひとりを直視していたら、どうしても板ばさみになる。もっているお金を全部渡して、自分はすっからかんになるのか。それとも一銭も渡さずに、罪悪感を抱くのか。こうした状況で、人はたいてい共感を避けることを選ぶ[19]。ある研究では被験者に、ひとりのホームレスの話を聞かせた。感情を揺さぶられるストーリーだ。被験者にはあらかじめ、「のちほど、この方に寄付をする場を設けています」と信じさせている。すると彼らはホームレスの話を極力聞かないようにしていた。共感できなかったのではない。彼らは能動的に、共感しないことを選んでいたのだ。

ふだんは他人に手を差し伸べるタイプの人物でも、自分がいっぱいいっぱいのときは、人に対して無慈悲になることを選ぶ。心理学者ジョン・ダーリーとダニエル・バトソンは、プリンストン大学で神学を学ぶ学生を対象に、次のような実験をしている[20]。

まず、善きサマリア人の話で説教の原稿を書くように求めた。善きソマリア人の話は、新約聖書のルカによる福音書に出てくる。ある男がエルサレムからエリコへと向かう途中で、強盗に遭う。殴られて、息も絶え絶えになって倒れていると、幸いなことにサマリアの住民が通りかかった。サマリア人は「同情し、寄り添って傷に油とワインを注ぎ、包帯を巻き（……）看病をした」。傷にワインを注がれて嬉しいかどうかは、この際ちょっと置いておこう。ともかく神学生は話のポイントをきちんと理解して、思いやりの大切さについて語る原稿を書いた。その後、別の建物まで説教をしに行くよう指示された。

ダーリーとバトソンはここにひとつ仕掛けをしていた。一部の学生には、説教の時間まで少し間があると告げ、焦らなくていいと話した。残りの学生には、説教の時間が迫っていると告げた。後者の学生は大慌てで走っていく。大学構内の庭をつっきり、目指す建物に到着すると、扉の前でひとりの男が座り込んでいる。近づいたときに男は咳をして、苦しそうにうめく。実は、男は実験の役者だ。この光景はこっそり録画されている。すると、急いでいなかった神学生は60%以上が男を手助けしたのに対し、時間がないと信じ込まされていた学生は、10%しか助けようとしなかった。こんなにあからさまな皮肉はないだろう――道に倒れた男を助けることの大切さを語るために急いでいるという理由で、道に倒れた男を無視したのだから。

共感することを避けるとき、人はその過程で自分自身を傷つけている。数十年にわたる研究で多数のエビデンスが出ているとおり、人は他人に共感するとき、同時に自分自身のことも救っているのだ。[21] 共感すれば、友人ができやすくなる。大きな幸せを感じる。共感を避ける人と比べて、うつになりにくい。逆にいうと、他人のためにエネルギーを割かないと決めるとき、そうしたメリットを自分から奪っている。

心理学者ジョン・カシオポが率いる研究チームは、被験者を10年にわたって追跡調査している。すると、ある年に孤独だった被験者は、翌年、自己中心的な傾向が増していることが確認された。[22] そして、自己中心的だった被験者は、その後の年月で孤独とうつに陥ることが多かった。孤独な人には共感を避ける動機がある。うっかり他人に心を寄せると、その気持ちを受け止めきれない気がするからだ。そこで自分自身だけに目を向ける。そして余計に状況をこじらせるのだ。

競争ではモチベーションも生産性も上がらない

レヴィンの説を借りて、現代のやさしさの問題を新しい視点で考えてみたい。共感力が芽生えた頃の人類は、あくまで身内だけで暮らしていた。視界に入る人は全員、自分が助けるべき理由がある存在だ。これが共感するほうに引っ張る動機になるので、共感することはたやすかった。その点、現代の僕たちは孤立し、ストレスを抱え、他人の中に埋もれて暮らしている。歴史上のどんな時代の人間よりも、僕たちには、共感を避けるべき理由がたくさんある。

問題を新しい視点で考えるからといって、それですぐ解決ということにはならない。しかし少なくとも、見方を変えれば新たな理解も生まれる。レヴィンは「優れた理論とは実用的なものだ」と言った。水の流れを理解するだけなら学問的探究だ。農作物の灌漑設備を作るなら、それは技術革命になる。脳内綱引きも同じだ。左右の力を理解すれば、そのバランスを動かすことも可能になる。

レヴィンはユダヤ人だった。1930年代にドイツを逃れアメリカに渡り、彼が「アクションリサーチ」と呼んだ研究に心血を注いだ。研究室内に閉じこもらず、現実世界の問題を探究し、心理的要因を特定して、より賢明で、より健全で、より生産的な選択を促す工夫を具体的に考案するのだ。初期の頃にはハーウッド・マニュファクチャリングという繊維会社の様子を研究している。[23] 同社の工場はニューイングランドから移転して、バージニア州マリオン郡のアパラチア山脈の小さな村で操業を始めたばかりだった。新しい土地では熟練した労働者が見つからず、未経験者を雇うことにした。主に、周囲の山間の村に住む若い女性たちだ。工場の監督が12週間のトレーニングをして、急いで作業を始めさせた。モチベーションを上げるために、仕事の速い者には多額の報酬を、遅い者には厳しい叱責を与えた。

これは完全な失敗だった。バージニア州で新たに雇った労働者は、ニューイングランドで働いていた労働者と比べて生産性が半分で、しかも離職率は2倍だった。トレーニング終了前に辞める者も少なくなかった。レヴィンの考えによれば、これは工場側が仕掛けた綱引きが間違っていたせいだ。金銭的な報酬は魅力的だが、ハーウッド社に雇用された時点で、その地域の平均的な仕事よりは稼ぎが多い。つまり、ボーナスを約束されても、いっそう努力させる心理的な「引き」としては弱いのだ。むしろ自分だけが多く稼ぐと、居心地が悪くなったり、疲れたり、やっかまれたり、マイナスの「引き」が生じてしまう。

彼女たちの生産性を高めるためには、競争ではなく協力を動機にしたほうがいい。レヴィンはそう考えて、新しい研修制度を考案した。個人の成績に焦点を合わせるのをやめて、新人同士で話しあって協力できるグループを作り、自分たち自身が適度だと思える生産性で働けるようにしたのだ。このシステムのもとでは、労働者の働く動機が変わった。作業目標は押しつけられるものではなく、自分たちで設定するものになった。しっかり働いても孤立はしない。むしろ仲間意識が強まる。レヴィンの戦略は吉と出た。民主的に組織されたチームでは、生産性が向上し、労働意欲も伸びていった。

「ナッジ」で共感力を引き出せるか？

レヴィンはその後も、身体によい食事を選ばせるにはどうしたらいいか、人種差別を解決するにはどうしたらいいかなど、さまざまな問題にアクションリサーチで臨んでいる。後世の科学者たちは彼の姿勢を参考にして、人がよい意思決定を下しやすくする方法を研究するようになった。

そうしたテクニックのひとつとして生まれたのが「ナッジ[24]（比喩的な意味で背中を押してやること）」だ。シチュエーションに小さな工夫を加えて、人の行動を変えさせる手法である。

たとえば、ある企業が、社員を退職金積立制度に加入させたいと思っている。そこで、入社時点では加入をデフォルト（初期設定）とした。加入したい社員が自分の意思で加入を選ばなければならない場合と比べて、加入率は2倍になった。臓器提供のドナー登録でも同様の効果が確認されている。臓器提供に同意することをデフォルトの選択にして、提供したくない場合だけ意思表示を要する制度にしている国では、国民の80％以上が提供に同意している。反対に、同意しないという選択をデフォルトにし、提供したい場合だけ意思表示を要する制度の国では、同意率は20％ほどだ。大学進学、水や電気の節約、投票、予防注射の接種率も、こうしたナッジの作戦で自主的な行動を促すことができる。しかも、ほかの政策戦略と比べて、かなり効率がよいことが多い。

これと同じアプローチで、たとえ共感したくない場面でも、人に共感を選ばせることもできる。多くの心理学者が実際にこの手法を活用している。本人がつい共感を選んでしまうよう、軽く「後押し」するのだ。レヴィンが行ったように、共感の綱引きがどうなっているか診断し、綱引きのパワーバランスを変える。共感へと引っ張る力を強めるか、共感から離れる力を弱めるか、もしくはその両方を行うか。

神学生の共感を試す実験をした心理学者のダニエル・バトソンは、その後のキャリアを通じて、「共感力は再構築できる」と証明することに力を注いだ。ある興味深い実験では、共感の欠如を逆転することに成功している。[25] 20世紀後半、エイズ感染がおそろしい勢いで広がっていた頃のことだ。エイズ患者には不名誉の烙印が押され、病気になったことを責められ、近寄っただけで伝染するという扱いをされることが多かった。患者は数千人に増えたが、多くのアメリカ人にとって、それは単なる数字であり、身近な存在ではなかった。被害者は数字であり他人であるという、共感しない最大の理由がふたつそろっていたというわけだ。

人間は、ひとりの人間やひとつのエピソードには、自然と思いを寄せやすい。それを活用して、集団全体に対する共感を抱かせることもできるのではないだろうか。バトソンはこの仮説を検証するため、カンザス大学の学生に、ジュリーという女性が語るストーリーを聞かせた。ジュリーはまだ若いが、ＨＩＶに罹患している。この病気の恐ろしさについて、彼女はこう語る。

気分がいいときもあるの。でも、いつも心のどこかで、わたしはＨＩＶなんだ、と考えずにいられなくて。いつ悪化するかもわからない。少なくとも今のところ、その運命から逃げる方法はないみたい。人生は始まったばかりと思ってたけど、そうじゃなかった。わたしの人生はどんどん終わりに近づいてる。

被験者となった学生全員が、この録音を聞いた。ただし、バトソンは一部の学生に対して、彼女の声にじっくり耳を傾けるよう指示をした。「インタビューに応じている女性が、自分に起きたことをどんなふうに感じているか、それが彼女の人生にどんな影響をおよぼしているか、想像しながら聞いてください」。すると当然ながら、この指示を受けた被験者はジュリーに強く共感した。

さらに興味深かったのは、ジュリーの気持ちを想像した被験者が、HＩＶ／エイズに罹患した他の人々に対しても、思いやりの気持ちをもつようになっていたことだ。たとえば「この国はエイズ患者に充分な支援を提供していない」という文章を読ませると、彼らは同意する傾向があった。そして「エイズ患者の大半は、自分の落ち度で罹患した」というような、被害者を責める文章には、同意しないと答えることが多かった。

これこそ、驚くほどシンプルなナッジで共感を促せるという実例だ。

さらに単純で皮肉なナッジだが、お金で釣って思いやりの気持ちをもたせることもできる。面白い実験を紹介しよう。「女性は男性よりも共感力が強いか？」という、よくある疑問を調べる実験だ。一般的には「女性のほうが共感力が強い」という認識が広まっている。実際に、多くの研究で女性のほうが高い共感力を示している。[26] ロッデンベリー仮説にもとづけば、この差は固定だ。男は火星人で女は金星人、なんていう表現もあるように、生まれたときからずっとそうだということになる。しかしもしかしたら、男性は共感を示す力がないのではなく、単に、共感を働かせる気がないだけかもしれない。そうだとすれば、適切なインセンティブさえあれば、男性の行動を変えられるのではないか。

そこで、ある研究で男性と女性の被験者にビデオを見せた。ビデオに登場する語り手が、感情に訴えかける話をする。被験者に語り手の気持ちを推測させると、男性は女性と比べて正答率が低かった。そこで今度は、語り手の気持ちを正しく理解したら賞金が出ると告げる。すると共感の男女差はなくなった。[27] 数年後にも、別の研究チームが同じような実験をしている。異性愛者の男性に「女性は心の機微がわかる男に魅力を感じる」と告げた。これを聞かされた男性被験者は、熱心に共感力を働かせていたという。美女が近くを通ったとき、ビール腹を引っ込めて格好よく見せようとするときのように、共感を意図的に発揮してみせたというわけだ。

この実験はなかなか笑えるが、特にふたつめの実験のほうは、共感を促すインセンティブはお金でなくてもよいと教えている。お金も効果的だが、セックスアピールでもいいし、人間関係でもいい。プライドをくすぐるのも効果的だ。

フーリガンを仲直りさせる方法はあるか？――「同族主義」を克服せよ

ナッジは同族主義（トライバリズム）を克服する手助けにもなる。ここまでの章で説明したとおり、人間は一般的に、部外者よりも身内に対して思いやりを示す。

だが、そもそも誰のことを自分の身内と考えるだろうか。人間は誰でも複数の「自分」がある。女性であり、オハイオ州の住民であり、チェロの演奏者であり、人類学者でもあるといったふうに。それぞれ異なる定義があり、一部の「自分」には広く他者を含み、別の「自分」は排他的になる。[28] たとえば僕が自分のことを「スタンフォード大学の人間」と思っているとしたら、カリフォルニア大学バークレー校の関係者は、憎たらしい敵だ。向こうの学生やアメフトチームに思いやりなんか感じることはできない。しかし、もし僕が自分を「カリフォルニア在住の研究者」と思っているとしたら、バークレー校の教授たちは僕の身内だ。僕の時間や関心や共感を捧げるに値する相手ということになる。

ある心理学者のチームが、この発想を使って、世界一激しい衝突と言えるかもしれない問題に取り組んでいる――イギリスのサッカーファンのことだ。彼らはまず、マンチェスター・ユナイテッド（マンU）の熱烈なファンを集めて、彼らにマンUへの思いを執筆させた。[29] それから、「別の建物で、チームを応援する短いビデオを撮りますので、行ってください」と告げる。そこから先は、善きサマリア人の実験と同じだ。被験者は道を横切って、指定された建物に向かう。するとジョギングをしていた男（実は役者）が、目の前で足首をひねって転倒する。あるときは、この男はマンUのジャージを着ている。別のときは、リヴァプールFC――マンチェスター・ユナイテッドの宿敵だ――のジャージを着ている。さらに別のときはふつうの何でもないジャージを着ている。すると、倒れたジョガーが同胞たるマンUファンだったとき、被験者の90％以上が立ち止まって彼を助けた。リヴァプールのジャージのときは、被験者の70％が痛がるジョガーのそばをそのまま通り過ぎた。

まさに典型的な同族主義だ。これを、シンプルなナッジで打ち消すことができる。被験者にマンUについて執筆させるのではなく、サッカーを愛する理由を執筆させるのだ。それから同じように別の建物に行かせ、同じようにジョギングする男と遭遇させる。すると今回は、男がリヴァプール・ファンであっても、マンUファンだった場合と同じ確率で助けていた。ふつうのジャージだった場合は、助ける確率は下がっていた。つまり第2の結論としては、人に助けてもらいたいならば、どこの仲間にも属さないよりも、少なくともどこかの仲間には属していたほうがいいらしい、ということになる。

この研究は、ナッジという心理的な後押しを巧みに仕掛けることによって、人の共感力を引き出せることを表している。ただし、こうした実験の大半は、大学生を被験者として行われたものだ。おそらく大学生は共感力の高い部類に入る。被験者がKKKのメンバーとか、犯罪者とか、サイコパスだったとしたら、きっともっと冷酷だろう。特にサイコパスは厄介だ。彼らは、他人がどう感じているか理解することはできても、それを気にしようとしない。むしろ人の心理を熟知して、他人を操作したり、危害を加えたりする。現代社会はたいていの場合、こうした人々は更生不可能とみなす。サイコパスの犯罪者は、そうでない犯罪者と比べて死刑となることが多いのだ[30]――彼らのほうが再犯率が高いかどうかは、実のところ明らかでないにもかかわらず。サイコパスの犯罪者に更生の見込みはない、彼らが存在しないほうが社会のためだ、と考えられているらしい。

そんなサイコパスに思いやりの気持ちをもたせるなんて、おそらく、共感ナッジの実験でも一番難しい試みだろう。しかし数年前、神経科学者クリスチャン・キーザーズの研究チームが、オランダ各地の刑務所で、この難問に挑んだ。[31] サイコパスの犯罪者と、サイコパスでない犯罪者に、苦しんでいる人の写真を見せながら、脳スキャン画像を撮影した。すると一般の人間と違って、サイコパスの脳ではミラーリングの反応が起きていなかった。これだけ見れば、「こころ固定説」を裏づけている。サイコパスの共感力欠如は、脳に「そう配線されている」というわけだ。ところがキーザーズらは、エイズ患者の話に共感させたダニエル・バトソンの実験も取り入れた。サイコパスの犯罪者に、写真の人物の苦しみに意識を集中して、できるだけ気持ちを想像してみるよう指示をする。すると今度は、サイコパスの脳内でも、ふつうの人間とほとんど同じミラーリングの活動が起きたのだ。

心の「遅筋繊維」を鍛えるために

サイコパスの共感レベルが上がるのだとしたら、誰であろうとこれは成立するはずだ。とはいえ、短期的に共感レベルを上げたとして、それで人間性は変わるのだろうか。「こころ移動説」では、思考回路は筋肉だと考える。運動で筋肉を鍛えられるのと同じで、適切な練習をすれば、知能を伸ばしたり、性格を変えたりすることができる。しかし筋肉にもさまざまな種類がある。速筋繊維と呼ばれる繊維は、太く、パワフルで、すぐに疲れる。この繊維の力で人は全力疾走したり、スクワットをしたり、ダンベルを上げたりすることができるが、長くは続けられない。それに対して遅筋繊維と呼ばれる繊維は、細くて弱いが、持久力がある。マラソンのような長時間のスポーツでは、こちらの筋肉繊維が活躍する。

ダニエル・バトソンのエイズ患者実験も、クリスチャン・キーザーズのサイコパス実験も、共感力の速筋繊維を動かすことに成功している。動機を入れ替えて共感のチューニングを上げている。この効果は1分続くかもしれないし、1時間続くかもしれないが、いずれにせよ長期的には残らない。困っている男を見捨てた神学生も、一時的にそうなっていただけで、いつでも他人を見捨てるわけではないだろう。反対に、人助けをする動機を与えたとしても、いつでも必ず人助けをする人間になるのは難しい。共感を示したサイコパスも、他人の状況を想像するよう促されなければ、冷酷なサイコパスに逆戻りする。第1章で載せた共感のグラフを思い出してほしい。特別な状況では共感力「高」のほうへ動くとしても、後押しがなければ、最初の設定値に戻ってしまう。

だとすれば、重要なのは共感の遅筋繊維を鍛えることではないだろうか。共感力「高」のほうへ一時的に寄せるのではなく、その位置にとどまれるようにするのだ。1回のジョギングで心肺機能は強くならないのと同じで、この変化も一度のチューニングでは根づかない。心理的転換を起こすためには、日常的かつ反復的な体験が必要だ。

すでに説明したように、思いやりある家族の中で育ったり、厳しい苦難を経験したり、何らかの理由で大きく共感力が伸びることがある。考えたいのは、それを意図的にデザインすることは可能か、という点だ。試した科学者はほとんどいない。試すにしても相当の時間と労力とお金がかかるし、成功する保証もない。それでも、僕たちが現代におけるやさしさを勝ちとろうと思うなら、まず、その戦いには勝算があることを証明しなくてはならない。

瞑想トレーニングでコンパッションを「行ずる」

ドイツの学術機関、マックス・プランク研究所の神経科学者タニア・シンガーの研究チームが、この命題にドラマチックな答えを出している。シンガーは脳のミラーリングの仕組みを有名にした科学者のひとりだ。[32] 2000年代初期に、恋人同士の被験者を起用して、ある実験をした。カップルの片方の脳をMRIで撮影しながら、交互に電気ショックを体験させる。すると、自分が痛みを感じているときの脳の活動と、愛するパートナーが痛みを感じているのを見ているときの脳の活動は、まったく一緒だった。共感力の強い人ほど、強いミラーリングを示していた。人によって思いやりの深さは違う、その違いは脳に深く埋め込まれている——と、科学者の多くが納得する結果だ。

ところがシンガーはそうは考えなかった。博士課程で神経可塑性について研究していた彼女は、脳で何かが起きたからといって、それが固定されているとは限らないことを知っていたからだ。シンガーは仏教の教えに着目した。仏教では、共感の力を固定されたものとは考えない。仏教の伝統において、「コンパッション」（慈しみ）は、「行ずる」ものだ。仏僧の多くが、それを毎日何時間も練習するのだという。

神経科学者としてミラーリングを証明したシンガーは、こうした古来のテクニックが脳にやさしさをチューニングするかどうか試してみることにした。[33] そして研究者や教師など70人以上の手を借りて、大胆かつ野心的なプロジェクトを立ち上げた。２年間をかけて、およそ３００人の被験者に、39週間の集中瞑想トレーニングを受けさせるのだ。被験者は３日間の瞑想合宿に参加し、その後は日常生活での練習を通じて、瞑想のスキルを身につける。意識を研ぎ澄まし、呼吸に集中し、身体の感覚に耳を澄ます力を高めていく。

自分の心を意識するトレーニングを終えたら、次は、他人に意識を向けるトレーニングだ。「愛と慈悲の瞑想」、パーリ語では「メッタ」と呼ばれる精神集中を学ぶ。このメッタ・メディテーションでは、誰かの苦しみがやわらぎ、幸せが増すよう願って、そのことに意識を集中する。最初は自分のことをいたわり、次に友人や家族など共感しやすい存在をいたわり、最終的には、他人にも、嫌いな人にも、生きとし生けるものすべてに対して意識的にいたわりの気持ちをもつ。シンガーの実験では、被験者をペアにして、お互いに共感しあう練習をさせた。ペアの片方が「語り手」となって、自分の気持ちを語る。もう片方が「聞き手」となって、語り手に対してメッタをする。それから役割を交換する。合宿後はスマートフォンのアプリを使って、同じペアで毎日これを実践した。

このトレーニング・プログラムの開始前、進行中、終了後の被験者の様子を、研究チームは詳細に測定している。すると興味深いことが明らかになった。[34] まず、瞑想の集中時間が少しずつ長くなっていった。情報があふれる現代において、集中力が長く持続するというのは非常にめずらしいことだ。また、自分の気持ちを深みのある言葉で説明するようになり、相手の気持ちも的確に表現できるようになった。まるで目の悪い人が初めてめがねをかけたように、彼らにとって世界は以前よりもあざやかになり、以前は気づかなかったささやかな物事にも意識が向くようになった。行動も以前より寛容になった。自分と立場の異なる他人にも、人間的な共通点を見出せるようになった。他人が苦しんでいる様子を見たときは、以前よりも強く、助けたいという気持ちを抱くようになった。

変化はそれで終わりではなかった。研究チームはプログラム開始前と終了後に被験者の脳をＭＲＩで撮影している。脳の生理的反応だけでなく、脳の構造、具体的には大脳皮質の形状と大きさも調べた。すると驚くことに、他人をいたわるトレーニングを積んだあと、共感をつかさどる部分に明らかな成長が見られたのだ。脳が学習や習慣によって変化することは知られていたが、この研究で、意図的な努力を通じて長期的な共感力を高められること、その過程で脳の形態が実際に変化することが明らかになったのだった。

共感力を伸ばす〝効率的な方法〟とは

シンガーの研究が示しているとおり、共感の遅筋繊維を意図的に鍛えることは可能だ。共感度「高」の方向へ移動し、脳の形すら変えることができる。とはいえ、これは大変な作業だ。誰だって引き締まった身体になりたいけれど、だからといってウルトラマラソンをやる気にはなかなかなれない。シンガーの作ったプログラムでは、3日間の合宿に加えて、10か月近く日常的に瞑想の練習をしなくてはならない。週に2、3回しかジムに行けない僕らにオリンピックに向けたトレーニングをしろというようなものだ。

もう少しハードルの低いやり方で、持続する共感力を育てる方法はないだろうか……。ひとつ有望な可能性として、前の章で説明したキャロル・ドゥエックの研究を思い出してほしい。「あなたはもっと成長できる人です」「もっと賢く、もっとオープンな心をもち、もっと共感力をもつことができます」と教えられると、人はとりあえず目先のことに対して、前よりも努力をする。壁にぶつかっても粘り強く取り組み、自分にはこんな強さがあったと気づく。それだけではない。自分自身を信じて行動したことで、ますます自分を信じる理由が増えるのだ。こうして遅筋繊維が鍛えられ、思考回路の癖が長期的に定着する。

僕の研究室に所属している大学院生エリカ・ワイズが、この発想をベースに、類似のアプローチで長期的共感を促す実験を行った。被験者はスタンフォード大学の新入生だ。彼らには「文通に関する研究」だと言って、高校生からの手紙を読ませた。手紙は2種類ある。片方は、引っ越してきたばかりで友達がうまく作れない、という内容だ。被験者にこの手紙を読ませ、励ましの返事を書かせる。被験者にはあらかじめ、共感力はスキルであることを教えておく。共感に関する科学的証拠を説明し、それを踏まえて友達作りのアドバイスを書くよう求める。

もう片方の手紙は、成績が悪い、という悩みだ。被験者には知能の可塑性について説明し、学力は伸びると励ます返事を書かせる。

友達作りのアドバイスを求められた被験者は、たとえばこんな手紙を書いた。

「誰かと仲よくなって、自分の弱いところも見せて、気持ちを理解しあうのは、難しいことだと感じるかもしれませんね。絶対わかりあえない人もいると思うかもしれません。でも、意識して努力してみれば、案外と人の気持ちはわかるようになってきます。気休めではありませんよ。ちゃんと研究で確認されています」

また別の被験者は、こう書いた。

「何かを習慣にしたいと思ったら、やり方を憶えて、練習するよね。そうすれば力がついてくる。他人にやさしくするのも、それと同じだよ。単語を暗記したり、スポーツの練習をするみたいに、やってみればうまくなってくるよ」

さらに3人目は、手紙をこう締めくくった。

「周りと打ち解けられるかどうかは、きみしだい。ちょっと努力するだけで、きっと友達ができる。

がんばって！」

この手紙は実際に渡している（この話はあとの章でも紹介する）。しかし実のところ、被験者（大学生）に説明した実験の目的は偽りだった。文通で若い相談者（高校生）の考えを変えることが狙いではなかったのだ。先行研究によれば、何かについて他人を説得しようとすると、その過程で往々にして自分も説得されることがわかっている[35]。大学生自身の思考回路を変えさせ、彼らを共感の「移動説派」に転換するというのが、僕たちの実験の狙いだった。

手ごたえはあった[36]。共感はスキルだという手紙を書いた被験者は、2か月後にも、その内容を自分自身で信じていた。そして驚いたことに、共感力は確かに高まっていたのだ。学力について書いた被験者よりも、他人の気持ちを察することが上手だった。ここで大事なことを思い出してほしい――彼らは大学に入りたての新入生だ。その大事な滑り出しの時期に、共感力を高めていた被験者は、そうでない被験者よりも、交友範囲を広げることができていた。

これはまだ予備研究だ。さらなる実験で裏をとっていかなければならない。それでも、この結果は期待を抱かせる。シンガーの瞑想プログラムよりもシンプルで、数時間しかかからない。それでいて、ある程度は持続する効果が出ている。つまりはきわめて効率的に共感力を育てられるというわけだ。共感力が伸びれば、日常生活での態度が変わる。人から聞いた話に、どう反応するか。出会った相手に、どんなふうに接するか。デジタルの世界で、どんな言葉を発信するか。上手に背中を押されれば、共感の発揮は険しい上り坂ではなく、軽々と走れる下り坂になる。

この本の後半では、こうした後押しの戦略を具体的に考えていきたい。アクションリサーチで成果を導いたレヴィンのように、机上の空論ではなく、現実の世界で共感力を高める方法を探っていく。憎しみや孤独やストレスを抱えた人たちのエピソードを紹介したい。彼らを含む現代人は、自分自身の苦しみでいっぱいいっぱいだ。仕事に追われ、スマホやテレビに流され、制度や仕組みに追い詰められて、共感から遠ざかっている。それでも彼らは、脳内の綱引きに打ち勝ち、人とつながる道を見つけた。共感の習慣を育て、分断を乗り越え、前よりもやさしい人間になったのだ。

彼らの体験は、僕たちに進むべき方向を教えている。現代社会が人の共感を軽んじていても、その現実に黙って引っ張られていてはいけない。僕たち自身の力で共感を力強く引っ張りだしていくことができるはずだ。

第3章

敵に「接触」する

——心が作り出す「差別」を乗り越えるシンプルな方法

白人至上主義者がヘイトで得たもの、失ったもの

トニー・マカリアーのいつもの標的はユダヤ人だ。とはいえ例外がないわけではない。この夜の彼は、白人至上主義団体ホワイト・アーリアン・レジスタンス（WAR）の仲間とともに、映画『時計じかけのオレンジ』の主人公と同じドクター・マーチンのブーツで足元を固め、ステッキをかついで、公園で見かけたゲイの男性にいやがらせを始めた。相手が逃げると、いっせいに後を追う。月明かりが照らすバンクーバーの路上を追いかけまわし、無人の建設現場に追い詰める。男性が長細い空間に這い込んで身を隠したので、トニーたちはそのへんに落ちている軽石をつかんで、川で水切りをする要領で投げ込んだ。跳ねながら暗がりへ消えていく石が次々と当たって、男性の悲鳴が響く。

「ゲームみたいだった」とトニーはのちに語っている。特に何も感じていなかったという。

この建設現場の近所でトニーは育った。父はイギリスのリヴァプールからカナダへ移住してきた精神科医で、いつも遅くまで働き、息子が就寝してから帰宅する毎日だった。イギリスをひどく恋しがり、自宅の地下室に完璧な英国風パブを造らせたほど。赤茶色のバーカウンターをあつらえ、自家製ビールも用意して（「親父に言わせりゃ、カナダのビールは小便だったから」）、ほとんど毎晩その場所にこもっていた。「1日中患者の悩みを聞きつづけたあとに、家族の問題なんか聞きたくなかったってわけだよ」とトニーは言う。

しかし、問題を作っていたのは父のほうだった。愛人が何人もいて、トニーは10歳のときに、父が

そのひとりと一緒にいる場面を見てしまった。家庭は崩壊し、トニーは怒りと混乱にからめとられ、自分の居場所がわからなくなった。この頃からロックとパンクにのめり込み――エルトン・ジョンからザ・クラッシュに宗旨替えをして――成績がガたんと落ちた。親も教師も、彼の成績を立て直すために、アメではなくムチを使った。大事な試験や課題で成績がBを下回ると、教師は定規でトニーを打った。当然ながら、これはトニーの怒りを焚きつけただけに終わる。あらゆる場面で反抗し、毎日のように処罰を受け、居残り日数で学校の最長記録を作った。

ヘイト感情の根っこには何があるか、その仕組みは複雑に絡みあっていて、はっきりとは理解されていない。[1] 人種、宗教、ジェンダーのアイデンティティなどを理由に暴力をふるう人は、圧倒的に若い男性が多い。彼らは経済的に不遇な立場にあることが多く、社会の失業率が高い時期には、ヘイトクライム(憎悪犯罪)が増加する傾向がある。しかし最近の研究では、ヘイト集団のメンバーにかなりの確率で見られる共通点として、虐待の経験があることが明らかになった。暴力をふるう人のほぼ半数が、身体的または性的な虐待を受けた過去を報告している。

トニーの仲間である白人至上主義の若者たちも、みなこうした苦しみを背負っていた。「壊れたおもちゃの廃棄場みたいだったよ。全員、どっかが傷ついてて、全員、いつも怒りに燃えてた。健全な人間関係なんてものとはまったく無縁で、そんな人間関係が身近にあったって気づかないくらい関心がなかった」

もちろん、ネグレクトを受けた子どもが必ず過激な思想を抱くわけではない。大多数はヘイトのコミュニティと無縁だ。そこに居場所を見つけてしまう出来事がいくつか重なったとき、WARのような団体に足を踏み入れることになる。トニーの場合、自分のルーツであるイギリスに行った経験がきっかけだった。どうしても転校したいと両親に頼み込み、10年生の一時期、イギリスの海沿いにある寄宿舎学校に入った。場所が変わっても粗暴さは収まらなかったが——転校して数週間後には、暴れるための生徒デモを寮で立ち上げている——自分のアイデンティティにできるものが見つかった。イギリスのスキンヘッド・カルチャーと、そこで広まっていた「オイ!」と呼ばれるパンクロックだ〔どちらも右派の若者たちが活動・支持していた〕。突っ走るようなサウンドと、スキンヘッズが掲げるナショナリズムに心をわしづかみにされて、トニー自身もそこにプライドを感じるようになった。

頭を剃り上げ、スキンヘッズの象徴的ファッションであるドクター・マーチンのブーツを履いて、トニーはバンクーバーに戻った。しばらくして、ハードコア・バンド「ブラックフラッグ」のコンサート会場の外にいたとき、不良ふたりにブーツをカツアゲされそうになる。トニーは相手をうまくまるめこんで強奪を免れ、むしろ不良たちと仲よくなった。そして彼らに教えられて、北米のスキンヘッド・ミュージックにいっそうのめり込んだ。夢中になったのは、人種差別的なバンドばかりだった。たとえば「スクリュードライバー」というバンドは、どんな手を使ってでも白人種を守れ、とファンを煽る歌を歌っていた。

こうしたミュージック・シーンは、それまでのトニーに欠けていたふたつのものをもたらした。まず、自分の攻撃性をはっきり表に出す場ができた。16歳のときに初めて乱闘に参加している。このときは手ひどく痛めつけられたが、気にしなかった。「あのスリルは今でも憶えてる。優勝戦でゴールを決めるみたいな興奮だった。あれにハマったんだ」。社会のタブーを破るようになり、黒人やユダヤ人や同性愛者に関する禁句をわざと口に出した。トニーにとっては悪との闘いなのだ。自信がみなぎっていたし、エキサイティングでもあった。18歳のときには、迷彩柄のジャケットにカギ十字のピンバッジをつけていた。

もうひとつの要素は、知的好奇心を刺激されたことだ。「国家社会主義にすごい詳しくなって」、特にホロコースト否定論を熱心に勉強し、一般的な説を否定する証拠——反ユダヤ主義のゆがんだめがねで、目を思いっきり細めれば「証拠」と言えなくもないもの——を集めた。スキンヘッズは頭が悪くてキレるだけの若者と見られがちだったが、トニーは膨大な知識量で圧倒し、相手が言い返せずに黙り込むまで追い詰めて、どちらが勝者かわからせる。「喧嘩はともかく、口なら絶対負けなかった」。群衆の前で勝利宣言をしてから、わざと相手のそばに近寄って耳元で残酷なことをささやき、平常心でいられなくしてやることもあった。

トニーの知識量と頭の回転のよさに、仲間は尊敬の目を向けた。近隣に住む白人至上主義者たちは彼をリーダーと見るようになった。さらにトニーは、北米で初めて白人至上主義団体によって設立された音楽レーベル「レジスタンス・レコーズ」のために、当時まだ新しかったインターネットを活用し、ウェブサイトを作って活動を21世紀の運動へと進化させた。さらに「カナディアン・リバティ・ネット」という電話サービスのビジネスも立ち上げている。電話は自動応答で、かけると、ユダヤ人や黒人やカナダ先住民を差別する憎しみたっぷりのボイスメッセージが再生される。トニーの影響力の最盛期には、毎日数百人がこの番号に電話して、メッセージを楽しんだ。

仲間内での階級が上がるにつれ、トニーはますます過激になり、ますます他人の心情を気にすることがなくなっていった。「あの頃の俺は、まるで鍋で茹だってるカエルだったよ。鍋の温度がどんどん上がっているのに、自分ではちっとも意識してなかった」。ユダヤ系やアジア系の幼馴染とは縁を切った。悪意に満ちたゆがんだ目で世界を見るようになった。当時のトニーに言わせれば、よそ者が自分たちの文化を攻撃しているのだ。リバティ・ネットの中心的メッセージも、こう断言していた。[2]「北米にいる白人は、白人を妬み嫌う劣等人種の台頭によって包囲されてしまった。あいつらは数えきれない数で流入している。外国資本のメディアが反白人の太鼓を叩いて、白人にタカれとあいつらを焚きつけている」

こうした考えに傾くのは、トニーのような過激なタイプとは限らない。他者からの脅威を感じると、人はたいていキレやすくなり、衝動的な反応を起こしやすい。最近の研究2件では、白人アメリカ人の被験者に対し「遠からずマイノリティの人口が白人を上回り、白人の経済的優位性も低下する」という情報を教えると、その後に被験者は政治的に右傾化し、特にマイノリティを支援する政策に対して批判的になっていた。[3]

トニーにとってのユートピア――ユダヤ人が全員「どっか別のところへ行って」、白人だけになったカナダ――は、数百万人にとっての悪夢だ。しかし、トニーは必ずしもよそ者に苦しめと思っていたわけではなかった。他人が苦しむとか苦しまないとか、そんなことは考えもしなかったのだ。

「文明化した野蛮人、みたいなものかな。ふつうの人がヘイトと聞いて思い浮かべるのは、顔を真っ赤にして怒鳴りまくるタイプだろう。憎しみと怒りが混ざっている。でも、本当のヘイトっていうのは、人との接点を断ち切るものだ（……）俺は人が傷つくということを認識していなかったし、自分が傷つくことも認識していなかった」

トニーのヘイトは、怒鳴り声というより、冷たい沈黙だった。その信念のおかげでトニーにとっては仲間ができ、権力が手に入り、ステイタスも獲得した。引き換えに心は麻痺していった。「人間らしさとか思いやりみたいなものは、なくしたんじゃなかった」と、当時を振り返ってトニーは語っている。

「なくしたんじゃない。仲間に認められて支持されることを選んで、そのために売り渡したんだ」

いともたやすく切り分けられる「身内」と「よそ者」

ヘイトが病原菌だとしたら、これは突然変異しつづける菌だ。社会がひとつのヘイト菌を根絶しても、形を変えたヘイト菌がまた現れる。

この数十年間で、アメリカ人は異人種間の結婚や同性間の結婚に寛容になったが、その一方で、政治的な敵対意識は以前よりも増大した。１９６０年代のアメリカ人に、「もしもわが子が、家族の支持政党ではない政党の支持者と結婚するとしたら、どう感じるか」という質問をしたときは、「不快だ」と答えたのは共和党支持者の５％、民主党支持者の４％だった。ところが２０１０年には、その数字が共和党支持者で約50％、民主党支持者で約30％に増えている。政治的信条の分断が深まり、お互いがお互いに対する嫌悪と差別意識をつのらせるようになった。[4] また、相手の見解を知ろうという意欲をもたなくなった。最近の調査では、共和党支持者も民主党支持者も、相手の話を聞かなくて済むならお金を払ってもいい、と考えていることがわかっている。[5]

人間は、いともたやすく世界を「身内」と「よそ者」に切り分ける。集団と集団を分ける基準は生物学的要素の場合もあるし（たとえば、老人と若者）、長く続いている伝統や慣習の場合もあるし（サッカーのレアル・マドリードのファンとバルセロナのファン）、一時的なものもある（そのとき試合しているバスケットボールのチームなど）。でっちあげた条件でも分断は生まれる。他人同士を集めて、そのうちの半分に青のアームバンドをつけさせ、残りの半分に赤いアームバンドをつけさせれば、即席の偏見のできあがり。同じ色の仲間のほうが親切で、魅力的で、有能だと感じはじめる。科学で測定できる範囲で見ても、こうした「身内」と「よそ者」の境界線が共感力を台無しにすることはわかっている。苦しんでいるのがよそ者なら、人はあまり共感しない。[6] 心配もしない。苦しんでいるのが身内のときは、その表情を見て自分も同じ表情を浮かべるが、よそ者の表情にはあまり反応しない。

よそ者の感情を無視していれば、よそ者を抑圧するのも楽になる。今から１００年前の精神科医は、精神病患者は冷たさを感じないと主張して、患者の手足を拘束して氷風呂に何時間もつからせて

ヨーロッパ人
中国人
インド人
アメリカ人
アフリカ人
アラブ人

「人がどれだけ人間らしいか、人種によって異なるという意見があります。ある人種は高度に進化しているが、その他の人種は下等動物と変わらないとみなすのです。イラストの下の目盛りを使って、それぞれの個人や集団がどれくらい進化していると思うか、あなたの考えを示してください」

いたものだった。ある19世紀の精神科医は「白人にとっては耐えがたい痛みでも、黒人（ニグロ）はほとんど気にならない」と発言している。[7] 現在ですら、黒人は白人と比べて注射や火傷の痛みを感じにくい、という考え方が存在する。[8] それが医療処置にも反映され、黒人患者は白人患者と比べて、鎮痛剤を投与されにくいという現実がある。

多くの人が、おそろしいほど無自覚なうちに、他人の人間性を否定するのだ。心理学者ヌール・クテイリーの研究チームが２０１５年に行った実験では、被験者に、上の図のような評価目盛りを見せた。

クテイリーはこの調査をさまざまなパターンで行っている。国によってヒトとしての「進化」が違うだなんて、そんなばかなことを考えるわけがない、とあなたは思うかもしれない。ところが、この調査に答えたアメリカ人（大半は白人）はアラブ人の進化を約75％、メキシコ移民を約80％と格付けした。[9] イスラム人の進化を低く格付けした回答者は、反イスラムの移民政策や、イスラム人の被拘留者に対する拷問を支持する傾向が見られた。メキシコ移民の進化を低く格付けした回答者は、２０１６年の大統領予備選挙期間中、共和党候補指名争いに出馬していたドナルド・トランプの「殺人犯や強姦魔がそこらじゅうから流れ込んでくる」といった発言に賛同を示すことが多かった。

誰かを非人間化すれば、その相手に対する共感は根本的なレベルで働かなくなる。たとえば、被験者の脳の活動を測定しながら、目の前で誰かが電気ショックを受ける様子を見せるという実験がある。被験者にとって、電気ショックを受けている人が「身内」かどうかは、たちまちはっきりするだろう。仲間だと思っているなら、被験者の脳内では神経のミラーリングが起きるからだ。相手を他人だと思っていると、電気ショックを受けている姿を見ても、脳のミラーリング反応は弱い、またはまったく起きない。[10]

衝突や紛争は、こうした現象をますます深刻化する。スポーツのライバル関係、民族同士の衝突、その他のあらゆる対立構造に直面すると、共感は起きないどころか、むしろ裏返しになる。他人の不幸を喜ぶ心理、「シャーデンフロイデ」[11]を研究している心理学者ミナ・チカラは、野球ファンが試合を見るときの脳の反応を調べた。レッドソックスとヤンキースの試合を見るファンは、それぞれ敵チームが負けているときに、脳の報酬回路が反応していた。一般人を調べた実験でも、嫌いな相手が不幸に陥ることを想像しているとき、被験者の顔が笑顔の反応を示すことを発見している。

こうした研究を見る限りでは、人は身内に対しては共感せずにいられないし、よそ者には冷淡にならずにいられないようだ。僕たちは誰でも多少は偏見をもっているらしい。トニー・マカリアーのような過激な差別主義者なら、共感なんて生涯するわけがないというわけだ。

「僕がユダヤ人だって知らなかったんですか?」

20歳のときのトニーも、そうした考えに同意しただろう。彼の人生はヘイトで固まっていた。白人至上主義者の代表として、テレビのトーク番組に出演したこともある。未来のことなど気にしていなかった。どうせ自分は10年以内に死ぬか、もしくは刑務所にぶちこまれるだろう、と考えていた。

ところが、それから数年間に出会った3人の人物が、彼の運命を変えていくこととなる。最初のふたりは、トニー自身の子どもだ。23歳で娘、24歳で息子が生まれた。このときの生活は相変わらずで、運営している電話サービスのリバティ・ネットに対して、カナダの人権団体から訴えを起こされていた。息子が生まれた当日も法廷に呼び出されていたくらいだ。午前中いっぱい弁護士たちと口論したあと、昼休憩に6ブロック離れた病院へ走って行って、出産に立ち会った。そんなふうにして4人家族になったのに、その後に泥沼の離婚騒動となって、結局トニーは2児を抱えるシングルファザーになった。

自分の父親の二の舞いにはならない、とトニーは心に誓った。「子どもの頃の俺自身が欲しかったタイプの父親になろうと思ったんだ」。トニーは娘と息子に愛情を注いだ。見返りに、子どもたちは、トニーが何十年も感じていなかった絆の感覚を与えてくれた。「子どもを愛すると、自分も安心するものなんだね」とトニーは言う。「子どもってのは、人を拒絶したり、さげすんだり、あざけったりすることを知らないんだ」。シングルファザーとして積極的に生きていくことで、周囲の目も変わった。「とにかく褒められるんだよ。これってずるいよな――もし俺が女だったら、子育てで褒められるわけがないんだから。だけど、嬉しかったな」

それまでの悪役ぶりとは正反対の印象が生まれたのだ。トニーの意見を全否定するような人でも、懸命に子育てしているという点に対して、ねぎらいや応援の言葉をかけてくる。これがトニーにとって、自分自身を違う目で見る機会になった。

子育てはお金もかかった。世間的なイメージが悪いせいで、仕事にあぶれたら困ってしまう。そこでトニーは、スキンヘッズの活動もそろそろ潮時だと考えて、少しずつ自分の階級を下げ、「影を薄く」していった。ITの知識を活かして、インターネット系スタートアップのためのファイナンシャル・コンサルタントになった。バカ騒ぎは前と変わらず好きだったが、通うのはアーリア人限定のパンクライブではなく、地元のレイヴパーティだ。週末には子どもたちを両親に預けて24時間の「現実逃避」に繰り出し、テクノ音楽と合法ドラッグに浸った。古い仲間は差別的な歌詞をわめきながら音楽に乗っていたものだったが、新しい仲間たちは音楽に身を委ねたり、ハグを交わしたりしている。「それまでの世界とは何もかも正反対だったよ」。ときどき、まだハイな気持ちのままパーティから帰って、スクリュードライバーが叫ぶ白人至上主義の歌を聞いてみることもあった。昔はあんなにのめり込んでいたのに、どうにも憂鬱な気持ちになった。

父親になって丸くなったとはいえ、信念が変わったわけではない。むしろトニーにとって子育ては、白人種を守るための最善の道でもあった。「グローバルに思考し、ローカルに行動する」という標語を、差別主義の視点で実践していたというわけだ。それでも、黒人、同性愛者、外国人に対する敵意は、トニーの中で前より優先順位が下がっていた。

「考えが変わったわけじゃない。頭の中に昔と同じ部分も残ってた。だけど、『それより俺の子を見てくれ、こんなに成長したんだ、すごいだろう』っていうのが先になる感じかな」

トニーがもっとも強い偏見を抱いていた対象はユダヤ人だ。その偏見がドミノのように崩れたのは、彼の運命を変える3人目に出会ったときのことだった。トニーはその頃、自分に磨きをかけようと、スピーチの講座からマインドフルネスのレッスンまで、さまざまなセミナーに顔を出していた。そうした講師のひとりに、ドヴ・バロンという名前のリーダーシップ・トレーナーがいた。トニーと同じくイギリスをルーツにもち、イギリスのコメディアングループ「モンティ・パイソン」のファンだ。ふたりはすぐに意気投合した。

ドヴはセミナーだけでなく、1対1のコーチング・サービスも提供していたので、共通の知人が気をきかせて、トニーのために予約をとってくれた。セッションの中で、スキンヘッド・カルチャーに傾倒していた過去を、おそるおそる打ち明けた。するとドヴは笑顔で、こう言った。「僕がユダヤ人だって知らなかったんですか？」。穴があったら入りたい気持ちになったトニーを、ドウは励ました。

「確かにあなたは差別をしていたのかもしれない。でも、だから今のあなたが差別主義者だっていうことにはなりません。僕は今、今のあなたの姿を見ています」

それから30分間、トニーはドウのカウンセリングルームで泣きつづけた。

「この人は俺に好感をもってくれてる。俺を立ち直らせたいと思っている。この人たちを絶滅させるべきだと言っていた、この俺を」

過去にしてきたことを考えれば、ドウにあたたかい態度で接してもらうなんて、自分にそんな価値があるとは思えない……そう思っていたトニーに、ドウは寄り添う姿勢を見せた。トニーの中で何かが開いた瞬間だった。彼はヘイトという蓋を作って、その下の恥ずかしさや寂しさを隠していたのだ。弱い部分と向きあってくれる人に出会えた今、もう蓋は必要なかった。

トニーは過去の清算を始めた。それまでの所業を隠すのをやめ、自分がもたらした被害や影響の責任を認めた。仕事の顧客が離れていくのではないかと思ったが、幸いにも、去っていったのはごくわずかだった。パーティに参加したとき、涙ながらにかつてのゲイ叩きを告白したところ、その場にいた同性愛者のひとりがトニーを罵り背を向け、ふたりが彼の勇気を認めて友人になってくれた。ヘイト活動を始めた初期の頃に、バンクーバーのシナゴーグ〔ユダヤ教の礼拝堂〕を破壊したので、同じ礼拝堂に足を運び、罪の告白をして、相手が言うことに黙って耳を傾けた。こうした過程で、トニーは、ドウと同じスタンスをとる人々に何人も出会った。彼らは過去の行為をなかったことにはしなかったが、それでも過去のトニーではなく、今のトニーを見ようとするのだった。

何年か経ってから、ドイツにあるホロコースト博物館にも赴いた。昔のトニーなら、「獲物に飛びかかるライオンみたいな」勢いで、展示物の信憑性をかたっぱしから否定していただろう。しかしこのときは、何時間もかけて館内をめぐり、死者の写真を見て、彼らが書き残した文章や、形見となった品々を、一つひとつ確認した。その夜、滞在先のホテルの部屋でベッドに横になっていると、まるでX線撮影で着る防護エプロンをかぶせられているかのように、身体にずっしり重いものが乗っている感覚が湧きおこってきた。

「重みが胸から喉にあがってきたとき、ハッとわかったんだ。人の痛みを無視するのは、俺自身の痛みを無視することだった」

長いこと遠ざけていた感情があふれ出して、トニーは一晩泣き明かした。

「接触仮説」を正しく活かし、共感の力を取り戻す

ヘイトは確かに共感を覆い隠す。しかし、共感の力を殺してしまうわけではない。トニーが変われたように、奥底に隠れたものを取り戻すこともできる。

アメリカのデトロイトでは１９４３年に、人種問題を発端とする大規模な暴動が起きた。自動車製造で知られたデトロイトは、第二次世界大戦中には軍需産業が中心となり、製造業の急成長に惹かれ

て国中から労働者が流れ込んでいた。住宅供給が不足し、公営住宅は白人を優先した。黒人労働者は多くの場合、白人の3倍の家賃を払わなければ、住む場所を確保できなかった。市が黒人専用の新しい住宅を割り当てると、白人たちはその周囲で十字架を燃やした〔人種差別団体KKKが脅迫の意味で行う行為〕。

1943年の初夏頃には、こうした人種間の緊迫関係がかなり高まっていた。そして6月20日、黒人たちは、デトロイト川のベル島にかかる橋から白人の暴徒が女性と子どもを突き落としたという話を聞いた。白人たちは、同じ橋で黒人が女性をレイプして殺したという話を聞いた。どちらの事件も実際には起きていなかったのに、これがきっかけで本当に暴動が生まれた。激しい衝突が起き、それから36時間で34人が死んだ。数百人がけがをして、数千人が逮捕された。

アメリカの不名誉な歴史だ。この国の人種問題の最低の部分が露呈した出来事でもあった。しかし、そこにはかすかな希望もあったのだ。黒人と一緒に教育を受けたり働いたりしていた白人、白人と一緒に教育を受けたり働いたりしていた黒人は、明らかに暴動に加わらない傾向があった。相手方の人種をかくまうなど、平和的な行動に出ることが多かった。

心理学者ゴードン・オルポートは、この点に着目し、ある特徴に気づいた。「よそ者」の誰かを具体的に見知っていれば、人は相手に憎しみを抱きにくい。これはデトロイトだけに当てはまることではなかった。白人限定の居住区に住む住民の75%は、黒人と同じ地域で生活するのはいやだと答えた。ところが、黒人と白人が混在する居住区に住む白人の場合、近所に黒人がいるのはいやだと答えるのは、たった25%だった。白人だけの部隊に属している兵士は、62%が黒人兵士とともに戦うことに反対した。混在する部隊に所属する白人兵士の場合、その数字は7%だった。

オルポートの名著『偏見の心理』には、他者に対する憎しみはたいていの場合、相手を見知っていないことに起因すると書かれている。[12] だとすれば解決策はシンプルだ。交流の場を作れば、共通の人間性を意識するようになる。小説家のマーク・トウェインも、これと同じようなことを言った。「旅をすれば、偏見、憎しみ、狭量な視点はもてなくなる。このためだけでも、多くの人は旅をする必要がある」

心理学において、この考え方が「接触仮説（コンタクト・セオリー）」として発表されたときは、かなりの注目が集まった。オルポートが1954年に出版した本はベストセラーになり、空港やショッピングモールにあるような書店でさえ、軽めの小説の隣に彼の本が並んだ。ヘイトは単なる誤解だ、接点をもちさえすれば修正できる——そんな楽観的確信が全国に広がった。

実のところオルポートは、接点をもったからといって必ず効果があるわけではない、と強調している。場合によっては裏目に出るのだ。[13]

たとえば、ただ黒人を多く目にするだけで、相手を知る機会のない白人は、黒人を脅威と受け止める可能性もある。この説は後世に正しさが証明された。イギリスのナショナリストたちは、移民の姿が視界に入りやすくなったことで危機感をつのらせ、それが最終的にブレグジット（EU離脱）に発展した。カナダに住んでいたトニー・マカリアーも、移民の存在を利用して、白人たちの攻撃を煽っていた。

比較的穏やかな人でさえ、心地よくない接触のせいで、むしろ偏見を抱くことがある。政治学者ライアン・イーノスは最近の研究で、ボストンで10日間毎日同じ時間の通勤列車にラテン系の乗客を乗せるという実験をした。混雑する通勤列車にラテン系の人々と一緒に詰め込まれた白人たちは、以前と比べて、移民に対する寛容度が薄れていた。1本前の列車、1本後の列車に乗った白人と比べても、その差は顕著だった。

接点が不快でなくても、必ずプラスの結果になる保証もない。「善意の接触であっても、そこに具体的な目標がない場合は、何も成果が出ない」とオルポートは書いている。では、どうすれば接触をよい方向に活かせるだろうか。オルポートの説明によると、強い立場と弱い立場に分かれた人々を集めて、平等な立場にするのがコツだという。共通の目標に向かって力を合わせたり、個人的な付き合いをもったりするのも有効だ。お互いの特徴を学びあう、何らかのルールのもとで協力するなど、こうした原則を満たすならば、その接触は驚くほどの効果を見せるとオルポートは主張している。

理想論だと感じてしまうかもしれない。厳密な科学というより、仲よしこよしを謳う青臭い主張に思えるかもしれない。しかし実のところ、この仮説は心理学でもっとも熱心に研究されているコンセプトのひとつなのだ。

25万人以上を分析した最近の研究では、はっきりしたパターンが浮かび上がってきた。他者と一緒に過ごす時間が長ければ長いほど、人は偏見を示しにくくなるのだ。接点をもつと、さまざまなタイプの他者に対して情が湧く。[14] たとえば、ふたりのアメリカ生まれの若者がいると想像してみてほしい。両者とも異性愛者で、能力が高く、白人だ。片方は多様な集団に知り合いがいる。もう片方は、他人と距離を置いた生き方をしている。前者のほうが黒人やヒスパニック系の人々、それからアジアやメキシコや中央アメリカからの移民、そして高齢者、障がいのある人、さらにはＬＧＢＴＱコミュニティに対する差別意識が低くなることが、研究で確認されている。

接点をもとうという意図がなくても、接触の効果が出ることもある。[15] 秋に大学に入学した白人学生を、ランダムで黒人学生と寮の同室にしたところ、白人同士で同室になった場合と比べて、春になった時点で人種的な偏見が薄れていた。よそ者に心を開けるようになるまで、1年もかからなかったというわけだ。また、フロリダ州で最近行われた研究では、トランスジェンダーの権利について、地域の住宅を一軒一軒回って説明するという取り組みの効果を調べている。戸別訪問をするのはトランスジェンダー当事者の場合もあったし、シスジェンダー〔出生時の身体的性別と性自認が一致していること〕の場合もあった。いずれも、訪問を受けてじっくり会話をした住民たちでは、トランスフォビア〔トランスジェンダーに対する嫌悪感〕が劇的に減少したことが確認された。3か月後の追跡調査でも、トランスジェンダーに対する寛容さが保たれていた。

敵側に「知り合い」がひとりいるだけで

結論は単純だ。よそ者に敵意を抱くのは人類が古代からもっている習性ではあるものの、僕たちはその道を行かないことができる。他者と一緒に働き、生活し、遊んでいれば、分断の壁を乗り越えられる。

この本の前半で、共感は選択の問題だと述べたことを思い出してほしい。衝突や紛争は、「共感しない」という道を選ぶべき絶大な理由になってしまう。仮に集団と集団が、希少な資源をめぐって争っているのだとしたら、身内で力を合わせて資源を囲い込もうとするのは当然だ。同族主義(トライバリズム)が発展するのは自然なことで、進化という観点で言えば、それが賢明でもあった。トニー・マカリアーはこう言っていた。「多文化主義とか、多様性とか、そういうのは全員がうまくいってるときにはすばらしい。だけど、わずかなパンをめぐって住民同士が戦ってる状況なら、そんなもの何の役にも立たない」

アメフトのラインバッカー〔守備の選手〕が、相手チームのランニングバック〔攻撃の選手〕の痛みを気にしていたら、自分の役目は果たせない。[16] 戦場の兵士も同じことだ。だから衝突や紛争の現場にいる人間は、思いやりをもつことを忘れるのではなく、積極的に思いやりを捨てる。ある一連の実験で、イスラエルの保守派の人々は、パレスチナ人の心情など考えたくないと答えていた。[17] こうした宣言をする人々は、脳性麻痺になったパレスチナ人の子どもに関する記事を読んだとき、共感の反応が起きていなかった。

そうした冷淡さは戦時中には賢明な選択なのかもしれない。しかし平和の実現には邪魔になる。接触が効果的となるのは、接点があると、よそ者を思いやる理由ができるからだ。人間は人とのつながりを求めるし、社会的団結を強めるための努力をする。よそ者が友人や同僚という立場で加わっているならば、彼らに共感することが「社会的団結を守る」という目的に一致するというわけだ。そうなれば共感することのメリットが広がる。ダニエル・バトソンがエイズ患者に関する実験で示したように、ひとりのよそ者に対する共感が、よそ者の集団全体にやさしくすることにつながる。また、接点があると、共感しないことが難しくなる。近隣住民、友人、同僚の悲しみや喜びを完全に眼中に入れないことは、だいたい不可能になるからだ。

過酷な状況であっても、接触は共感を築く力を発揮する。[18] たとえば北アイルランドでは、カトリック系住民とプロテスタント系住民のあいだに暴力を伴う紛争が起きた。紛争後はお互いに敵を非人間化していたが、相手方に友人がいる人は、あまり非人間化をしていなかった。アメリカでも、黒人やイスラム教徒と職場や居住地域をともにしている白人は、黒人やイスラム教徒が犯罪捜査の対象になったときでも、彼らの心情を汲みとろうとする。共感が生じると、そこから連帯感も生まれる。北アイルランド紛争後、敵側の個人に親近感を抱く人は、相手の集団を積極的に許していた。アメリカでは、警察に不当に扱われたマイノリティの個人に対して同情を寄せる白人は、ブラック・ライブズ・マター運動にも参加する傾向があった。

科学者も、紛争解決に取り組む団体も、数十年前から、こうした接触の奇跡を意図的に起こそうと試みている。

たとえばハンガリーで行われている「リビング・ライブラリー」という学校プロジェクトでは、人が「生きる書物」と接する機会を作っている。[19] ここで言う「書物」とは、たとえばロマ族のように、社会の中心からはじかれてしまっている人々だ。本人の同意のもと、自分たちの境遇を語ってもらうのである。また、「ペアレント・サークル」という試みでは、紛争で家族を失ったパレスチナ人とイスラエル人が集まり、共通の悲しみで互いの違いを乗り越えようとする。

ほかにも「シーズ・オブ・ピース」という活動は、パレスチナ人の若者とイスラエル人の若者に、アメリカのメイン州で2週間のサマーキャンプを体験させる。[20] 参加した若者たちを民族関係なくチームに分けて、それぞれにチームカラーを決める。同じカラー同士で力を合わせ、他のチームと競争しながらキャンプ生活を送るのだ。チームメンバーとしてのアイデンティティを抱かせることで、民族集団による分断意識を忘れさせる。このキャンプの参加者は数か月後にも、キャンプに参加しなかった若者と比べて、相手の民族集団に対して温厚な態度をとる様子が見られた。

こうしたプログラム約70件の効果を心理学者が検証したところ、多くの接触推進プログラムは、集団間の思いやりや友情を育てることに成功していた。[21] 効果が1年後にも持続していた例もあった。だが、オルポートも気づいていたように、接触が必ず効果的とは限らない。効果があったとしても、なぜ成功したのか不明という場合も多い。接触を活用したいなら、どの要素が効果的か具体的に特定しなければならない。オルポートが提唱した接触仮説はすばらしいが、あくまで出発点だ。[22] まだまだ理論を詰めていく必要がある。

紛争を心理学で解決できるか——ある研究者の奮闘

それに取り組んでいるのが、MITの認知神経科学者エミール・ブリュノーだ。接触の科学を追究する新たな第一人者である。ブリュノーは以前から、他人が世界をどう見ているか理解したいと考えていた。理由のひとつは、彼自身の母親を理解できなかったことだ。母親、リンダ・ブリュノーは、エミールを出産した少しあとから、罵りの声を聞くようになった。頭上を飛ぶ飛行機の音も、テレビから流れる音声も、悪口雑言として耳に入ってくる。まったく何の音もしないときでも声が聞こえていた。彼女にとって、その声はうるさくて、明瞭で、本物の声と同等にリアルだった。統合失調症だったのだ。エミールが成長するにつれて、母の症状は悪化の一途をたどった。

エミール・ブリュノーは、母の頭の中を知りたいという思いから、神経科学の世界に足を踏み入れた。そこで出会った研究に衝撃を受けたという。神経科学者が総合失調症患者の脳をスキャンするという研究だ。装置の中にいる患者は、「声」が聞こえたら、そのたびにボタンを押す。研究者は、その幻聴が脳内のどこで起きているか確認する。[23]すると、患者が想像上の声を聞いているときに活動している脳の領域と、本当の音に反応する脳の領域は、同じであることがわかった。どうやら生物学的には、幻聴は本物と区別されていないのだ。ブリュノーにとって、これは罪からの放免だった。人が統合失調症になるのは家族のせいだ、という見解を幼い頃に聞かされていたので、ブリュノーはそのことで苦しんでいた。でも、そうではない。まったく違う見方が出てきた。

「あれは身体的なコンディションだったのだと知りました（……）そうであれば、ぐっと扱いやすくなります。大変であることは変わりないけれど、きっと対処できることもあるはずです」

ブリュノーはこれまで世界各地を旅して、暴力によって分断された地域にも数多く足を踏み入れてきた。アパルトヘイト廃止直後の南アフリカで数か月ほど暮らしたことがある。スリランカにいるジャーナリストの友人ふたりを訪ねて現地入りした数時間後に、タミル人のテロ組織「タミル・タイガー」がスリランカの都市コロンボを襲撃したという体験もしている。

こうした紛争は、どれも一つひとつ背景や経緯が異なっていたが、共通する問題もいくつか存在していた。何より重大な特徴は、本来ならば善良な人々が、紛争の影響を受けて大きく変質してしまうことだ。南アフリカでブリュノーがツーリングに出たとき、森で道に迷い、空腹であざだらけで何とか脱出したところを見知らぬ老婦人から介抱を受けたことがあったという。老婦人は何も見返りを求めなかった。ところがアパルトヘイトの話題になったとたん、「彼女の口から、人種差別の罵詈雑言があふれだしてきた」。まるで二重人格だ。

紛争の影響は統合失調症の症状のようだ——とブリュノーは思った。他人から見れば幻、しかし本人にとってはリアルな世界に、心が閉じ込められてしまうのだ。統合失調症が脳の病気なのだとしたら、集団間の紛争も、同じように脳にダメージを与えているのではないか。もしもそれが身体的なコンディションなのだとすれば、治療も可能なはずではないか。ブリュノーはこの仮説を検証するため、北アイルランドのベルファストという土地に赴いて、カトリックとプロテスタントの青少年に3

週間の共同生活をさせる接触推進プログラムにボランティアとして参加した。

「参加者は全員、大きな体育館で寝泊まりして、一緒に壁画を制作したり、音楽を演奏したりします。でも、このプログラムは大失敗でした」

少年たちは3週間のキャンプ生活を仲よく過ごしていた。ところが最終日に少年ふたりのあいだで小競り合いが起きると、それがあっというまに全体に広がって、カトリック対プロテスタントの喧嘩が始まったのだ。1時間前まで一緒に遊んでいた少年たちが、ほんの数秒のうちに、敵対するアイデンティティに戻ってしまった。ブリュノーは喧嘩に割って入ったが、そのときひとりの少年が相手に向かって「このオレンジ野郎!」と叫ぶのが耳に入ってきた。17世紀にイングランド王となったオランダ総督オラニエ公ウィレム3世のことだ〔プロテスタントのウィレム3世が、アイルランドのカトリック軍を鎮圧し征服したことが、アイルランドの宗教対立を深めた。オラニエと読むのはオランダ語で、英語ではオレンジ公ウィリアムとなる〕。

「数世紀も前の人名が罵りの言葉になるんですよ。『なんてことだ、これは根が深い』と思いました」

ブリュノーにとってはほかにも気になることがあった。衝突の解消のためだからといって、強引に接触させるだけでいいのか。接触推進プログラムの多くは、とにかく一緒にたくさんの活動や話し合いをさせればそれでいい、というやり方になっていた。いつ、どんなふうに接触を活用し、その効果をどうすれば最大限に引き出せるか特定するためには、もっと緻密なアプローチが必要なのではないか。「接触推進プログラムの効果を出すには何が重要なのか。人はどんなふうに触れあうのか。どんなタイプの人に、どんな介入をすれば、一番うまくいくのか」。単純な疑問のようだが、先行研究では答えが出ていなかった。

ブリュノーは自分の研究でこうした問いの答えを探している。何年もかけて、紛争が共感力を弱める様子を研究し、平和構築を目指すさまざまな団体と連携しながら、接触が有効となる方法や場面を探っている。ブリュノー自身が平和推進活動を一から立ち上げることはしていない。長年活動している団体は、その紛争について、ブリュノーにはとうてい追いつけないほどの知識があるからだ。彼はあくまで既存の団体が使っている形式を借り、彼らが作る素材を検証して、どの手法が一番うまくいくか調べている。

マイノリティを意識した〝公平な施策〟がむしろ憎しみをつのらせる理由

こうした研究で導かれる答えが、それまでの通念とは正反対になることもある。接触仮説を提示した心理学者ゴードン・オルポートは、たとえ片方の集団のほうが裕福だったり、権力が強かったりしたとしても、集団同士を平等なステイタスにすることで接触効果が最大限に表れると考えていた。ほとんどの紛争解決プログラムはこの原則を守っており、たとえばイスラエル人とパレスチナ人の参加者に、討論で同等の発言時間を与えることを重視する。お互いに相手の話をしっかり聞き、相手の視点を理解するよう促す。

確かに、こうした話し合いの場をもつと、マジョリティに属する人々や、ステイタスの高い集団の人々は、討論が終わる頃には相手に対して以前よりやさしい視点をもっていることが多い。ところがマイノリティの人々や、権力をもたない人々の場合、むしろ裏目に出ることが多いのだ。彼らは討論などしなくても、マジョリティの視点を知っている。生き延びるために相手がどう思っているか知る必要があるからだ。コメディアンのサラ・シルバーマンが、インタビューの中で、この気持ちを巧みに表現していた。[24]

「女は男の世界をよく知ってるわよ。女性の存在自体が、男性のレンズを通して決まるものだったんだから。男は、この世で生きていくために女の世界を理解しなきゃならない、なんてことはなかったでしょ」

マイノリティの人々は、「相手の視点を知る」なんてことに、もううんざりしてるんじゃないか――ブリュノーはそう考えた。だとすれば、接触プログラムは両者を平等にするのではなく、それまでの傾いたバランスを転覆することでこそ、効果が出るのではないか。片方の集団がふだんは沈黙を強いられているのだとしたら、別の集団と一緒になる場面で同等の発言機会を与えるのではなく、彼らのほうにより強い発言権を与えるべきなのだ。そして、いつもは権力をもっている側が、聞き役に徹する。マイノリティが「相手の視点を知る（視点取得）」のではなく、「相手に自分の視点を示す（視点付与）」ことができるなら、立場を底上げできるかもしれない。

ブリュノーは、この仮説を検証するため、アリゾナ州フェニックスの公立図書館でワークショップを開催した。[25] 他人同士のメキシコ移民と白人のアメリカ人とをペアにする。そして各ペアの片方が「話し手」になり、自分たちの苦難について短いエッセイを書く。ペアのもう片方は「聞き手」になって、エッセイを読み、要約し、感想を書き手に伝える。それからお互いに相手についてどう思っているか、相手の民族集団についてどう思っているか、口に出して話しあう。

白人アメリカ人の参加者は、この接触において、オルポートの理論どおりに反応していた。彼らは「聞き手」の役割を果たしたあと、メキシコ移民に対して、よい印象をもつようになった。ところがメキシコ移民が「聞き手」になったときは、自分よりリッチで、自分より力をもった集団の人間が苦労について話すのを聞いて、むしろ憎しみをつのらせた。彼らが白人に好印象を抱いたのは、自分が「話し手」となって、白人に話を聞かせた場合だ。

ブリュノーはこれと同じ実験を、ヨルダン川西岸地区の都市ラマラとイスラエルの都市テル・アビブで実施して、パレスチナ人とイスラエル人にビデオ通話で対話をさせた。イスラエル人は白人アメリカ人と同じく、パレスチナ人の苦労を聞いて、パレスチナ人への好印象を抱いた。ところがパレスチナ人は、相手の話を聞くときではなく、自分の話を聞いてもらったときに、イスラエル人に対する好印象を強めていた。接触が吉と出るのは、既存の傾いたパワーバランスをなかったことにする場合ではなく、既存のバランスをひっくり返す場合だったのだ。

ブリュノーは世界各地のヘイトについて研究してきたが、最近では母国に視点を置き、アメリカにおける白人ナショナリズムの高まりに注目している。いわゆる「オルタナ右翼」と呼ばれる層が昨今ではかなり存在感を増し、以前よりもあからさまにヘイトを示すようになった〔オルタナ右翼とは、ネットを中心に活動する過激な保守派のこと。徹底した白人至上主義で排外主義〕。2017年8月には、オルタナ右翼がネオナチとともに、バージニア州シャーロッツヴィルで集会を開いている。シャーロッツヴィル市には、南北戦争で奴隷制維持を主張した南部連合軍の将軍ロバート・E・リーの像があった。これを撤去すると市が決定したことに対し、彼ら極右集団は抗議集会を開いたのだ。このデモが暴力に発展し、オルタナ右翼活動家のひとりが、撤去支持派の群衆に車で突っ込んだ。多数のけが人が出て、極右に抗議していたヘザー・ハイヤーという市民が命を落とした。アメリカのカレッジタウンで起きているとはとても思えない、まるでヨルダン川西岸かのような光景だった。

トニー・マカリアーは、白人至上主義団体WARでもっとも精力的に活動していた頃、共感力が退化していた。現在の白人ナショナリストたちも同様の状態だ。[26] 彼らはよそ者を非人間化している。イスラム教徒はヒトとして55%しか進化していないと考えている。他人の感情には無関心で、暴力は自分の信念を示す合理的な手段だと見ている。

こうした活動家たちに対して恐怖を抱くのは、ある意味で簡単なことだ。彼らの偏見は一生直らないと決めつけるのは、もっと簡単なことだ。しかしトニーの例は、差別意識に染まった心が人間性を取り戻すことは可能だと示している。だとすれば、その回復を促すような状況を、意図的に作ることもできるのではないだろうか。

グーグルが集めた50人の「元・差別主義者」が見出した希望

白人至上主義と決別したあと、トニーは「ライフ・アフター・ヘイト」というオンラインジャーナルを見つけた。トニーと同じようなエピソードが数多く紹介されているサイトだ。ヘイト団体とどうかかわり、どう抜け出したか、さまざまな人が体験談を語っていた。トニーもこのオンラインジャーナルに積極的に投稿するようになった。

そして2011年、ほかの投稿者数人とともに、ある特別な会合に招待された。グーグル社のシンクタンク部門、「グーグル・アイデアズ」（現在は、グーグルの親会社アルファベット社の子会社「ジグソー」となっている）が、過激思想を防ぐ戦略を話しあうという趣旨で、50人の「フォーマーズ」——過去にヘイト集団のメンバーだった人々のこと——を集めたのである。「正気の光景じゃなかったよ」とトニーは振り返って語っている。「こっちにIRAメンバーがいるかと思うと、その向かいにイスラム聖戦士（ジハーディスト）とネオナチが座ってるんだ。本来だったら殺しあってた間柄だよ」

明らかにまったく違う立場だというのに、この会合に集まった人々の話には、さまざまな共通点があった。彼らの多くは憎しみを利用して、自分自身の幼少期の傷を隠していた。親子関係や友情関係を通じて他人を許すことができたとき、そこに新しい意味が生まれ、憎しみから解放されて、「元・差別主義者」になることができたのだ。「いくつもいくつも同じ理屈、同じ理由を聞いた」。自分の苦しみは自分だけの特別な体験ではなかった、とトニーは悟った。だとしたら、ほかの人がヘイトから抜ける道を探す手伝いも、もしかしたらできるかもしれない。

トニーは仲間とともにライフ・アフター・ヘイトを拡大し、同名の非営利団体を設立した。現在はこの団体を通じて、かつてトニー自身が堕ちていた闇から人を引き戻す活動をしている。

「俺たちは沼にはまったけど、どうにか抜けることができた。その沼にあえて戻ることで、俺たちが以前いた場所にいる人たちを助けたいんだ」

苦難を経験した人ほど、他人のために思いやりを示そうとすることを、「苦難から生まれる愛他性」と呼ぶ。トニーの例もまさにこれに当てはまる。

ライフ・アフター・ヘイトのメンバーは、アーリア人至上主義者や、ネオナチや、KKKなどが運営するネット掲示板やソーシャルメディアのページに入り込んで、そこにアクセスしている人々に、「この道ではない生き方もある」と呼びかける。ヘイト集団のメンバー本人や家族から、脱退について相談を受けることも多い。シャーロッツヴィルで極右活動家が抗議集団に車で突っ込む事件があった翌週には、100件もの問い合わせがあった。トニーたちは彼らをカウンセラーに引き合わせたり、タトゥーを除去するサービスを紹介したり、より希望のもてる未来へとつなぐ活動をしている。

3人の共感研究者、元ヘイトクライマーから教えを請う

7月のある日、曇り空のもと、僕はイリノイ州シカゴのノースウェスタン大学に足を運んだ。1日

がかりのブレインストーミング・セッションを開催することになっていたからだ。[27]メンバーは僕のほかに、トニー・マカリアーをはじめとする元ヘイト集団メンバーが数人。それから、接触仮説を追究する認知神経科学者エミール・ブリュノーと、国によってヒトとしての「進化」が違うなどという差別的思い込みを実験で明らかにした心理学者ヌール・クテイリー。

ライフ・アフター・ヘイトのメンバーは、共感について専門家から学びたいと考えていた。そして共感の研究者である僕たち3人も、トニーのような当事者から直接話を聞きたいと考えていた。そこで実際に集まって、ヘイトと共感の問題に対し、一緒に解決策を探すことにしたというわけだ。あまり例のない変わった会合だった。まず、ライフ・アフター・ヘイトのメンバーが、自分たちの体験を語った。トニーがトップバッターだ。穏やかで誠実そうな表情をしている。ピンクのストライプのシャツを着て、サメの歯のペンダントと、ウッドビーズのブレスレットをつけている。昔はサッカーのフーリガンだったけれど今はフォーク歌手になりました、という雰囲気だ。

トニーに続いて、アンジェラ・キングという女性が自身の体験を語った。彼女は学校で壮絶ないじめに遭い、ある時点から、いじめられないためにはいじめる側に回るしかないと決意した。それから同性愛者への嫌悪と人種差別意識をつのらせ、ヘイトクライムに加担するようになった。ユダヤ人が経営する店に武装強盗を仕掛けて逮捕され、実刑をくらった。両腕、両脚、胸元に、カギ十字のタトゥーがびっしりと入っている。下唇の内側にまで「ジークハイル」〔ドイツ語で「勝利万歳」〕。ヒトラーに向けた敬礼の言葉〕という文字が入っている。刑務所でも人種差別戦争をやる気でいっぱいだったのだが、最初に同室になったのは同胞であるアーリア人ではなく、ジャマイカ人の女性たちだった。仕方なく共同生活をして、クリベッジ〔トランプゲーム〕などをするうちに、ジャマイカの女性たちはアンジェラの主張にははっきり異議を唱えつつも、人間としてのアンジェラのことは受け入れていった。

「それまでのあたしは、どんなことにも、何があっても、とにかく攻撃と怒りと暴力でやり返してました。やさしさとか、思いやりとか、そういうのを向けられて、なんていうか、牙を抜かれてしまったんです[28]」

3人目はサミー・ランジェルという男性だ。口調はやわらかく、黒髪を短く刈り込んでいて、スポーツジムに通い詰めていそうな姿をしている。サミーのエピソードも、トニーやアンジェラと似ていた。虐待を受け、憎しみをつのらせ、その後、彼を理解しようとする他者との接触を通じて罪を自覚した。

彼らの話を聞き終わってから、今度は僕たち3人が、ヘイトに関する科学的研究や解決方法について学者としての知識や意見を提供した。特に強調したのは「ナッジ」だ。他者を理解しようとするほうが簡単で、他者を偏見の型に入れることのほうが面倒になるような、ちょっとした後押しを仕掛けることが有効ではないか。そのための案をいくつか出したところ、ライフ・アフター・ヘイトのメンバーの賛同は得られなかった。サミーが「あなたがたは問題を解決しようとしています」と言った。

「でも、本当に問題を解決するのはあなたがたじゃないんです。そこが間違えやすいところです」

ヘイト集団のメンバーは、他人が自分たちの考えを変えさせようとしていることを予期している。だから反論や、理論武装や、あるいは単純な脅し文句を駆使して、説得を跳ね返す壁を作っている。トニーはそれを「理屈の要塞」と呼んだ。

要塞を突破するために、ライフ・アフター・ヘイトは別の視点に立つ。「相手をただちに変えようとはしないんです」とサミーが説明した。

「まずは向きあわなくちゃいけません。彼らに関心を示し、彼らの意見を聞くんです。しばらくするうちに、何かとっかかりが見つかるかもしれません」

共感と表裏にあるセルフ・コンパッション

サミーの意見は、20世紀の著名な臨床心理学者カール・ロジャーズを彷彿とさせた。ロジャースは、心理療法士のもっとも重要な仕事は患者（クライエント）の話を聴くことである、と考えた。相手の話を聞きたいと本心から思い、決めつけを排除して、真剣に耳を傾けるのだ。

ヘイト集団のメンバーは、自分に説教してくる相手ならばやすやすと切り捨てられる。周囲はみな彼らを毛嫌いしているのだから、慣れた状況なのだ。トニー、アンジェラ、サミーも、かつては誰もが自分を嫌っていると確信していた。だから身構えるのだ。その卑屈な気持ちを突き崩したいなら、必要なのは論破ではない。共感だ。

共感を示すというのは、彼らの信念が正しいと認めることとは違う、とトニーは強調した。「彼らのイデオロギーとヘイトに対しては、善悪をはっきりさせる必要がある。でも、相手を人としてジャッジしちゃいけない」。それはずいぶん無理難題のように思える。大量虐殺を支持するタトゥーを全身に入れた人物を前にして、時間をかけて意見を聞いてやるなんて、本当に意味があるのだろうか。ヘイトを向ける相手に愛情を示してやる義理なんか、あるだろうか。トニーのユダヤ人の友人ドヴ・バロンや、アンジェラが刑務所で同室になったジャマイカ人の女性たちにも、間違いなくそんな義理はなかった。しかし、他者である彼らはトニーやアンジェラを受け入れることで、トニーたちに自分自身を大事にすることを教えた。自分で自分を大事にできるなら、他人に対して身構える必要はない。自分を卑下する気持ちを怒りにすりかえる必要もない。

僕、エミール・ブリュノー、ヌール・クテイリーという学者3人は、接触の効果を「他人に対する考え方を変えさせられるかどうか」と考えていた。ところが、かつての当事者たちの考えは違っていた。接触の効果とは、「自、分、自、身、に対する見方を変えられるかどうか」という問題だというのだ。心理学では15年ほど前から、「セルフ・コンパッション」の研究が進んでいる。自分の短所を認めて受け入れる姿勢のことだ。このセルフ・コンパッションと、他者に対する共感とは、いわば同じコインの裏表なのだが、そのふたつは一緒に出てこないことが多い[29]。まったく両立しないこともある。たとえばナルシストは自分に甘く、他人に厳しい。うつを抱えた人は、他人を許すことはできても、自分を許せないことがある。

それでもセルフ・コンパッションに欠けている人は、紛争に直面したとき、強硬な態度になりやすく、意見が合わないときにも妥協をつっぱねることが多い。[30] トニー、アンジェラ、サミーは、幼少期の体験のせいで、セルフ・コンパッションが欠けていた。しかし接触の機会を得たことで、それがふたたび戻ってきた。彼らが経た回復の道のりは、ほかの人にも応用可能なのだろうか。まだはっきり解明されていないものの、最近の研究でイスラエルの子どもにセルフ・コンパッションを促す指導をしたところ、パレスチナ人に対する偏見をあまり示さなくなったことが確認された。[31] トニーたちの意見に刺激を受けたことで、僕たち研究者は今、接触をセルフ・コンパッション構築に役立てるやり方を探っている。

誰もが、過去の経験を乗り越えられる

この話し合いでもうひとつ気づいたことがあった。トニーのような元・当事者との接触は、現・当事者にとって、実に大きな意味がある。別の生き方も可能なんだ、と具体的に実感することになるからだ。

たとえば、ラテン・キングス〔アメリカで活動するヒスパニック系のギャング〕や、ＫＫＫや、トニーが加わっていたＷＡＲのような団体のメンバーが、その活動に疑問をもちはじめて、ライフ・アフター・ヘイトに連絡をする。そしてサミーと知りあう。サミーは幼い頃に母親に殺されかけて、生き

るために11歳でホームレスになった。刑務所の収監中に、テープで両手にナイフを固定して、乱闘に飛び込んでいったこともある。一時期は独居房に閉じ込められ、頭上から釣り餌のようにぶらさがってくる食べ物で食事をさせられていた。イリノイ州は彼のことを「更生不可」と判断していた。見込みがない、という烙印を押されたというわけだ。それでも、現在のサミーはソーシャルワーカーとなるべく、大学院で博士号取得を目指して学んでいる。

心理学者の考えでは、接触の定義は、少なくともふたりの人間がかかわることだ。しかし、ライフ・アフター・ヘイトの考えでは、ひとりの人間が過去の自分や未来の自分と向きあうことも、同じくらいに大きな効力をもつ。

たとえば30歳になった自分の目で、12歳のときの苦しみやつらさに思いを馳せる。あるいは65歳になった自分を想像してみる。体力が落ち、白髪が増えていても、充実し満たされた人生を送っているかもしれない。ヘイト集団に入っているときは、12歳のイメージも65歳のイメージも、自分事には思えない。特に未来の自分に現実味を感じない。トニーもそうだった。自分に未来というものがあるとは思っていなかった。

研究によれば、未来の自分をありありと思い描くことができる人は、より賢明な行動をするのだという。[32]ある実験で被験者の脳を撮影しながら、いくつもの問いを考えさせた。「食料品の買い物に行きますか、それとも洗濯をしますか」「来週5キロ走ってみたいと思いますか」。次に、同じ質問に対して未来の自分はどう答えると思うか考えさせた。するとほとんどの被験者は、現在について想像する場合と、未来の自分を想像する場合では、脳の活動する場所が異なっていた。未来の自分を別の人間として客観的にとらえているという意味だ。ただし一部の被験者では、未来の自分について考えるときのほうが、脳が活発に働いていた。こうした人々は未来を現実的に受け止めていて、たとえば賢い投資を行うなど、未来の自分に役立つ行動をする。別の実験では、自分の顔をデジタル加工で老けさせた写真を見せたところ、被験者は老後のために積極的に貯金をするようになった。未来の自分に接したことで、その自分を支えようという気持ちが生まれるのだ。

ヘイトの現・当事者たちは、トニーやサミーやアンジェラのような元・当事者と会うことで、それまで想像もしていなかった未来の自分の可能性に接する。自分を大事にする、大事にされるという道も存在すると知る。そして、ヘイトから抜け出した体験談を聞いて、人は変われるのだと考える。どれだけ他者を遠ざけ孤立した生活を長く送っていたとしても、そこから変わることは可能なのだ。僕たちのブレインストーミング・セッションの終盤で、サミーは「フォーマーズ（「元」の者たち）」という名称について説明した。グーグル・アイデアズの会合に出たときから、彼らはそう自称するようになったという。

「僕たちがお互いを『フォーマーズ』と呼ぶのは、みんなヘイト集団の元メンバーだからです。でも、それだけじゃありません。誰もが過去に何らかの経験を経て、それを越え、新しい人になっていく。だから『フォーマーズ』と呼ぶんです」

紛争とヘイトは、人の想像力を奪う。ジョージ・オーウェルの小説『１９８４』では、洗脳された国民たちが、敵とされている国や思想とは昔からずっと戦争状態だったと信じ込んでいた。今のアメリカの政治、人種、アイデンティティにおいても同様だ。現代人の多くは、そうした垣根を越えて共感が成立する世界など、きっともう想像もできない。相手を罵るためにオラニエ公ウィレム3世の名をもち出した少年のように、過去の歴史においてずっといがみあってきたのだから、未来もずっとそのままだと確信してしまっている。

その確信は、過去に対しても未来に対しても、間違いだ。間違いだと思うだけでも、平和への道を一歩進むことになる。

心理学者キャロル・ドゥエックのチームは、イスラエル人とパレスチナ人を対象に、ある実験をした。[33]マインドセットの理論にもとづき、個人も変われるし集団も変われる、と説得する実験だ。アラブの春やEU結成といった歴史的経緯を例に説明したところ、この説明を受けた被験者はイスラエル人もパレスチナ人も、半年経ってもお互いの存在を肯定的に受け止め、これからの平和の可能性に対して希望をもっていた。平和を実現するために歩み寄ってもいい、と考えていた。マインドセットが変わると、接触の効果も高まる。「よそ者」と出会ったときに協力しようとする意欲も強くなる。

周囲の人々を自分の仲間だと認識し、しっかり団結して協力しあう。そんな未来を思い描くことができるなら、叶えるためにがんばろうという思いも生まれる。そんなふうに接触がよい方向で作用するならば、他者の価値を理解し、自分自身の価値も信じることができる。よそ者がよそ者でなくなる未来を描いていくことだってできるのだ。

第4章

「物語」を摂取する

——脳に備わる共感回路を鍛える昔ながらのやり方

聞きたまえ——

ビリー・ピルグリムは時間のなかに解き放たれた。

ビリーは老いぼれた男やもめになって眠りにおち、自分の結婚式当日に目覚めた。あるドアから一九五五年にはいり、一九四一年、べつのドアから歩みでた。（……）自分の誕生と死を何回見たかわからない、と彼はいう。そのあいだにあるあらゆるできごとを行きあたりばったりに訪問している。

——カート・ヴォネガット・ジュニア

『スローターハウス5』

（伊藤典夫訳、早川書房）

人類最高の娯楽は、脳のヒマつぶしから生まれた？

あなたが子ども時代を過ごした家は、正面にいくつの窓があっただろうか。明日の朝、あなたが車に乗り込むとき、エンジンはどんな音がするだろうか。昔、ボールを蹴ったとき、足にどんな感触があっただろうか。

こうした問いの答えを考えるとき、人は時間から解き放たれる。身体はソファにあったり、机の前で座っていたりしても、思考はその場所を離れて、どこへでも、いつの時代にも、風船のようにさまよっていく。幼少期を過ごした家の前に立ち、近所の住宅がどこもかしこも外壁に流行の樹脂サイディングを使っていたことに気づく。車のホルダーにコーヒーカップを差し込み、ごきげんでガレージからバックで車を出す。中学校の近くの公園で、友達とサッカーボールを蹴りあっている。

空想の旅を始めると、五感もその旅にくっついてくる。[1] 昔の家を思い浮かべるとき、脳は、まるで本当に家を見ているかのように反応する。サッカーボールの感触を思い出すとき、脳は実際に触っているときと同じ反応をする。晴れた空を想像すれば、映画館を出て午後の日差しを浴びたときのように、瞳孔が縮小する。

こうした感覚の「放流」は、本人の意思とは関係なく起きることもある。『スローターハウス5』の主人公のように、めまぐるしくあちこちをさまよったりもする。統合失調症患者の場合は、その体験が現実なのか想像なのかわからなくなることが多い。PTSDを抱える人は、意思とは関係なく、最悪の記憶へと心が引き戻されてしまう。うつ状態ならば過去の後悔にとらわれ、不安症ならば未来に起きる不幸を考えずにいられない。

精神的な病気でなくても、心の放流は重荷になりうる。ある実験で、被験者のスマートフォンをランダムな間隔で鳴らし、たった今何を思い浮かべていたか、そして今どんな気持ちでいるか答えてもらった。すると、目の前の瞬間に集中しているときと比べて、過去や未来のことをぼんやり考えていたときは、あまり幸せな気持ちではないということがわかった。[2]

否応もなく心を引きずり込まれるのではなく、意図的に、今の現実でない世界へ意識を送り込むこともある。この方法でなら、心の放流はなかなか有益だ。過去に経験したことのない失敗を想像して予防策を立てたり、出会ったことのないシチュエーションを切り抜ける方法を考えたりすることができる。バイソンの群れを狩るときはどんなふうに待ち伏せすればいいか。入社面接では何を言うべきか。実際にバイソンに出会ったときや、自分の上司となるであろう面接官と対面したときに、ようやくこの問いを考えるようでは、おそらく手遅れだ。心を放流させてシミュレーションをしておけば、実際にその場面に直面したときにもどうすればいいかわかる。

この現象は、神経科学における謎に答えを出している。かつての神経科学者は、脳は起きたことに反応するものだと考えていた。本を開けば、見る力や読む力をつかさどる神経が「スイッチオン」になる。しかし目を閉じているときは、外からの刺激が何もないので、そのスイッチは入らない。

ところが21世紀に入る頃、何もしていないときに脳内で活発になる領域があることが発見された。[3]

これはおかしな話だ。自然界はいつでも効率化を目指しているし、脳はただでさえエネルギーを食うのに、なぜ、ただぼんやりしているだけでエネルギーを使おうとするのだろう?

実のところ、ただぼんやりするというのは、人間にとって大切な作業なのだ。「ヒマな手は面倒を見つける」と言うが〔「小人閑居して不善をなす」に似た意味のことわざ〕、脳はヒマになると、たった今の現実ではないことを考えはじめる。先の計画を考えたり、思い出に浸ったり、空想をめぐらせたりする。このとき、例の不思議な脳の領域が、心の放流の舵取りをしている。[4] 今起きていることではなく、過去、未来、あるいは夢の世界に人を向きあわせている。

この脳の領域は、共感においても重要な役割を果たす。共感するというのは心を相手のほうへ、つまり自分の現実ではない対象へと寄せることだと考えれば納得だ。「この前送ったメールを見て、母さんはなんて感じただろうか」とか、「先日起きた銃乱射事件の被害者は、どんな気持ちだろうか」などと思うとき、心は相手の世界へとうつろっている。脳の放流機能がしっかり動いていると、より深く相手の心に入り込み、より正確に考えや気持ちを理解することができる。[5]

対象が実在する人間でなくても同じことは起きる。人類の奇妙で崇高なるヒマつぶし、すなわち「お話を語る」という行為も、本質的には心の放流だ。人類が初めて一緒に火を囲んだときから、お話は脈々と語られてきた。最初のうちは口伝えで、それから紙で、さらにはスクリーンで。周囲に現実の人間がいるというのに、存在もしないキャラクターが、起きてもいない出来事を体験する話をすることに、人類は空いた時間の大半を使っているのだ。[6]

最近の心理学研究では、物語の役割について、新しい解釈が生まれた。物語を語るのは、単なる気晴らしであるだけでなく、古代から受け継がれている一種の技術でもあるという。心を放流させる起爆剤と言ってもいいかもしれない。[7] 物語の力を使って、大昔の人々は他人の人生を想像し、起こりうる未来に向けて計画を立て、文化として守るべき規範を共有した。現代ではここに新たな役割も加わっている。物語は共感を阻む障害物を乗り越える力になるのだ。物語を通して、僕たちは他人との距離感を縮め、人を思いやることのハードルを下げることができる。

共感のプロスポーツ、その名は演劇

「カラスのことを聞いたなら、タルトパイのことも知ってるでしょ！」

公爵夫人が見ている前で、アリスがコックさんに問いかけます。するとと前列の席から、アリスを遮る声が聞こえました――「もっと、知りたがってる感じで。そんなふうに問い詰めるんじゃなくて」

不思議の国に迷い込んだアリス――本当はオリーという名前の13歳の少女――は、上手に口調を変えて同じ台詞を言い直した。着ているのは青いワンピースではなく、オーバーサイズのセーターと、コンバースのシューズだ。

児童劇団「ヤング・パフォーマーズ・シアターズ」（ＹＰＴ）の芝居で、オリーはこのたび初めて主役を演じることになった。YPTは30年以上前から、4歳から17歳の子どもに演技や脚本執筆を教えている。この日は最新上演作『不思議の国のアリス』の稽古で、初めて舞台上での位置合わせをしているところだ。まだまだ演技はつたない。役者たちは、一般的な中学生よりは堂々として見えるものの、台詞はもたついているし、お互いの立ち位置もぎこちない。最年少の役者は、まるでコバンザメみたいに、大きいお姉さんのそばにぴったりくっついている。

YPTの芸術監督は、名前をステファニー・ホームズという。彼女だけは本格的だ。さっきまでロンドンのグローブ座を監督していました、という印象がある。赤い巻き毛をボブスタイルにした彼女は、やわらかい英国アクセントで、巧みに指示を出す。頻繁に椅子から立ち上がっては、合間合間にやさしく簡潔なアドバイスをする。

ステファニーがやり直しを指示するときの言い方には、大きく分けてふたつのパターンがある。ひとつのパターンでは、役者たちに対し、観客にどう見えているか、観客はどう理解しているか、考えてみるよう求める。コバンザメになっている最年少の子には、もっと堂々と舞台に立つように言った。「あなたのお仕事は、お客さんから見えない位置に立たないことよ」。ふつうのくしゃみと、芝居で求められるくしゃみがどう違うか、実践してみせる。「いつもは『くしゅん』でも、ここでは前のめりになって『ふぁっくしょい！』とやってみて」

ふたつめの指示は、演じているキャラクターの心情を考えることだ。王様を演じている金髪の痩せた少年が、アリスを女王に引き合わせた。「こちらが女王、わが妻だ」。少年が台詞を棒読みで言ったので、ステファニーが待ったをかけた。

「王様が『わが妻』と言うのは、女王が王様のことを赤ちゃん扱いするから。だから、この人は妻なんだ、といちいち思い出す必要があるの。王様も自信がないから、ちょっと口ごもるのよ」

アリスを演じるオリーは、この中ではかなりのベテランだ。13歳らしく緊張しているし、歯には痛そうな矯正器具をはめているが、演技でも会話でも、彼女の声は突出して響く。小さい頃から自室で『白鳥の湖』や『眠れる森の美女』の人形劇を作って遊んでいたからだ。

一方、オリー以外の子どもたちは、最初から演劇志向だったわけではないらしい。『アリス』でヤマネの役を演じるエラという少女は、少し前まで、もっと小さい子かのように恥ずかしがっていた。彼女は7年生のときに別の地域から転校してきて、2週間のあいだ、誰とも口をきけなかった。YPTに入ったのも積極的に望んだわけではなく、彼女の兄と、芸術監督であるステファニーの息子が仲よしになったからだ。当初は、引っ込み思案な性格に合った役柄を演じていたが――初めての役は「しゃべらない猫」だった――しだいに目立つ役にも挑戦するようになった。本人も少しずつ大胆になり、舞台以外でも堂々とふるまえるようになった。「今のわたしは、学校でもすごく声が大きくて、ずっとしゃべりっぱなしなの！」

ステファニーは若き役者たちに、自分自身の体験とキャラクターの体験を重ねてみることを教えている。オリーは、不思議の国に来たアリスの好奇心や困惑を理解するために、家族と初めての海外旅行でイタリアに行ったことを思い出した。エラは、少し前に『美女と野獣』の主人公ベルを演じた。

野獣が姿を消す場面で寂しさや不安を感じるはずなのに、なかなかその気持ちがピンと来ない。そこでステファニーのアドバイスで、自分自身が家族から捨てられたらどう思うか、想像をめぐらせた。台詞を語り終えたとき、エラは涙ぐんでいた。

「メソッド」と呼ばれる演技法の父、ロシアの俳優兼演出家コンスタンチン・セルゲーヴィチ・スタニスラフスキーは、演技の技術を「体験の技芸（アート）」と表現した。演技指導する際は、演じる役柄の動機、信念、過去の体験にまで深く思いを馳せるよう指示していた。この準備がうまくいけば、登場人物の内的な世界がはっきりと浮かび上がる。それが真実味と深みをもった演技として現れてくる。「（役者の）仕事は単に役柄の表面的な人生を示すことではない」とスタニスラフスキーは書いた。[8]「自分自身の本質的な部分を、他人である役柄に重ね合わせ、そこに魂のすべてを注ぎ込まなければならない」

まるで共感のプロスポーツだ。エクストリーム・スポーツかもしれない。メソッド派の役者は、演じる人物の人生に心血を注いでなりきろうとする。たとえば俳優のエイドリアン・ブロディは、『戦場のピアニスト』という映画で、主人公ウワディスワフ・シュピルマンを演じた。ホロコースト下の数年間をワルシャワゲットーで生きた音楽家だ。飢えと孤独に耐えながら、音楽を通じて慰めを見出していた。この役柄を演じるにあたり、ブロディは人間関係を断ち切り、電話ももつながず、住居もヨーロッパに移した。数か月ほどひとりきりで生活し、毎日何時間もピアノを練習して、食べる量を減らして体重を40ポンド（20キログラム弱）落とした。本人はこのときのことを「孤独と喪失感を自分から受け入れていた」と語っている。

役者志望の心理学者、画期的な「認知的共感」研究を思いつく

役者は演じるたびに、想像力を広げて他人の思考の中に入っていく。演技の訓練を通じてそんなふうに心の放流ができるのなら、他人の気持ちを理解する共感の力も、演技で鍛えられるのではないだろうか。

心理学者タリア・ゴールドスタインは、その答えを出すために生まれてきたような人物だ。彼女は5歳のときに、マザーグースの詩「めぇめぇ黒山羊さん」に振り付けを考えて、2歳の妹に演技指導をした。両親と祖父母の前で披露したところ、途中で妹が「おしっこ」と言い出して、ステージは中断した。姉は妹が戻るまで微動だにせず待っていて、中断した箇所から「めぇめぇ黒山羊さん」の上演をやりとげたという。

高校生になった頃には本格的な役者志望になっていた。大学での専攻を演劇一本にするのは「どうしてもやめてほしい」と両親に請われたので、二重専攻で心理学も学んだ。卒業後はニューヨークで、ウェイトレスや子守やジムの受付などをして働きながら、かたっぱしからオーディションを受けた。いくつか大きな役も演じた――『トム・ソーヤーの冒険』の全国公演では、トムが恋をする令嬢ベッキー・サッチャーを演じている――が、あとはチョイ役ばかり。ペンシルベニア州郊外で数か月

間のディナーショーに出演していたときは、孤独で、自分が場違いに思えて仕方がなかった。オーディションにも違和感を抱くことばかりだった。

「ミュージカルに出たがってる23歳の女性なんて、頭がからっぽな子みたいな扱いをされるんです。かわいくなきゃいけない、大きなお目目をしてなきゃいけない、それにプラスして何かひとつ取り柄があれば充分、っていう感じに」

ゴールドスタインに「何かひとつ取り柄」はなかった。喉から手が出るほど欲しかった役をすれすれで逃し、1日中ベッドで泣き暮れたあと、彼女は方向転換を決意した。大学で専攻した心理学に戻ることにしたのだ。とはいえ、演劇に対する情熱も変わらず燃やしつづけたい。「それで、創作や芸術や想像について研究させてくれる教授のもとで、博士号をとろうと決めました」

最終的にたどりついたのは児童発達研究だ。当時、子どもの「認知的共感」が注目のテーマとなっていた。認知的共感とは、人の気持ちを考える能力のことだ。2歳児の大半は、他人が世界をどう見ているか考えもしない。4歳児では、一般的に、自分とは異なる他人の視点を考えられるようになる。では、具体的にいつ、子どもは人の心を察することを学ぶのか。子どもによってその力に差が出るのはなぜなのか。

ゴールドスタインは、いっぷう変わった角度から、この問いに既視感をおぼえた。「他人の価値観や、願望や、感情を考える――それはまるで演劇[9]のようではありませんか」。自分の関心のある世界を組み合わせられると気づき、彼女は認知的共感と演劇に関する論文を探しまわった。ところが先行研究が見つからない。だとすれば道は決まっている。自分で探究していかなければ。

　手がかりが何もなかったわけではない。芝居で人の気持ちを察する力が伸びるというヒントはあった。ある心理学研究では、ファンタジーに対する4歳児の態度を調べている。想像上の友達（イマジナリーフレンド）はいるか。動物、飛行機、あるいは別の人間になりきる遊びはどれくらい頻繁にしているか。こうしたことを調べてから、「マインドリーディング・テスト」をした。たとえばクレヨンの箱を開けると、驚いたことに、そこにはおもちゃの馬が入っている。研究者は子どもに、「まだ箱を開けてない子は、何が入っていると思うかな？」と問いかける。自分は箱の中身を知っている、だけどほかの子は知らない、ということが理解できるかどうかがポイントだ。想像の世界に親しんでいる子どもは、そうでない子どもと比べて、このテストに成功することが多かった。[10]

　ごっこ遊びは子どもの想像力をしなやかにする。だとすれば、演劇で認知的共感力を伸ばせるのではないか、とゴールドスタインは考えた。そこで地元の芸術専門高校の協力を得て、演劇専攻の生徒と、音楽や視覚芸術を専攻する生徒の比較実験を行うことにした。生徒には2種類の共感テストを受けさせる。人間の目の写真から感情を読みとるテストと、複数の人が交流している映像から感情を読みとるテストだ。どちらの場合も演劇科の生徒のほうがよい結果を出した。ゴールドスタインは「役者は繰り返し他人に『なりきる』ので、他人の心の中を考えることの専門家と言えるかもしれない」[11]と書いている。

　ただし、この研究だけで、演劇が共感力を高めるという結論になったわけではない。そもそも演劇科には共感力の高い生徒が集まりやすい可能性もある——人の心を考えられる子たちに偏っているというわけだ。役者を目指していた頃のゴールドスタインの周囲にも、役柄の気持ちになりきる天才たちがいた。

それほどの才能をゼロから習得させるのは無理かもしれないが、トレーニングで力を伸ばすことは可能なのではないか。「たとえば、サラ・ウィリアムズという名前の子を見つけて、その子にテニスを教えたとしたって、ヴィーナス・ウィリアムズやセリーナ・ウィリアムズになれるわけじゃありません。でも、以前のサラ自身と比べて、テニスのうまいサラになることはできるはずです」。演劇科の生徒は最初から共感力があるのだとしても、演技の練習を通じて、その力がいっそう高まっているとは考えられないだろうか。[12]

そこで、より厳密な研究として、視覚芸術科の生徒と演劇科の生徒に、年度の始めと終わりに2度テストを受けてもらうことにした。年度始めのテストでは、演劇科の生徒は視覚芸術科の生徒よりも、わずかに共感力が高かった。1年後には、演劇の練習を通じて、さらに認知的共感力が伸びていた。視覚芸術科の生徒にはそうした変化は見られなかった。

ゴールドスタインはこの研究を今から約10年前に発表したが、その後も彼女自身や別の研究者によって、同じアプローチの検証が続いている。最近の実験では、被験者を無作為に2グループに割り振って、片方を演劇クラスに入れ、もう片方には「プラセボ」のトレーニングとしてチーム構築ワークショップなどに参加させた。正式な実験結果はまだ出ていないが、演劇の練習は有望のようだ。たとえば医学生の場合、演劇を学ぶと、その後は患者に対して前よりも高い共感力を示すようになる。自閉症の子どもが2週間の演劇プログラムを受けると、共感テストのスコアが伸び、家族との意思疎通も以前よりスムーズになる[13]。

この本の最初のほうで書いたように、共感というのは心理的な力の綱引きだ。演劇の体験は、「共感する」のほうへ引っ張る力になる。共感することが得になるからだ。芝居をするなら、いつもの自分と違う視点をもつ力が必要になる。役柄の考えや気持ちを正確に汲みとる役者ほど、高い演技力を発揮できる。それと同時に、「これは架空である」という距離があるので、共感に伴う負担は抑えられる。たとえばYPTで舞台に立つエラは『美女と野獣』の主人公を演じながら涙ぐみ、『不思議の国のアリス』の主人公を演じるオリーは、自分自身も奇妙な世界に対する困惑を味わう。しかし、架空の世界に心を放流するのはあくまで短期的で、しかも自発的な行為だ。2時間後には現実に戻っている――おそらく、以前よりも世界をいとおしく感じる気持ちをもった自分として。

文学という「薬」をいくらか摂取するだけで

本格的な演劇レッスンをしなくても、もう少し手軽な形で「心の放流」を体験し、共感力を築くことは可能だ。『不思議の国のアリス』の芝居をやろうと思ったら、スタッフや舞台も必要だし、そもそも人前でしゃべることを好む性格でなければ、芝居をやる気にはなりにくい。だからほとんどの人は演じるのではなく、自宅のソファで『不思議の国のアリス』を読む。

心理学者レイモンド・マーは10年以上前から、文学を読むことの効果を検証している。[14] マーに言わせれば、小説や物語は人に無数の人生を体験させる。人種差別が今よりもあからさまだった時代のアメリカ南部で黒人女性が背負う苦しみを目撃したり、月のコロニーに移住した開拓者たちの孤独を見守ったりする。突然空飛ぶ力を授かったらどうするか、バッキンガム宮殿に忍び込むことになったらどうするか、主人公と一緒に戦略を立てたりもする。

マーの研究チームが行った実験によると、熱心な読書家は、読書量の少ない人と比べて、他人の気持ちを理解するのが得意だ。[15] お話をたくさん読んでいる子どもは、本嫌いの同年代と比べて、人の心を察する力が早く伸びる。

文学という「薬」をいくらか摂取するだけで、共感の力は育つ。[16] ある実験で、被験者にジョージ・ソーンダーズの小説『12月の10日』を読ませたところ、ノンフィクションを読んでいた被験者よりも、その後のテストで他人の気持ちを正確に読みとっていた。また別の研究で、うつ病患者の様子を叙情的に語った物語と、うつ病に関する科学的説明文を用意して、どちらかを被験者に読ませたところ、物語を読んだ被験者のほうが、うつ病の研究と治療を行う団体に寄付をする傾向があった。

本は持ち運び可能だし、騒音も出ないし、他人に知られることもない。電車の中で、隣に座る人にも気づかれずに、こっそり異世界に飛び込める。公共の場では近寄りたくないタイプ、認められないタイプに対しても、安心して共感を寄せられる。たとえば殺人は悪いことだとわかっていても、小説

『アメリカン・サイコ』に登場する殺人鬼パトリック・ベイトマンの気持ちになって何時間でも過ごすことは可能だ。人種に対する偏見をもつ親に育てられたとしても、黒人の苦しみを描いた小説『見えない人間』に感情移入することはできる。同性愛を嫌悪する家族に囲まれているとしても、エイズ問題を描いた戯曲『エンジェルス・イン・アメリカ』に浸ることはできる。

第3章で「接触仮説」を紹介したが、読書体験は、いわば「接触のお手軽版」なのだ。現実の交流に伴う面倒は避けながら、他人の人生を味わえる。そんな手軽な体験であっても、本物の人間に対する思いやりの地固めになる。

たとえば19世紀半ばに書かれた小説『アンクル・トムの小屋』は、アメリカにおける奴隷制反対の機運に影響をおよぼしたと言われる。その功績に賛否両論はあるものの、少なくとも読者に架空の奴隷の痛みを感じ取らせ、現実世界で同じ苦痛をこうむっている人々について考えさせたことは確かだ。このインパクトは大きかった。第16代大統領エイブラハム・リンカーンは、『アンクル・トムの小屋』の作者ハリエット・ビーチャー・ストウと会見したときに、「あなたのような小さな女性が、この本を書き、この重大な戦争を始めさせたのですね」と言った。アプトン・シンクレアの小説『ジャングル』も、読者に精肉業界の非人間的な労働環境を知らしめ、労働者の権利を訴える運動を引き起こした。

実験室実験でも、こうした効果は確認される。[17] たとえば同性愛者や移民が主人公となる物語を読ませると、ＬＧＢＴＱや移民のコミュニティに対する偏見が改善されていた。別の研究では、人種差別主義者から攻撃されそうになったアラブ系アメリカ人女性に関するフィクションのストーリーを用意した。被験者の半分には完全なストーリーを読ませる。残りの半分には、要約版を読ませる。要約版は、雰囲気は同じだが、感情を揺さぶる会話や独白などは含まれていない。すると完全版を読んだ被験者のほうが、あっさりした要約を読んだ被験者よりも、イスラム教徒に共感していた。偏見の意識も小さくなっていた。

架空の物語は、共感の呼び水になる。思いやりを示すことが難しかったり、複雑だったり、苦痛だったりする状況だったとしても、物語は他人の気持ちに思いを馳せる後押しになる。和解など不可能に見えていた人間関係にも、物語が解決を促すこともある。

ルワンダ虐殺の心の傷を癒やしたラジオドラマ

バタムリザは、まるで現代版ジュリエットだ。彼女が恋した男は、情熱的で、やさしくて、そして敵対する一族のメンバーだった。彼の名前はシェマ。ブマンジ族だ。バタムリザが属するムフムロ族のコミュニティから、丘ひとつ離れた村に住んでいる。ブマンジ族は昔から政府に優遇されており、ムフムロ族はそれを妬ましく思っていた。バタムリザの兄ルタガニアはブマンジ族への暴力を扇動した。そしてふたつの村で紛争が起き、兄ルタガニアが逮捕され、バタムリザは修道院に入り、恋人シェマは自殺を図った。ムフムロ族とブマンジ族の関係はますます悪化した。

これは現実の出来事ではない。ルワンダで放送されたラジオドラマのストーリーだ。番組の名前は「新しい夜明け」という。この番組が作られた背景には、1994年に起きた悲劇があった。制作者ジョージ・ヴァイスはベルギー人で、両親はホロコーストからの生還者だ。ヴァイスは、両親が体験したようなヘイトの傷を癒やすことに使命を感じていて、そのための道具としてマスメディアを活用している。かつてヘイトを煽る目的で使われた媒体を逆手に取るのだ。「悪人たちが使ったモデルを、わたしたちも使うしかないと思ったのです。ヨーゼフ・ゲッベルス［ナチスの宣伝活動を指揮した高官］がしたのと同じ、プロパガンダです」

プロパガンダ（宣伝戦）とは、人々の心に恐怖や混乱を植えつけて煽り、命令に従う者だけに安全を約束する手法のことだ。1994年にルワンダで起きた悲劇は、まさにプロパガンダが一因だった。この国では、多数派のフツ族と少数派のツチ族のあいだに長らく緊張関係が続いていたが、1994年にフツ族のジュベナール・ハビャリマナ大統領が暗殺され、一気に紛争の火がついた。暗殺の翌日に始まった民族浄化運動は3か月以上も続き、最終的にはルワンダに住むツチ族の70%が殺害された。「ルワンダ虐殺」と呼ばれるこの紛争期間中、平均して1時間に20人から40人のツチ族が殺されていたことになる。

ある生存者の表現によると、暴力はこの国を「まるで雨のように」[18]包み込み、押し流してしまった。しかし、これは決して唐突に起きたわけではない。長年のあいだに積み重なっていたものが、巧みなプロパガンダで焚きつけられたのだ。歴史家のジャン・クレティエンは、ルワンダ虐殺が2種類の道具で促されたと語っている。「ひとつは近代的な道具、もうひとつは原始的な道具。（……）ラジオと山刃（マチェーテ）だ」[19]

そもそもラジオはルワンダでもっとも人気のあるメディアと言ってもいい。国中のあちこちで、人々がラジオのために集まって、みんなで一緒に音楽やニュースやドラマを聴く。あの虐殺が起きる前年の1993年に、「ミルコリンヌ自由ラジオ・テレビジョン（Radio Télévision Libre des Mille Collines：RTLM）」（「ミルコリンヌ」とは「千の丘」の意味。丘陵地帯であるルワンダのこと）という局が新しく登場し人気になった。国営放送局がクラシック音楽やニュースを流す一方で、RTLMはダンスヒットとゴシップを流した。放送内容の半分以上を占めるのは、カリスマ的魅力のあるDJたちのおしゃべりだ。[20] 冗談を飛ばしながら、コミュニティや村の名前を挙げて呼びかけるのだった。「このラジオが一番大事にしてるのは、みんなの大好きなニュースとジョークで、すべてのルワンダ人を応援することです」[21]

多くのルワンダ人は、今もこうした番組のことを「楽しかった」と記憶している。[22] しかしRTLMには邪悪な目的があった。DJたちは、フツ族過激派が拡大していたヘイト運動「フツ・パワー」のPR部隊だったのだ。ツチ族の汚職や暴力に関する虚偽の情報を伝えて非難し、ツチ族を「ゴキブリども」と呼んで非人間化した。紛争が始まってからは、悪意のこもった口調で、フツ族のリスナーに「すべきことをしよう」と指示（殺害のほのめかし）をして、その成功を祝した。虐殺が始まった週の放送では、「ビールで称えあおうじゃないか」とぶちあげている。「ゴキブリどもがわれらに仕掛けた戦争に、われらは明らかに勝っている」

RTLMは巧みに人々をヘイトへと誘導した。だとしたら反対に、ラジオの力で人々の心を結びつけることも可能ではないか。この仮説の真偽を確かめるため、虐殺から10年後に、「新しい夜明け」というラジオドラマ番組が誕生したのである。

当時のルワンダ政府当局は、ルワンダ虐殺の後始末として法的解決を進めていたが、何千人もいる虐殺加担者（ジェノシデール）を裁くという大変な責務を扱いかねて、手法を変えることにした。「ガチャチャ」と呼ばれる伝統的な裁判制度に委ねるのだ。ガチャチャは、簡単に訳せば「草むらの中の正義」という意味で、コミュニティの裁判所で犯罪被害者と加害者を対面させる。加害者は罪を告白し、謝罪し、悪質性に応じた処罰の判決を受ける。ただし、被害者は公衆の面前でつらい記憶を再体験させられ、心の傷口が開いてしまう[23]。

ラジオ・プロデューサーのジョージ・ヴァイスは、別のやり方がいいと考えた。ヴァイスいわく、過酷な暴力を体験し傷ついた人々にとって、対話は荷が重いのだ。「フツ族やツチ族について直接的に語ることが望ましいとは思えませんでした」。そこでフィクションという安全な場所で、裏切りや暴力や赦しについて考えられるよう、ラジオドラマを作ったのである。共感を生み出す狙いもあった。たとえば主人公の兄ルタガニアは悪役だが、「変容する人物」という位置づけも担っている。ルタガニアは牢屋に入り、生きる目的を見つめ直して、暴力を煽る活動家から平和運動家へと生まれ変わるのだ。彼の変容は、悪人も人間だというメッセージを伝えている。殺人を犯した者にも償いの機会はあるのだ。「このストーリーは、どんな人でも加害者になりうると伝えています」とヴァイスは言う。「加害者は決してモンスターではないのです」

リスナーの90％はフツ族だ。つまり「わたしたちはモンスターではない」という意味でもあった。敵対した相手を赦す気持ちには、まだなれないとしても――もしくは、加害者だった自分たちを赦す気持ちにはなれないとしても――ラジオドラマを聴きながら、もしも赦したならばどんな気持ちがするものか、体験をなぞってみることができる。

それが番組制作者であるヴァイスの意図だった。実際にドラマの効果を検証したのは、ひとりの野心的な若き心理学者だ。当時イェール大学の大学院生だったベッツィ・レヴィ・パラックは、プロパガンダの有害な作用について研究しており、それが善の力としても使えるという発想に関心をもった。ヴァイスの企画を聞いて、彼女はほとんど衝動的に、自分に効果測定をさせてほしいと申し出た。まさか数年越しの取り組みになるとは考えもしなかったが、結果的にはそのことが吉と出たのかもしれない。「こういう状況では、無知であることが勇気を引き出すのですね」と、のちに語っている。ヴァイスが申し出を了承したので、パラックは、近年でもっとも独創的と言えそうな心理実験を設計した。

実施の時期は、「新しい夜明け」の全国放送を始める前だ。まず、村や、虐殺サバイバーのコミュニティや、虐殺加担者（ジェノシデール）を収監した各地の刑務所で、「リスニング・グループ」を作った。一部のグループには「新しい夜明け」を聴かせ、別のグループには違うラジオドラマ――健康がテーマの物語だ

──を聴かせた。まるで臨床試験だ。被験者には薬のかわりに物語を摂取させる（こちらのほうが薬の実験より楽しい）。リスニング・グループの体験が、ルワンダの一般的なラジオ聴取体験とだいたい同じものとなるよう、慎重に取り計らった。みんなで集まって、飲み物を片手に一緒に聴き、番組が終わったらダンスをして、感想を話しあい、登場人物の行動に賛意を示す。「番組を聴いたあとの経緯がもっとも重要」と、パラックは現地での調査記録にメモしている。

はたして「新しい夜明け」は、別のラジオドラマと比べて、ルワンダ虐殺の被害者側だった人々にも、加害者側だった人々にも、共感の気持ちを芽生えさせることが明らかになった。[24]「人々はラジオドラマに感情移入し、寛容な気持ちで受け止めていました」とパラックが指摘している。架空の人物について考えることで、本物の人間に対しても共感するようになっていた。実験の一部では、リスニング・グループに、和解について語るナレーション音源を聞かせている。ひとつは誰か知らない声優がしゃべっている音源。もうひとつは、主人公のバタムリザを演じた声優がしゃべっている音源だ。するとバタムリザの声を聴いた被験者のほうが、異なる民族集団を信用する気持ちを強めていた。[25]「新しい夜明け」が過去をチャラにしたわけではない。ドラマを聴いたからといって、フツ族とツチ族の結婚に対する支持が広がる様子はなかった。それでもこのラジオドラマは、和解を支持する人もいるのだ、ということを人々に気づかせる効果が確かにあった。メディアはこうした形で変化をもたらすことが多い。まず、コミュニティが共有する常識への印象を変えさせる。そのあとで初めて、個人個人の考えに浸透していく。「新しい夜明け」を作ったヴァイスは、ルワンダ人の場合は特にその方程式が当てはまると感じていた。

「集団ありきの社会なのです。人々は自分の個人的な考えをあまり語りません。周囲の空気に合わせるのです」

パラックの研究が示しているとおり、「新しい夜明け」という薬を摂取したことで、ルワンダ人の不安と怒りは多少なりと鎮まった。その効果は少しずつ全国に広がった。ヴァイスにとっても驚いたことに、「新しい夜明け」はルワンダ史上もっとも人気のラジオドラマとなった。一時期は毎回の放送を国民の90％が聴いていたという。

番組は数年かけて、さまざまな場面で人と人とのあいだに癒やしをもたらした。ドラマの数シーズンを経て、主人公のバタムリザとシェマは結婚し、最終的にはムフムロ族とブマンジ族も歩み寄る。架空であるにもかかわらず、ふたりの結婚式はルワンダの首都キガリに実在するスポーツ施設、アマホロスタジアムから生放送された。10年少し前にはツチ族の難民が数万人も避難していた場所だ。そこに今、ツチ族とフチ族がドラマの結婚式を祝うために集まったのだった。

「新しい夜明け」は、人が難しい局面を乗り越える手助けにもなった。ガチャチャの裁判で、少なからぬ被害者が、自分の体験を「新しい夜明け」のドラマになぞらえたのである。「現実の人物や、現実のシチュエーションのことを、キャラクターの名前で話すのです」とパラックが説明している。「たとえば『彼女はすごくバタムリザでした』と言えば、それは平和を望んでいたという意味でした。『彼はルタガニアでした』と言えば、暴力を煽っていたという意味でした。ドラマは人々に、暴力について口を開くための言葉を与えていたのです（……）あの虐殺にどんなふうにかかわっていたか、直接的に責めずに、説明することができました。向きあいづらい現実の突破口になっていたのです」

メロドラマで大量虐殺のトラウマをなかったことにした――パラックも、そんなふうには考えていない。しかし、心の回復に向けて一歩を踏み出す後押しにはなったと信じている。

「このラジオ番組が真の赦しにつながったとか、真の和解をもたらしたとか、そんなふうに言うことはできません。でも、人々の気持ちをその方向へ向けることになったのではないかと思うのです」

ふたりのボブが思いついた元囚人のための読書会

第3章で紹介したトニー・マカリアーの団体「ライフ・アフター・ヘイト」の話を思い出してほしい。驚いたことに彼らは、他者への差別意識を正すことをいきなり目指そうとしない。まずは本人が自分の心と向きあうことを促すのだ。それと同様に、小説や芝居などのフィクションのストーリーは、キャラクターを通して自分の生き方を考える機会になる。特に、人生を新たに始めなければならない局面で、物語の力は後押しになる。

「チェンジング・ライブズ・スルー・リテラチャー（文学を通じた人生の変容）」というプロジェクトが生まれたのは、1990年、テニスの試合中のことだった。対戦していたのはどちらもボブ。そしてどちらも怒りを感じていた。

ひとりはボブ・ワクスラーという名前の大学教授だ。マサチューセッツ大学ダートマス校で英文学を教えていた彼は、文学という学問の地位が低いことに憤っていた。技術工学やコンピューターサイエンスと比べて、文学を学ぶなど無用な贅沢だという認識が広まっていたからだ。しかし、学生が古典から人生の意味を引き出しているという手ごたえもある。「文学は今でも人生を変える力がある。それを証明する方法を見つけたい、と思っていました」

もうひとりのボブは、ボブ・ケーンという。マサチューセッツ州ニューベッドフォード地方裁判所の裁判官だ。彼の胸にも不満があった。自分が裁いた犯罪者たちが、何度も同じ罪で戻ってきてしまうのだ。まるで回転扉をぐるぐる回っているようだった。実際、司法省統計局が２００５年に出所した犯罪者40万人以上のその後を追跡したところ、２００８年までに約3分の2が再犯で逮捕されていた。[26]データを見る限り、いったん法の裁きを受けた者になってしまうと、その状態から抜け出ることは難しくなるらしい。

ボブ・ワクスラーとボブ・ケーンは古くからの親友だった。テニスをして、ついでにお互いの悩みを吐き出しあったあと、文学教授のワクスラーが変わった実験を提案した。ケーンが担当する犯罪者の一部を選んで、刑期を短縮して釈放する。ただし、ワクスラーが主催する読書会に参加することが条件だ。ケーンは即座に同意し（「非常に気に入った」と語っている）、ウェイン・サンピエールという名前の保護観察官に、この試みに適した犯罪者の選別を行わせることにした。

ワクスラーとケーン、そしてサンピエールの3人で、いくつか採用の条件を決めた。まず、できるだけ前科の数が多いこと。そして再犯リスクの高い候補者であること。「なるべく手ごわい人選で」とワクスラーは求めたという。サンピエールがあらかじめ候補者に『ナショナル ジオグラフィック』誌の記事を読ませ、文章が読めることを確認した。読書会の場所を提示すると、候補者の中にはためらいを示す者もいた。ワクスラーに言わせると、「刑務所と違って、彼らにとってはなじみのない場所だった」からだ。犯罪者の多くは小説など一度も読んだことがないし、大学のキャンパスなど足を踏み入れたこともない。それでも最終的には、サンピエールが選んだ候補者のほぼ全員が条件に同意した。こうして「チェンジング・ライブズ・スルー・リテラチャー」プロジェクトが正式に始動し、第1期「チェンジング・ライブズ読書会」が結成された。

読書会は、マサチューセッツ大学ダートマス校のセミナールームで、隔週で開催された。夕方の数時間ほどを使って、アーネスト・ヘミングウェイ『老人と海』やドロシー・アリスン『ろくでなしボーン』のような小説――いずれも、無謀な行動、喪失、償いに関するストーリーだ――の感想を話しあうのだ。最初は参加者同士で話し、そのあとケーンとサンピエールも輪に加わる。参加者は、自分に刑期を言い渡した裁判官と、自分を刑務所に戻す権限をもった保護観察官とともに、物語について議論する。課題図書の入手が必要なときは、自分で図書館に行って手に入れる。読書会を欠席したり、課題図書を読んでこなかったりしたら、宣誓釈放違反として記録される。これはふつうの気軽な読書会ではないからだ。

第1回開催に臨むワクスラーの胸には、期待と不安がないまぜになっていた。計画を発表してからというもの、世間からは多少の関心と、多大な批判の声が集まっていた。大学運営側も反対した。「真っ先に言われたことは、『犯罪者を学内に入れたら、コンピューターがごっそり盗まれるに決まっている』でしたよ」[27]。マサチューセッツ州政府の上層部も、教育を受けるべき人ではなく、よりによって犯罪者に無料で教育機会を与えることについて、難色を示した。その他にも大勢から、この着想自体が正義ではなく甘やかしではないか、という批判が寄せられた。参加者の中でひとりでも、世間の耳目を引くような事件でふたたび罪を犯したら、プログラムは問答無用で中止させられるに違いなかった。

参加者はワクスラーの注文どおりの「手ごわい」面々だった。1期生は8人、犯した罪の数は合わせて142件。暴力犯罪も何件か含まれている。ワクスラーが一同の前に立ち、ひとりに「少し緊張しているようですね」と声をかけると、「緊張してるのはあんたじゃないか、教授さんよ」という返事が返ってきた。

ワクスラーはこの日の課題図書のコピーを配った。T・コラゲッサン・ボイルの短編「夜の精」だ。若者3人の夜遊びが最悪の結果になるというストーリーである。ひとりが母親の車シボレー・ベルエアをこっそり借りてきて、3人で大騒ぎで乗り回し、湖のある空き地に到着する。かつてはきれいだった湖は、今は汚れて油の膜が張っている。空き地で知り合いが逢引きしていると思ってちょっかいを出したら、それが赤の他人で、3人は男と激しい殴り合いになる。あれよあれよというまに事態はエスカレートして、3人はおそらく女に性的暴行を加えようとする。カップルの仲間がやってきて、3人の車を破壊するあいだ、若者たちは悪臭のする腐った水の中に身を隠す。

30分かけて黙読をしてから、ディスカッションが始まった。最初はぎこちなかった。「参加者たちは、文学についてどう話せばいいのか、感覚がつかめずにいました」とワクスラーは語っている。長々と話す者もいれば、ほとんどしゃべれない者もいた。ワクスラーは議論のきっかけとして、登場人物についての問いを投げかけた。「少年たちは悪人でしょうか。それとも、これは誰にでも起きることでしょうか」。この命題を皮切りに、倫理の曖昧さについて議論が滑り出す。登場人物が悪いことをしたのは事実だ。何か少しでも状況が違えば、もっともっと悪いことをした可能性もある。しかし、この物語は悪人についての物語ではない。過ちが過ちを呼んでしまうこと、そして人があっというまに自制心を失ってしまうことを語っている。

場が白熱してくると、参加者のひとりが言った。「これは、俺の話だ」。ワクスラーがプログラムの手ごたえを確信した瞬間だった。チェンジング・ライブズ読書会では、参加者に自分の人生を語ることは求めない。あくまで課題図書の登場人物について語らせる。その新しいレンズを通じて自分自身を見つめ直すのだ。読書会参加者のほとんどが、ずっと「悪者」「悪人」というレッテルを貼られて生きてきた。それ以外の人間になる機会をほとんど与えられてこなかった。だが、フィクションのストーリーを読んでいるうちに、あらゆる犯罪の陰にはさまざまな人間がいることがわかってくる。欠点があっても人間は人間として扱われてよいのだ、と理解する。

読書会を数週間、そして数年と続けるうちに、ワクスラーは文学が別の形でも参加者の心を開く様子を目の当たりにした。可能性について考えられるようになるのだ。登場人物がすべてを失ってしまう物語を読んで、彼らは、自分にはまだチャンスがあるのだという認識をもった。「悲劇を起こした主人公は、自分のしたことを悟って後悔します。主人公はもう取り返しがつかない、けれど読者である自分はそうではない、と気づくのです」とワクスラーが説明している。参加者は物語を通じて、「そうではない未来」があることに思いを馳せ、その未来に行くための道を想像した。「これまでの生き方に縛られていた彼らに、目の前の状況を打開し、過去を省みて、未来のために自分は何ができるか考えさせるのです」

同じ本を読んでいても人によってまったく感想が違う、ということにも参加者たちは驚いていた。ディスカッションを通じて、同じキャラクターが解釈しだいで邪悪な人間になったり、未熟者になったりすることを知った。ワクスラーは読書会を完全に民主的な場として設定していた。参加者が過去にどんな犯罪をしたのだとしても、読書会の外の世界でどのように扱われているのだとしても、関係ない。ここで注目すべきは、お互いの意見だけだ。

この方針は、ケーン裁判官が輪に加わったときにも、いっそう明確に維持された。参加者にしてみれば、ケーンは、自分に犯罪者の烙印を押した司法制度の代表者だ。黒の法衣をまとい、裁判官席から見下ろしてくる存在だ。そばにいること自体をいやがる参加者もいた。しかしケーンは裁くために来たわけではない。彼も同じ本を読み、自分の感想を話した。何より重要な点として、参加者の感想に耳を傾け、登場人物に対する気持ちにうなずいたり、質問を重ねたりして、彼らの意見に関心を示した。読書会は罪を糾弾したり弁解したりする場ではなく、全員で一緒になって、たとえばトニ・モリスンの小説に出てくる人々の心情を考える場なのだ。裁判官と対等な立場で議論する——痛みについて、喪失について、愛について——という、そのこと自体が、参加者にとっては人生観が一変する体験だった。

全課程が終わると、卒業式が開かれる。ケーンの法廷に、参加者の多くが家族や友人を伴って出席し、プログラム修了証書と書籍を受けとった。数か月前に彼らに判決を下した同じ場所で、今度は彼らのことを犯罪者ではなく、考える力と機会をもった人間として表彰する儀式を行ったのである。

心の中のヘミングウェイ——読書が再犯率を下げる？

読書会は2期目が開催され、そして3期目も開催された。参加者は本を読むだけでなく、朗読にも挑戦するようになった。ある参加者——薬物に溺れ、家族をないがしろにしていた——は、自宅で3歳の娘にお話を読んで聞かせるようになった。「俺には遅すぎるのかもしれない。けど、この子には遅すぎることなんかない、と思ったんだ」と、男はワクスラーに話したという。

また別の参加者は、こんな体験を語った。何年もドラッグをやめていたが、ある夜に心が弱くなり、薬物の売買がさかんに行われている地域に足を運んだ。ふらふらと通りを歩き、以前付き合いのあった売人の住む裏路地を覗いているうちに、ふと、自分が『老人と海』を思い浮かべていることに気づいた。あの作品の中で、サンチャゴという名の老いた漁師は、3か月間まったく魚がとれず、毎日手ぶらで家に帰ってくる。しかしサンチャゴはあきらめずに海に出つづける。「あの老人にできたのなら……自分だってきっと、この道をまっすぐ通り抜けることができるはずだ。もう道を曲がらずに生きていくこともできるはずだ」。そう考えたことを、のちにワクスラーに打ち明けた。

「この男性がつねにサンチャゴを手本にできるわけではないかもしれません」とワクスラーは言う。「でも、彼の心には、いつでもサンチャゴがいるでしょう。頼りになる友人として。それが、文学のなしえる力なんです」。ワクスラーとケーンはそう確信していたし、しだいに周囲もその見解を支持するようになった。

裁判官と教授という2人組がマサチューセッツ州ニューベッドフォードで始めた取り組みは、州内の別の地区――リン、ドーチェスター、ロクスベリーなど、州内でもっとも貧しいコミュニティも含まれていた――にも広がり、やがてカリフォルニア州、ニューヨーク州、そしてイギリスでも導入された。こんなプログラムを支持するのはリベラルだけだという批判もあったが、2016年の大統領選で圧倒的にトランプを支持したテキサス州ブラゾリア郡でも、読書会が始まった。テキサスはもともと法で厳しく取り締まることを重視する文化だ。1976年から2015年にかけて、テキサス州で処刑された犯罪者の数は、人口当たりの割合で見れば国内第2位だった（1位はオクラホマ州）。にもかかわらず、この州の裁判官が、犯罪者にチャンスを与えることに利点があると見たのだ。ただし、その裏には無慈悲な道が用意されていた。「チェンジング・ライブズで効果がないなら、死刑にするだけですよ」と、ある裁判官はワクスラーに告げている。

チェンジング・ライブズ読書会の効果は、研究者によって評価が行われている。最初の4期――参加者は合計32人で、ひとりにつき平均18件の前科があった――の記録を集め、同じような年齢、人種、犯罪歴で保護観察となった同数の男性の記録と比較した。すると1年間が過ぎた時点で、一般の保護観察対象者では、45%がふたたび罪を犯していた。そのうち5件は暴力犯罪だった。一方、チェンジング・ライブズ読書会の参加者の再犯率は20%未満で、暴力犯罪は1件だけだった。[28] ふたたび犯罪に手を染めてしまった場合でも、多くの場合は、読書会参加前と比べると内容は軽微だった。読書が彼らの共感力を育てたからだ、とワクスラーは考えている。「そう信じています。彼らは他人に対して、多少なりと前よりも敬意を抱くようになりました。他人を殴る前に、思いとどまることができるようになりました」

後年、さらにプログラム参加者約600人を対象とした野心的な追跡調査が行われている。ほぼ同数の対照群と比較したところ、やはり参加者は再犯率が低く、罪を犯した場合でも重罪にかかわることは少ないことがわかった。

チェンジング・ライブズ・スルー・リテラチャーのようなプロジェクトは過去に例がなく、評価について正式な結論はまだ出ていない。しかし、多くの人に効果が出ているし、コスト効果もすばらしく高い。再犯で刑務所に戻れば年間ひとり当たり最大3万ドルの収監コストが発生するのに対し、読書会のコストはおよそ500ドルで済む。費用の問題だけではない。プログラムを立ち上げたとき、ケーン裁判官は、犯罪被害者の権利を守る団体から糾弾を受けた。本来の刑期を収めきっていない犯罪者を、なぜ社会に戻すのか。ケーンはこう答えた。「このプログラムのおかげで、何人の新たな被害者が出なくなるか、と想像してみてください」

物語が育む共感の力を、決して侮るなかれ

チェンジング・ライブズ読書会の誕生以降、刑事司法に文学を取り入れる裁判官は増えている。2008年にはバーモント州で、詩人ロバート・フロストが遺した農園――国定歴史建造物に指定されている――で28人の若い男女が勝手にパーティを開いて大騒ぎをし、不法侵入と器物損壊で逮捕されるという事件があった。このとき若者たちには、刑務所に入るかわりにフロストの人生と作品を学ぶ特別なセミナーの受講が義務づけられた。ブラジルとイタリアでは、囚人が本を1冊読むごとに、3、4日ほど刑期短縮を認めるという試みが導入されている。

それでも現代社会は多くの面で、文学のことを「必須ではないもの」と見てしまう。たとえば刑務所内に図書室を作れば出所後の就労率が上昇するというエビデンスがあったにもかかわらず、2006年のビアード対バンクス裁判で、アメリカ最高裁は囚人の読書を禁じる刑務所側の権利を認めた。ワクスラーに言わせれば、こうした判決は、業績に固執して芸術を些末なものとみなす現代文

化の表れだ。「人生を経済的な損得でとらえる考えが広がり（……）人文科学や文学を軽んじているのです」。ワクスラーのこの言葉は、残念ながら否定できない。国立芸術基金の予算は削られる一方で、組織そのものが消滅の危機に瀕している。２０１４年の時点で、ニューヨーク市内の学校のうち、28％には、正規の美術教師がいなかった。[29] より貧しい地域では、その数字は40％を超える。

政策立案者に価値を認めさせるという点で、芸術は分が悪い。生化学者の研究が救う人間の数なら具体的に想定しやすいが、作家の貢献は数字になりにくいからだ。それでも、心理学者と芸術家が手を組めば、状況はきっと変えられる。役者志望から心理学者になったタリア・ゴールドスタインが演劇と共感力の研究を始めたときも、科学者は懐疑的な目で見る一方で、役者や演劇講師は熱烈な支持を示したという。「彼らもエビデンスを欲しがっていたのです。芝居は人の役に立つ、というエビデンスを。演劇は人にとって必要なものなのだ、というエビデンスを」

エビデンスは今も次々と現れている。芸術――特に、文学や芝居のようなナラティブ形式の芸術――は、他者の心について想像をめぐらすきっかけになる。たとえ過酷なシチュエーションであっても、安全かつ楽しめる状況で、共感を体験してみることができる。物語を語るという、人類のもっとも古いヒマつぶし行為は、現代人にとって、不用品どころか必需品なのだ。

第5章

「共感疲れ」を回避する

――バーンアウトを防ぐ心のチューニング法

人生最高の日にして、最悪の日

カリフォルニア大学サンフランシスコ校ミッションベイ付属病院は、建築費およそ15億ドルをかけて作られた大病院だ。敷地の中心に、世界トップレベルと言われる小児病院、ベニオフ・チルドレンズ・ホスピタルがある。外壁は鏡張りで、色つきガラスが楽しげなドット柄になっている。中に入ればリラックスを誘うBGMが耳に入ってくる。壁に飾られた絵は、こまめに入れ替えられ、訪れる者を楽しませる。ところが、そんな廊下を奥へ進む僕の気分は、リラックスどころかひどく乱れていた。

僕の娘、アルマが誕生した日は、僕にとって人生で最高の1日であったと同時に、人生で最悪の恐怖と苦しみを知った日でもあった。長く苦しい陣痛の果てに、妻はこの小児病院の分娩室で、午前2時ちょっと前に娘を出産した。僕は妻とともに産声を聞こうとしたが、室内はしーんと静まり返っていた。医師や看護師の顔に明らかな不安が浮かんでいる。娘は死の淵にいた。あとから聞いたところでは、産道を通る途中で心臓発作を起こしたのだ。すぐさま新生児集中治療室（ICN）〔Intensive Care Nursery。NICUと略される Neonatal Intensive Care Unit と同じ役割〕に運ばれたアルマは、保育器の中でぐったり横たわっていた。

アルマの誕生から短時間で、僕はふたつのことを思い知った。ひとつは、自分は何ものに代えても絶対にこの子を守りたいのだ、ということ。そしてもうひとつは、そのための力が僕には何もない、という事実だった。

病院スタッフは入れ代わり立ち代わりでアルマの様子を見に来た。たいてい予告なく、朝5時に、正午に、深夜に、ときにはたった1分、ときには20分ほど娘のそばにいて、僕たちに何かしら新しい情報を伝えてくれた。感染症の兆候は消えたが、脳の腫れがまだ引いていないこと。発作は生死にかかわるものではないが、今後何年も続くかもしれないこと。医師は数値を読みとって解説するだけなのに、僕たちには、彼らが数値を思いのままにあやつっているかのように感じられた。冷酷な現実に何度も打ちのめされ、ただただ医師の慈悲にすがる思いだった。

当然ながら、アルマの状態を示す数値の数々が、医療従事者の采配で好きなように動くわけではない。彼らの意思で動かせるのは、たとえば家族への気配りだ。僕たちの疑問には必ず答え、僕たちの不安にも寄り添ってくれた。僕のために午前中の1時間を割いてくれた医師もいる。まだ朝早く薄暗い室内で、彼は医師として病状に関する芳しくない説明をしたあと、子を持つ父親という同じ立場から、じっくり話を聞いてくれた。

こうしたスタッフの中でも特にライフライン的存在だったのが、アルマを担当する新生児科医で、ICN副メディカルディレクターでもあるリズ・ロジャースだ。彼女はさまざまな色が入り交じった髪をしていた――全体的には赤茶、何束かはグレーヘア、別の何束かは明るいブロンド、といったふうに。それは彼女の表情も同じだった。アルマの病状について話すときは、笑顔で、しかし両目には悲しみをたたえ、僕たちの目をまっすぐに見る。病室に入ってくると、必ず僕や妻とハグを交わした。僕たちが泣くときには彼女も涙をこぼし、そして彼女自身の子どもについての打ち明け話もしてくれた。

僕は何年も共感について研究している。けれど、こんなに奥深い形で人から共感を示された経験は皆無と言ってもいい。ベニオフ小児病院の医師、看護師、技師たちは、みな赤の他人だ。にもかかわらず、人生最大の危機のさなかにあった僕たち家族にとって、彼らこそが世界で一番近しい存在だった。彼らはこれと同じことを数えきれないほど多くの人に対して行っている。ＩＣＮは生死のぎりぎりの境目で生まれた超未熟児を専門とする場所だ。脚を上げただけでも脳内出血を起こしてしまうような危うい状態の子もいる。この病棟に通う親たちは、世間一般の保護者には想像もできない不安にさいなまれている。もしも悲しみというものが光っているとしたら、宇宙から地球を眺めたときにも、ＩＣＮの位置がはっきりとわかるに違いない。

僕の娘の担当医も、その他の医師たちも、看護師も、職員も、毎日こうした悲しみを目の前にしながら、その悲劇と立ち向かうことを仕事としている。帰宅すれば、悲劇など無縁かのように家族とともに過ごし、翌日にはまた病院に戻って、患者のために力を尽くす。医療従事者は超人的な共感力を備えたスーパーヒーローだ。でも、そんなリズムを維持することなどできるものなのだろうか。できるとしても、どれくらいもつだろうか。人のために自分の心を砕くことは、どんな負荷をもたらすのだろう？

「共感疲れ」に倒れる医療従事者、介護者、そして親

この本は第4章まで、共感力を高めることで人が得をするという話をしてきた。でも、ちょっと想像してみてほしい——四六時中ずっと他人の気持ちになって考えているとしたら、どうなるだろうか。そんな状態で都会の道を歩いたり、ニュースを見たりすれば、きっと膝からくずおれるばかりで立ち上がれなくなる。自分の息子が脚を折ったりしようものなら、パニックになって何も対処できない。友人が離婚して、うつになって倒れたと聞けば、号泣してしまって慰めることもできない。あなたがセラピストだとしたら、こんな状態では仕事にならない。

感情を揺さぶられる体験は必ず役立つとは限らないし、必ず負担になるとも限らない。[1] 不安な気持ちは嬉しくはないが、不安になるからこそ、試練に立ち向かう意欲も湧く。喜びを感じるのは歓迎だが、過度になれば執着につながる。人に共感すべき場面もある一方で、共感しすぎて疲弊する場面もある。25年前、カーラ・ジョインソンという正看護師の女性が、「同情疲労」[2]という言葉を使って、共感が反復性ストレス障害になると主張した。「人間のニーズは無限です」とジョインソンは書いている。「ケアギバー〔病人などの世話をする人のこと。介護者、ケアラー〕は、『わたしがもう少しがんばれば』と思いがちですが、がんばっても助けられないこともあります」

ジョインソンが語っていたのは看護師のことだ。しかし、苦しむ人のそばにいる人は、誰でも同情疲労につぶされる可能性がある。アメリカだけでも数千万人にかかわる話だ。慢性疾患のある人は、

日々の世話をもっぱら家族に頼っている。配偶者や親の介護をするのは道徳的な責任であり、そこにやりがいも喜びもあるにせよ、負担が生じるのは避けられない。ケアギバーは、自分の大事な人が痛みや不自由に苦しむのを間近に見ている。そうした苦しみを取り除いてあげたくてもできず、この先どうなっていくかもわからずにいる。つねに危険を予期して備えていなければならないので、結果的に仕事が続けられなくなったり、人間関係を犠牲にしたりすることも多い。こうして心身に疲れがたまる。ケアギバーは、そうでない立場の人よりも格段にうつになりやすく、心身ともに健康状態がすぐれないことが多い。[3]

これは子をもつ親にも当てはまることだ。親たるもの、疲弊するのが当然だ、それがよい育児だ——と思いやすい。わが子にすべてを与え尽くし、さらに与えようとするのが親としての務めだ、と考えてしまう。

この理想を守りつづけようとすれば、身体的にも大きな負担が生じる。ある研究で、最初に保護者の共感レベルについて調べ、それから彼らの子ども（思春期）に質問をして、日々の気持ちを尋ねた。すると共感力のある親をもつ子は、行動が荒れることが少なく、気分の乱高下もあまりなく、ストレスを感じても比較的早く回復していた。ところが、そうした子の親は代償を払っていた。[4] 身体に軽微な炎症反応があり、細胞老化の兆候が顕著に見られるのだ。子どもがうつになると、共感力のある親の体内で炎症が悪化していた（共感力の低い親はそうならない）。まるで、子のために心を砕き、自分の健康を子どもに譲ろうとしているかのようだ。

子どもをもたず、支えるべき家族もいない場合でも、他人に共感を寄せすぎて疲れるという現象は、比較的簡単に起きるものだ。現代社会では、他人に同情させられる機会がとてつもなく多い。ジャーナリストや活動家は一般市民に行動を起こさせる狙いで、心痛む光景をこれでもかと浴びせかけ、共感を引き出そうとする。児童の人権保護のために活動する非営利団体セーブ・ザ・チルドレンの広告も、アメリカ動物虐待防止協会の広告も、同じ理屈で作られている——飢えに苦しむ幼子や、誰にも守られない動物の姿を目にしたら、誰が同情せずにいられるだろう？　助けたいという気にならずにいられるだろう？

とはいえ、こうした映像を浴びせることで、メディアは同情疲労という病気を蔓延させている。1996年の心理学者の研究では、テレビを見る人の40％以上が、悪いニュース報道で疲労を感じていることが明らかになった。今は当時よりもニュースのサイクルが短く熾烈だ。ほんの数分ぼんやりスクリーンを見るあいだに、銃乱射事件、アメリカとメキシコの国境で親子が引き裂かれる話、カリブ海域で猛威を振るう天災の話などが次々と飛び込んでくる。調査機関ピュー・リサーチ・センターが2018年に行った世論調査では、アメリカ人10人のうちほぼ7人が「ニュース疲れ」を体験していた。[5]

それでも、共感しすぎるリスクがもっとも高いのは、やはり医療従事者、ソーシャルワーカー、セラピスト、教師など、苦しむ人を助ける仕事をする人たちだ。前の章で説明したように、人間は他人の苦しみで自分が圧倒されそうになると、それを避けたり遠ざけたりする。医療従事者にはその選択肢がない。たとえ避けることが可能だとしても、その道を選びたがらないことが多い。救急隊員に患者を助けないという選択肢がないように、彼らは患者の存在で頭をいっぱいにせざるを得ない。そもそも、他人の苦しみについて深く考えることが彼らの仕事だ。苦痛から目をそらすなど、職業としての根幹的な理念に反する。

こうして共感の沼にはまりっぱなしになると、その理念が職業病となって彼ら自身を苦しめるのだ。

娘の入院先で始めた、心かき乱される研究

アルマが生まれてから1年半後、僕はふたたびベニオフ小児病院のICNに足を運んだ。今度は、ここで働く医療従事者を観察させてもらうのが目的だ。1日の始めには、まず専門医と、その後ろに5人ほどの看護師、医学生、レジデント〔アメリカの制度で、病院に常駐し臨床訓練で認定医を目指す医師〕たちが列を作って病棟をめぐり、入院患者一人ひとりと話をする。この回診は2、3時間ほどかかる。僕も最後尾で見学したが、僕以外の全員が、スニーカー、あるいはクッション性のあるサンダルなど、明らかに歩きやすさを最優先した靴を履いていた。

回診の先頭を行くのは、ICNでフェロー〔レジデント期間を終えた認定医〕として働き、まもなくこの棟で新たな専門医となるメリッサ・リーボウィッツだ。彼女の後ろを、僕の娘の担当医だったリ

ズ・ロジャースが続く。メリッサが回診の先頭に立つようになったのは2週間前からだ。にもかかわらず、まるで2年前から続けているような様子で、さまざまな知恵を発揮し、忍耐強く対処している。医学生と看護師から患者の状態を聞き、内容をこまかに確認する。疲労の様子もにじみ出ていた。目は充血気味で、身体もときおりふらついている。

患者の様子を伝えるとき、彼らは早口で略語を使う。この日の回診でひとりめに見たのは25週で生まれた未熟児だ。[6] 体重は700グラムで、前日より50グラム増えている。前夜のこの子はAが12回、Bが4回、Dが3回あった——一時的な無呼吸（apnea）、徐脈（bradycardia）、酸素飽和度低下（desaturation）が生じた回数のことだ。心臓と肺が未発達なので、こうした機能不全が起きやすいのだという。

データは目の前の赤ん坊について説明しているが、数字だけ見ていたら、この子がどれくらい苦しんでがんばっているかはピンと来ない。たった700グラムの体重で、赤ん坊は身をよじり、ありえないほどか細い声で泣いている。看護師のひとりが、「アイソレット」——保育器の商品名——の側面にある差込口から手を入れて、ビニールカバー越しに赤ん坊に触れた。赤ん坊の腕の長さは、看護師の中指くらいだ。身体は複雑な機械と10か所以上もつながっている。むしろ、この子自身が電池で、機械に電気を供給させられているかのようだ。在胎日数から考えると、この男児が年末まで生き延びる確率はおよそ70％だという。小児病院にはこの子のような赤ん坊がたくさんいる。ＩＣＮの棟全体では55人ほどだ。

回診を見守る僕にとって、僕たち家族がここにいたときの気持ちに浸るのは、実のところ難しかった。パステルカラーの花模様が描かれた壁と、座り心地の悪いビニール椅子は、あの頃と同じだ。スタッフのうち数人は同じ人のような気がするが、まるで夢の中の登場人物のように、誰だったかはっきりしない。僕のスマートフォンはこの病棟のWi-Fiを憶えていた。けれど、看護師たちが数値を説明する声を聞きながら、当時の僕が病室の外で感じていた不安を思い出そうとしても、略語のせいで、それほど身に迫っては感じられなかった。医療従事者にとっても、こうした細かい数値の確認は、感情に溺れないための対策にもなっているのだという。「それで心を守ってるのよ」とリズは言っていた。「直視するのを避けてる、と言ってもいいかもしれない」。病棟内ではつねにどこかでアラームが鳴っている。音は何種類もあり、とっさに心が乱れることがないよう、おだやかなトーンが採用されている[7]。

回診チームの滞在時間の長さで、新生児の容態は察しがつく。短時間で通り過ぎるときは、その子はおそらく安定している。長くとどまるときは、何かよくないことが起きている。この日はフランシスコという男児のところで一番長く足をとめた。フランシスコは3週間前に、サンノゼ近くの小さな病院で、12週の未熟児で生まれた。1週間ほどでミルクを受けつけなくなり、腹がふくれ、血便が出るようになった。新生児壊死性腸炎（NEC）の症状だ。赤ん坊の腸が体内で死んでしまうという病気で、まだあまり解明されていない。壊死の程度を確かめるため、この回診の日の午後に手術をする予定があった。

フランシスコのデータを見たチームに緊迫した空気が漂う。前夜のフランシスコはたて続けに「B（徐脈）」を起こし、CPR（心肺蘇生装置）を使って心臓の動きを回復させなければならなかった。医師たちは明言しないものの、口ぶりを聞いていると、この子が生き永らえる確率は低いのではないかと感じられる。ICNではだいたい1週間にひとりの新生児が亡くなる。それでも、ここにいるこの子が——ほかのどの子も——そのひとりになっていいわけがない。回診を終えたあとも、メリッサはその場に残ってフランシスコの容態を確認していた。皮膚はどす黒く、お腹はぱんぱんにふくらんでいて、血管が透けて見える。黒い髪の毛はもつれて濡れている。目は閉じているが、チューブごしに見える顔は必死の表情でゆがんでいる。丸く握りしめたこぶしの大きさはキイチゴくらいだ。「わたし自身に息子が生まれてからは、こういう検診は、以前とはまた違う意味でつらいんです」とメリッサは語った。

メリッサの息子は生後5か月だ。今の病棟に配属になったことが、母親としての感じ方にも影響をおよぼしているという。息子のことがひどく心配で、悪い可能性を具体的に思い浮かべずにいられない。息子が何度か続けて嘔吐したときは、幽門狭窄症——胃の出口が狭くなって食べ物が腸へ行きにくくなる症状——の検査をさせた。夫のほうが見ていられなくなり、もう検査はやめてくれと言いだしたほど。そもそも息子を妊娠したときも、一般の妊婦が両親や友人に伝える時期と比べて、かなり遅くまで報告しなかったという。あらゆるリスクの可能性を考えずにいられなかったからだ。

フランシスコの手術が始まる前に、さらに悪い知らせが舞い込んだ。超音波で脳内出血が確認されたのだ。容態が悪化している。それでも開腹手術をすべきかどうか、執刀医が疑問を口にした。「大腸が壊死して、しかも脳出血があるわけですから、いったん家族に説明しなければ」。メリッサはリズとともに、フランシスコを担当するＩＣＮ専属ソーシャルワーカー、エレナ・カリーのオフィスに急いだ。フランシスコの両親に話をしなければならないが、ここでも事態は複雑だ。フランシスコの両親は移民の労働者で、メキシコ先住民の言語しか話せず、複雑な医療問題にかかわった経験もない。エレナが通訳を通して両親に説明した。抗生物質はどんな働きをするか、手術でどんなことが起きるか、腸はどんな役目をしているものなのか。

手術をするかどうかの話し合いが続く。「もし、わたしの子なら、しないと思います」とメリッサは言った。今回の手術が成功しても、フランシスコは一生機械に頼って生きていく可能性が高い。手術は苦痛を増やすだけだとメリッサは見ている。病院側としては、フランシスコの両親に判断をしてほしいのだが、ほとんど理解できていない両親がすぐに決断できるわけもない。エレナがさまざまに工夫を凝らしながら、「脳出血」や「診断」や「昏睡」といった専門用語を解説していた。

そこから先は医師と家族だけで話しあうことになったので、僕は会議室の外で待つことになった。会議室の中の様子は僕も知っている。長方形の木製のテーブルがあり、周りにキャスターつきの椅子が並んでいて、その横のキャビネットには紙コップがさかさまに積み重ねてある。1年半前の僕と妻は、まさにこの部屋で涙にくれていた。

術前カンファレンスは数分で終わった。部屋を出てきたリズが、「こんなにしんどいカンファレン

ス は久しぶりよ」と言う。フランシスコの両親は状況を把握できず、判断もできなかった。先生に決めてほしい、と言うので、リズが手術をする決断をした。患者の家族が困っている場面で手助けをするのが医師としての義務だ。それでも、彼らにかわって判断するというのは、リズにとっても気の進まないことだった。

手術をすることが決定すると、執刀医をはじめとして手術に携わるメンバー10人ほどがすぐさま集まった。全員の役割は明確に決まっている。つねに状態を測定し、細かな調整を図りながら手術を行うのだ。室内はほぼ静まり返っている。手術室の外に何の変化もないのが、かえって衝撃的だった。少し離れた場所では、別の患者の両親が、息子のMRIの結果が出るのを待っている。前日と同じ服を着たままだ。その横の病室では、看護師がアイソレットの中の子どもを覗き込み、そばで清掃係が床のモップがけをしている。奥のソファでは子どもの母親が身体をまるめて眠っていた。病棟を離れて食堂に行くと、看護師や医学生がカレーの種類を選んでいる。誰かが生きるか死ぬかというときに、ランチのカレーに悩むだなんて信じがたいと感じるかもしれない。それでも、彼らにとっては、これが日常だ。

僕も食堂で何か食べようとしたが、紙皿に並んだチキンフィンガーをじっと見つめるだけ。5分もしないうちに、スマートフォンにリズからテキストメッセージが届いた。「手術は終わりました。よい結果ではないみたい」。僕は、リズが食事をしたりトイレに行ったりすることもなく、ここ5時間ほどのあいだに5分の休憩をとる様子すらいっさいなかったことに気づいた。食堂から階段を上がって病棟に行くと、メリッサの姿が見えた。開腹した時点で、フランシスコの腸が完全に壊死していることがわかったのだという。病態は悪化しており、「新生児壊死性腸炎（ＮＥＣ）」から「新生児全壊死性腸炎（ＮＥＣ-Ｔ）」になっていた。「生命維持が困難」と言われる状態だ。

しかしメリッサは別のことで心を乱されていた。最初のメスを入れたとき、フランシスコの心拍数がびくっと上がったのだという。この子が痛みを感じたという意味だ。

「そのひと言」を告げる瞬間、看護師はどう動いたか

ベニオフ小児病院のルーフバルコニーには緑があふれている。しなやかな細い低木の鉢植えがあちこちに置かれていて、近所の丘陵から吹き込む風がバルコニーにいる僕らをかすめ、向こうの湾のほうへと流れていく。湾のある東側は眺めを遮るものが何もない。点在する桟橋に、アジアとのあいだを行き来する貨物船が浮かんでいる。

この広大な景色の前で、フランシスコの両親の姿はとてもちっぽけに見えた。ふたりは金属製のベンチに座り、お互いの身体を支えあいながら、うつむいている。そこへＩＣＮの医師たち７人が現れた。別のベンチを引き寄せようとしたが、バルコニーの床に固定されていると気づいてあきらめ、フランシスコの両親の前で膝をつく。まるで神殿の礼拝者のようだ。

執刀医と、その言葉を伝える通訳が、ささやきに近いほど小さな声で、手術結果を説明した。メリ

ッサは涙にくれ、「とても残念です」という言葉を絞り出すだけ。リズのほうが多くを語った。「お子さんの命は、もうこれ以上わたしたちが手を尽くすことはできません。でも、最後の瞬間の過ごし方だけは、選ぶことができます。ぜひご両親がそばにいてあげてください」。フランシスコの母親が両手で頭を抱える。父親は妻を抱きしめながら、通訳の言う一言一言に激しくうなずいている。

医師たちは、両親の気が済むまでその場を離れなかった。とはいえ、それほど長く時間はかかっていない。父親は、息子のお腹は本当にだめになってしまったのか、と尋ねた。

「そうです」

「心臓は今も動いてるんでしょう?」

「動いています。でも、機械の力で動いているだけです」

生命維持装置を外すのはほかのご家族も集まってからにしましょうか、とリズが尋ねると、みんな働いているから誰も来られない、と両親は答えた。

「どうぞ、しばらく考える時間をとってください」とリズは言った。7人はそれぞれ両親の身体にそっと手を触れ、そしてルーフバルコニーを後にした。残った両親は、風を受けながら黙ってベンチに座っている。チームは病棟に戻り、それぞれの持ち場へと散っていく。

過度な共感の代償――二次受傷、バーンアウト、PTSD

ＩＣＮはプリズムに似ている。各病室に射し込んでくる光、すなわちファクトはどれも同じだ——赤ん坊が生まれた、そして残念ながら健康状態が思わしくない。しかし、プリズムを通した光は一つひとつが異なる現実となり、そこにかかわる家族を包み込む。まったく同じ状況の家族などひとつもない。わが子が新生児集中治療室に入った経験のない父親には、僕の経験が理解できないだろうけれど、だからといって僕がフランシスコの父親の気持ちを理解できるというわけではない。一方で、ＩＣＮにいる子の家族が共通して体験するのは、疲労と憔悴だ。看護師のサマンサが「みなさんにとっては世界の終わりなのですから」と言っていた。

僕の娘アルマが患者としてここにいたとき、僕の目には医師も看護師も、とても強い人たちに見えていた。実際には、彼らだって僕たちと同じように弱い。ほんの数歩の範囲内で、命が尽きようとしている子どもと、生き延びようとしている子どもと、そして運命がまだわからない子どもと向きあっている。つねに自分以外の誰かのニーズに引っ張られ、正反対の感情のあいだを頻繁に行き来する。

こうした環境では、共感することによって多くのリスクも生じる。医療における共感について数十年前から研究している心理学者は、「苦しみ（バインド）を理解しつつも、出口は見えない（ブラインド）心境[8]」と表現した。この心理学者は、医療などケアワークを職業とする人々のカウンセリングで、「突き放した関心」をもつよう指導している。善意は示す、しかし、あくまで決然とした態度で——というわけだ。

これは単なる対処メカニズムではなく、医療業界の標準的態度と言われる。がん専門医で、医療のコミュニケーションについての著書でも知られるアンソニー・バックは、「理想的なプロフェッショナル・モデルに、医師の感情は含まれない」[9]と書いた。

だが、リズはこのモデルに賛同していない。「それで納得のいく医療行為はできないと思う。個人としての自分が、患者さんから受ける影響をはっきり自覚することで、患者さんに尽くす行為にも意味がこもるのよ」。リズはこれまでに数十人の乳児が亡くなるのを見てきている。そのたびに彼女は涙を流すという。

とはいえ、そうやって感情を注ぎ込むケアギバーが、奇妙な心理状態に陥ってしまうこともある。ICN看護師のサマンサは、以前、誕生と同時に捨てられた赤ん坊を7か月にわたって担当していた。それは仕事だったにもかかわらず、自費でベビー服を買い、勤務時間以外にも頻繁にその男児のことを考えるようになった。男児が健康になって里親に引き取られたときには、その子のために喜びつつも、心が引き裂かれる思いだったという。さらに困ったことに、ほかの患者と接するのが難しくなってしまった。「わたしはあの子の世話がしたいのに、なぜあなたはあの子じゃないの……と思っていたんです」。本人はそんな感情を抱いたことを恥じていた（「職業としてのあるべき姿とは正反対ですよね」）が、少なくとも一時期は、ひとりの赤ん坊との絆が彼女にとって何より重要なものになっていたのだった。

過度な共感や感情移入のせいで、成功率の低い英雄的な医療行為をしたくなったり、相手につらい思いをさせないために事実を取り繕ったりすることもある。[10] ICNで働く医師のひとりは、助かる見込みのない赤ん坊の話をしてくれた。専門医が何人もそろっていたのに、その子の両親に対して全員が遠回しな言い方をするだけで、診断結果をきちんと伝えていなかった。「親御さんたちがとてもいい人たちで、こんな悲しいニュースをどうしても言えなかったんです」

ケアギバーがPTSDに似た症状を発症する場合もある。自分の苦しみではなく、患者の苦しみで、ストレス障害が生じるのだ。新生児集中治療室で働く看護師の4分の1は、ほかの病棟で働く看護師の2倍の確率で、不眠、フラッシュバック、慢性疲労に陥る「二次受傷」[11]を報告している。二次受傷はバーンアウト（燃え尽き症候群）につながりやすい。全身に倦怠感が生じ、人生の意味がわからなくなってしまう。集中治療に携わる医療従事者の3人に1人がバーンアウトを体験する。[12]これも他の医療分野と比べて著しく高い。共感力の高いプロフェッショナルほど深刻だ。[13]共感力の低い同僚よりもうつになりやすく、患者の症状が悪化したり、亡くなったりすると、自責の念に駆られやすい。

実際、ICNの病棟のあちこちで、バーンアウトや慢性疲労に苦しむケアギバーの姿が目に入ってきた。病棟でたて続けに死者が出た時期に、メリッサは抑うつと不安症の症状が現れたという。「ほぼ毎日、帰宅してからソファに座ったまま号泣していました」。今はその頃よりも強くなったと本人は語る。しかし、テレビやネットのニュースは見ることができない。「この仕事に加えて、世界で起きているさまざまなつらい出来事を考えていたら、人生を肯定することなんかできませんから」。ICNで働く別の看護師に、感情にはどう対処するか聞いてみたこともある。彼は笑ってこう答えた。「ただただ押し殺すだけだよ。そのうち体調に響いてくるけどね」。さらに数か月後、別の看護師とバーで話をする機会があった。同じ質問をしたところ、彼女は黙って自分のグラスを指した。

医師を冷淡にしてしまう残念すぎる悪循環

医療や看護を学ぶ学生たちは、その道を進みはじめたばかりの頃、ほかのキャリアを選んだ人よりも共感テストで高いスコアを出す。[14]多くの意味でこれはよいことだ。共感力のある医師が担当した患者は、ケアに対して高い満足を示しやすく、医師に指示されたことを比較的きちんと守る。[15]距離を置く医師が担当した患者よりも、短期間で回復する傾向すら見られる。

しかし、これはケアギバーの健康と引き換えになっていることがある。共感力の高いプロフェッショナルは板挟みの状態なのだ。仕事に邁進すれば、エネルギーを出し尽くしてしまう。そしてバーンアウトになったり、退職したり、その両方になったりしてしまう。[16]反対に心を閉ざす道を選ぶこともある。研修が始まって最初の数週間は高い共感力を発揮していた医学生が、3年目を迎える頃には、医療にかかわらない一般人と比べても、共感テストのスコアが低くなるのだ。[17]これは彼らが提供するケアの質にかかわってくる。患者の苦しみを重視せず、[18]患者を非人間化して、[19]「人」ではなく「人体」と見るようになってしまう。

感情を切り離せば、ケアギバーが過酷な仕事でつぶれる事態は防ぎやすくなる。ある実験で、医師や看護師に末期患者の話を聞かせてから、その患者の気持ちを推測するよう求めた。このとき患者を非人間化していた被験者は、仕事でバーンアウトになりにくかった。こうした自衛本能には代償が生じる。前述したとおり、共感力の高い医師が担当した患者が回復しやすいのだとすれば、共感力の低い医師が担当した患者は、苦しみが増すことになるからだ。

共感する、疲弊する、だから冷淡になる——この危険な傾向は、実のところ悪化が進んでいる。アメリカでは、保険会社が医療コストを厳しく監視する「管理医療（マネージドケア）」が普及し、そのせいで医療従事者の仕事量が大幅に増えているからだ。患者のためにかける時間も圧迫されている。いわゆる「かかりつけ医」として初期診療にあたる医師が患者と話をする時間は、診察1回当たり15分未満だ。[20] しかもほとんどの場合、患者が話しはじめて最初の30秒以内に、話を遮ってしまう。一方で2011年から2015年のあいだで、医師のバーンアウト発症率は10%も上昇した。[21] マラソンのような24時間シフトが常態になれば、ケアギバーはいっそうバーンアウトしやすくなる。するといっそう共感力は低くなり、患者や家族の話に耳を傾ける意欲が薄れる。[22]

僕が接したベニオフ小児病院ICNの医師たちは、こうした傾向を巧みに跳ね返していた。僕たちのような患者家族の意見を聞こうとする姿勢を保っていた。それと引き換えに、彼ら自身が重い負担を背負っている。

セルフケアだけで共感疲れから立ち直れるのか

フランシスコの両親は、生命維持装置を外す瞬間には立ち会えません、という意思表示をした。このICNでは、赤ん坊が息を引き取るときは必ず誰かが腕に抱いてやることになっている。そこで今回はフランシスコを担当したソーシャルワーカーのエレナが立候補した。エレナが男児を腕に抱いてソファに座ると、つながっているチューブを看護師がひとつずつ外していく。命の終わりが始まったフランシスコを、10人ほどのスタッフが取り囲んで見守る。リズはエレナの隣に座り、メリッサはその横に膝立ちになって寄り添った。ルネサンス絵画に描かれた会葬者たちの光景に似ているかもしれない、と僕は考えていた。立っているスタッフも含め、絵の中心に向かって全員の身体が傾いている。壁には赤ちゃんの格好をしたミッキーマウスのイラストが飾ってあり、そこに「フランシスコ」と書いてあった。リズが目を閉じたまま、指2本でフランシスコの額に触れている。人工呼吸器がオフになったので、室内は静寂に包まれている。

フランシスコに注入されているモルヒネの量を、医師や看護師が何度も確かめている。リズとメリッサがときどき心拍を診る。最後の呼吸をしてから、鼓動は20分以上も脈打ちつづけた。4回目の心拍確認をしたメリッサが、時計を見上げる。頬に涙が流れていた。その場にいる全員でハグを交わし、それからフランシスコの遺体を送り出す準備を始めた。

10分後の僕は、病院から3ブロック離れた公園にたたずんでいた。木陰のあいだに日光が射し込んでいる。女性がひとり、双子用のベビーカーを押して歩いている。幼児が真剣な表情で芝生を走りだし、つまずいて転んだ。僕のスマホが震えて、ドライクリーニングに出した服を引き取りに行く日だと知らせる。こうしたすべてのことに、僕はまったく現実味が感じられずにいた。

それから数日間ほど、フランシスコの存在は、さまざまな形で医師や看護師たちの胸に去来していたようだった。メリッサは、手術中に心拍が上昇したという事実から、気持ちを切り替えることができずにいた。フランシスコはあのとき痛かったのだろうか。わからない。けれど、医師として選ぶべき道はほかにあったのではないか……。「わたしがあの子にかわって、もっと強く手術に反対したほうがよかったのかもしれない。あの子は、何が起きているかすら、わからなかったのに」。そう語るメリッサの声が尻すぼみになる。フランシスコの死に立ち会った看護師のひとり、モリーは、両親のことを考えていた。「ご両親にとって、あの子は大事だったはずです。それなのに最後に会おうとせず、抱こうとはなさらなかった。お気持ちはわかります。でも、むしろそのせいで、余計につらいことになったんじゃないかと思うんです」

彼女たちにはそれぞれ自分なりの対処方法があった。モリーは長めのジョギングをするという。「走るときはひとりになれます。ひとりになることで、体験したことを腹に納めるんです」。メリッサの場合は、帰宅してから、いつもより強く息子を抱きしめる。リズは帰りの車の中でラジオを流して歌を歌う。「車内カラオケ」だと本人は言っていた。自宅に着いても数分ほど車から降りないこともあるという。その時間は、いわばオアシスだ。「家に入ったら、4人の子の母親になるわけです。あの子たちにとって、わたしはママでいなくちゃなりません。仕事から家庭に気持ちを切り替える時間は、そういう『すきま』しかないんです」

こうしたさまざまな形の「セルフケア」で、人は気持ちをリセットする。もちろんセルフケアに害はないし、バーンアウトや疲労からケアギバーを守る役目になる。[23] しかし、強烈な苦しみの前では、そうした努力だけでは不充分ではないだろうか。ある研究によれば、セルフケアを実践しているセラピストでも、二次受傷になる確率は、セルフケアを取り入れていないセラピストと同じだった。[24] セルフケアに効果がある場合でも、新生児集中治療室や救急治療室（ＥＲ）のようなきわめてストレスの大きい環境で働く人々は、セルフケアを実践する時間がなかったり、セルフケア活用の構造的なサポートがなかったりする。

さらに重要な点として、バーンアウトの解決策をセルフケアに任せるのは、状況の深刻さを軽視している。ふつう、病気になったなら、専門医のところに行って理由や対処方法を聞くものだ。皮下出血のひどい患者に「泡風呂に入りなさい」とか、手首を骨折した患者に「楽しい映画を見てやりすごしなさい」なんて言ったりする医師はいない。それなのにケアギバーにセルフケアを期待するのは、本当につらい状態にある人に対して、とりあえず紛らわせておけと言っているのと同じことだ。

人を助けるケアギバーも、人からの助けが支えになる。そうした支援の仕組みがあれば、医師や看護師はバーンアウトになりにくい。[25] ただし問題なのは、こうした苦しみは独りで抱え込みがちで、ケアギバーからサポートを求める声は上げにくいという点だ。

僕でさえ、それを実感した。フランシスコの死から48時間のあいだで、僕は20人ほどの同僚、数人の友人、そして家族と顔を合わせた。調子はどうかと聞かれると、そのたびに頭の中では「フランシスコが昨日死んだんだ！」と叫んでいた。しかし、その声を表に出すことはできなかった。僕は自分の意思でＩＣＮの見学をしていたのであって、同僚や友人たちはその場にいたわけではない。僕が目撃した悲劇のつらさを彼らに押しつけるわけにはいかない。とはいえ、彼らが話す出来事――論文が受理されなかったとか、デートがうまくいったとか――は、どうでもいいことに思えて仕方がなかった。友人たちはまったく悪くないのに、僕はフランシスコのことで頭がいっぱいで、ふつうの生活に関心をもてなくなっていた。

　ＩＣＮで働く人々は、病棟で起きたことを他人には明かさない。配偶者にもほとんど話さない。「周囲のほうが気を遣って、わたしに『仕事はどう?』って聞かないんですよね」と、ある看護師が言っていた。「聞いてくるとしても、わたしの答えにどう返したらいいか、向こうが困ってしまうんですよ」。こうした職場で働いていると、他人の体験を真剣に受け止められなくなることもあるという。「婚約者がいるんですけど、彼がその日の営業活動が大変だったという話をしても、わたしは心のどこかで『知らないわよ。そんなのたいしたことないじゃない』って思ってしまうんです」と、同じ看護師が打ち明けている。大きな苦しみに立ち向かう仕事をしている人は、ほかの仕事に就く友人とはあまり会わない傾向がある。自分の経験を他人に理解してもらえず、自分も他人の経験を理解できないのだとしたら、確かに友情も育てにくいだろう。同じ病棟の仲間同士で支えあうことはあるにしても、それは短い休憩時間や、ようやく仕事が終わって一杯飲む場面など、おまけの時間で行われるだけだ。

このICNでは、患者が亡くなるたびに担当したスタッフが集まって、お互いをねぎらい精神的ショックをやわらげる心理的デブリーフィングという場を設けることになっている。フランシスコが亡くなったあとのデブリーフィングでは、リズが参加者の朝食としてフルーツとヨーグルトを用意していた（「ふだんは甘いものばっかりつまんでるから」）。「みんなで集まって、話をするの。思い出すことを何でも好きなように語りあう時間なのよ」とリズ。気持ちを吐露するよい機会になっているのだろうか。僕がメリッサに尋ねたときは、「そうでもありません」という返事が返ってきた。「しょせん、これも仕事のうちですからね……お互いにがんばったと認めあって、悲しみを共有するけれど、プライベートな影響については、あんまり話しません」

実のところ、病院側はこうした問題に対してプロの支援体制を提供している。しかしICNの職員はめったに活用しないという。メリッサは、一番落ち込んでいた時期に、先輩医師からソーシャルワーカーとの面談を勧められた。「やめてください、必要ありませんから」と彼女は答えた。まるで、そんな提案をされたこと自体が、情緒的な資質を疑われたかのような反応だ。ICNでの仕事は自分の根性が試されているのだとメリッサは考えている。「軍隊みたいなものですね。やるしかない、って」

傷と沈黙――医療ミスをめぐる危険な組み合わせ

それでも最近では、医療業界全般において、こうした現実が変わりはじめている。ケアギバーが共感に呑みこまれて疲弊しないよう、バーンアウトを防ぐ道を探したり、互いにサポートしあったりすることが重視されるようになった。ボルティモアのジョンズ・ホプキンス大学病院では、ジョージー・キングという女児の悲劇がきっかけで、改革が始まった[26]。

1歳半だったジョージーは、「ぶっ壊し屋さん」という仇名があったほど、元気のいい子だった。箱の中身を全部取り出して遊んだり、クローゼットから服を撒き散らかしたり、歩くのか踊るのかわからないくらいにはしゃぎまわったりしていた。2001年1月、ジョージーは両親の目を盗んで風呂場に行き、ひとりで風呂に入ろうとして、大やけどを負った。ジョンズ・ホプキンス大学病院にかつぎこまれ、集中治療室に入院した。幸い容態は回復したので、きょうだいは自宅に風船を飾って、「退院おめでとう」というカードを用意していた。ところがその後、何の前触れもなしに、ジョージーは心不全を起こす。そして24時間も経たないうちに息を引き取った。

彼女の死は家族の心に大きな穴をあけ、時間が経つうちに、悲しみは怒りとないまぜになっていった。実はジョージーが亡くなる数日前に、病院内での処置にいくつかのミスがあり、そのせいで感染と脱水症状のリスクが高まり、死を招いてしまったのだ。病院との和解が成立したあとも、ジョージーの母ソレルは、復讐したいという思いにとらわれていた。「あの人たちが苦しまなきゃいけない」

と、彼女は日記に書いている。「わたしたちと同じ苦しみを味わってもらわなきゃ」

一方で、ジョージーの死を無駄にしたくない、という思いもあった。日記には「ママは、あなたのために、何か意味があることをしたい」と書いている。「だから、何をしたらいいか、ママに教えて」。ソレルと、夫トニーが出した結論は、ジョージーの死をほかの子どものために役立てたい、というものだった。信じられないことに、ふたりは受けとった和解金の一部をジョンズ・ホプキンス大学に寄付して、医療過誤再発防止のために使うよう求めたのである。こうして「ジョージー・キング患者安全プログラム財団」が設立された。病院は数年かけて業務の見直しを行い、ミスを防ぐ態勢を作っていった。[27] ここで生まれた新しい基準の多くが全国で採用され、これまでに数えきれないほどの命を救っている。

ちょうど同じ頃に、ジョンズ・ホプキンス大学の保健医療政策・医療経営学教授アルバート・ウーが、医療ミスの別の側面について思考をめぐらせていた。ジョージーに起きたような事故が家族にとって大きな打撃であることは確かだが、医療従事者にとってはどうだろうか。ウーは研修医を対象に、過去に自分がしたミスについて尋ねたところ、多くがその後にＰＴＳＤの症状を発症していることがわかった。[28] 病院は傷を負った者だらけだったのだ。しかし、患者やその家族と違って、医療従事者は助けを求めることを自分に許さないことが多い。苦しみを作り出した側なのだから、「つらい」と言うのは甘えだとみなすのだ。

医療ミスをめぐる傷と沈黙。ウーは、この組み合わせは危険だと考えた。「医療従事者として、もっとも思慮深く、もっとも神経が繊細と思われる人ほど、自分のミスで生じた被害に影響を受けやすい」と論文で書いている。調べてみたところ、実態はウーの認識よりも深刻だった。研修医に3か月ごとにアンケートを配り、1年にわたって、自分がしたミスの説明と、生活と仕事の様子を報告させた。するとミスをしたあとにはバーンアウト発症率が上昇し、うつになるリスクも3倍に高まり、そして患者への共感力が減退していることが確認されたのだ。[29]

「フラッシュバルブ記憶」になる前に応急処置を

ウーは2011年にジョンズ・ホプキンス大学で医療ミスについての講演を行っている。ジョージー・キングの件に言及したとき、女性ふたりが会場を出ていくのが見えた。ウーはあとから知ったのだが、そのふたりはジョージーの看護を担当していた。ジョージーの医療事故から10年間、病院側は一度も、その件にかかわった職員のケアをしていなかったのだ。「明らかに失態だった」とウーは書いている。この失態は改善できるはずだ。病棟内の廊下ですれ違うときに仲間同士で励ましあったり、業務後に酒を飲みながら愚痴をこぼしあったりするのに任せるのではなく、業務の一部としてサポート体制が組み込まれるべきではないか……。こうした発想から、ジョンズ・ホプキンス大学病院に「レジリエンス・イン・ストレスフル・イベント（Resilience In Stressful Events）」、通称ＲＩＳＥというプログラムが設立された。病院で働く人全員を対象とした相互扶助ネットワークだ。

プログラムを立ち上げるにあたり、まずウーの研究チームが、病院内の「接着剤となる人」を特定した。「思慮深く、共感力があり、頭ごなしに決めつけない」人物を選び、研修を実施して、心理的応急措置（ＰＦＡ）[30]を学ばせた。

心理的応急措置は、天災などの被災者に適用されるカウンセリングのアプローチだ。大地震やテロ攻撃の被害者になったり、間近で目撃したりすると、人はストレスホルモンの放出量が劇的に増える。世界がぐらぐらと頼りないものに感じられ、その結果としてひとつの物事しか考えられなくなったり、反対に何も感じなくなったりする。医療ミスによって生じた突然死などの有害事象も、医療従事者に似たような影響をもたらすのだ。「そのとき患者が何を着ていたか、自分が何を着ていたか、天気はどうだったか、室内の壁は何色だったか、克明に記憶している」とウーは説明している。

これは「フラッシュバルブ（閃光電球）記憶」といって、感覚が記憶に焼きついてしまっている状態だ。第４章の最初のほうで「心の放流」という話をしたが、フラッシュバルブ記憶は危険な放流だ。過去の出来事を思い出すたび、そのとき感じた恐怖や動揺が舞い戻ってくる。心理的応急措置は、災害が起きた直後に被災者や被害者に安心感を与え、こうした感覚の焼きつきを防ぐことを目的としている。ＲＩＳＥでは専用の電話番号を設けて、この心理的応急措置を提供することにした。病院内で働く人が必要なときに連絡をすると、カウンセラーが30分以内に対応する。たいていは10分以内だ。そして話を聞き、問いかけをする。是非の判断はしない。ときおり状況に応じて、当人の助けになりそうな方向性についてアドバイスする。

2011年にRISEが開設された時点では、利用者はほとんどいなかった。最初の1年間は、1か月に1本の電話があればいいほうだった。特に、外科医は自分自身の心の傷を見せたがらない。しかし、こうした頑迷な空気はしだいに薄れていった。ぽつりぽつりと、仕事中にミスをしてしまった看護師や、助かると思っていた患者に死なれてしまった医師などが、電話をかけてくるようになった。個人ではなく医療チーム全体で助けを求めてくることもあった。現在のRISEは週に最大100人の相談に乗っている。

RISEのカウンセラーは、同じ大学病院に勤める仲間という立場から、相談者に共感を示す。基本的には話を聞くだけのささやかな支援であるものの、心に響く効果がある。ウーの研究チームが行った最近の調査によれば、有害事象のあとにRISEを活用した看護師は、そうでない看護師と比べて、休職や退職に至る確率が低いことが確認された。[31] 他人を思いやることで疲弊している医療従事者に、カウンセラーが思いやりの気持ちを向けることで、彼らの心が守られるのだ。

こうしたプログラムがすべての問題を解決するわけではないし、RISEプログラムもジョンズ・ホプキンス大学病院で生じるバーンアウトや疲労症を根絶しているわけではない。しかし少なくとも、心にぽっかりあいた穴に医療従事者たちが転落していくのを防ぐ手助けにはなっている。

ウーは現在、ジョンズ・ホプキンス大学病院が拠点を置くメリーランド州の全病院にRISEプログラムを設立させるべく、関係者との交渉を行っている。国内ではテキサス州、国外ではオランダと日本での設立も進んでいる。

これは喜ばしいニュースだが、裏を返せば、そうしたサポートを受けられていないケアギバーがどれほど多いことか、考えずにはいられない。資金に恵まれない病院や公立学校などは、ジョンズ・ホプキンス大学病院よりも、さらに過酷な環境だ。そこで働く人々にはサポートを求める時間がない。仕事ではなく個人として誰かを介護している人々――アルツハイマー病患者の妻、脳性麻痺の娘をもつ父親、親友が双極性障害で苦しんでいる人など――の場合、どこでサポートを受けたらいいかもわからないことがある。たとえ見つかったとしても、支援を求める勇気はなかなか出しづらい。

自分の心の地図をもつ――「感情の粒度」

サンフランシスコのミッション・ディストリクトという地区に、「アゲインスト・ザ・ストリーム」という名前の瞑想センターがある。いかにもサンフランシスコらしい雰囲気の施設だ。クリーム色に塗られた広々とした室内に、小さな木製の台があり、その前にビロード張りの座布団が何列も並んでいる。壁に飾ってあるのは、ストリート・アートで知られるシェパード・フェアリーのイラストの数々だ。彼の有名な作品、プロレスラーのアンドレ・ザ・ジャイアントをモチーフにした「オベイ」――なかば宗教画、なかばアウトサイダー・アートといった作品だ――を中心に、曼陀羅のように飾りつけがされている。

ここで金曜の夕方に開かれる瞑想クラスには数百人が集まるが、僕が参加したクラスの参加者は10

人ちょっとだった。参加者はザッカーバーグ・サンフランシスコ総合病院で働く研修医だ。静かに座り、手を腿の上に置いて、自分の呼吸に意識を集中している。室内の雰囲気は平和だったが、遠くでサイレンを響かせているのが自分たちの職場に向かう救急車であることを、おそらく全員が意識していたに違いない。

瞑想を指導するのは、カリフォルニア大学サンフランシスコ校オッシャー統合医療センターの研究者、イヴ・エクマン。医療現場における共感チューニングの指導プログラムを開発している。

彼女がこの仕事を始めたのは偶然のなりゆきだった。10年前の彼女はソーシャルワーカーとして、サンフランシスコ総合病院の救急治療室（ＥＲ）で夜勤を担当していたという。激務だったが、芸術や自然を見ると心が慰められた。「耐えがたいほどの苦しみを目の当たりにする仕事だから、美しいものを見ることでバランスをとるよう意識していたんです」。医師のストレス軽減のために瞑想を導入している病院があることは知っていたが、この頃の彼女は効果を信じていなかった。「リラックスしたいならビールでも一杯やればいいじゃない、と思っていました」

実は、彼女の父親は心理学者のポール・エクマンだ。２００６年、ポールは仏教学者とともに、「感情のバランスを探る」と題した教師向けのマインドフルネス講座を指導することになった。ところが開講直前に病気になってしまう。そこで急遽、娘のイヴが講師代理を務めることになり、彼女の人生はそこから思いもかけない方向へと変わっていった。

この章では、全身全霊で共感してしまうケアギバーの苦しみについて考えてきた。ただ、共感のしすぎに問題があるとはいえ、ケアギバーが完全に感情を切り離し、自分の気持ちを無視していると、また別のリスクが生じてくる。いくら切り離すと言っても、感情があるのは事実だ。そのため、がん専門医アンソニー・バックが言うところの「吟味されていない感情」[32]として、害のある形で飛び出してきてしまうのだ。自分自身の感情を無視する医師は、診断が不正確になりやすく、フラストレーションを患者にぶつけてしまうことがある。不用意な感情の爆発が本人の生活にも影を落とし、不眠になったり、家族と衝突したり、アルコールに溺れたりすることもある。

対策がないわけではない。バックによれば、感情は捨てるのではなく付きあっていけばよい。意識を心の中に向け、患者の病気を診察するときのように、自分の感情を診断することを推奨している。たとえば看護師が、自分との娘と同い年の白血病患者と接することで悲しみに呑まれてしまうなら、それを抑え込もうとせず、悲しみがあふれる兆候を意識する。そのためには、自分が患者に対して何を感じているか、意識的に聞きとらなくてはならない。

心理学者は、こうした識別の能力を「感情の粒度」[33]と呼ぶ。感情の粒度は人によって差がある。ある実験で、被験者に2週間にわたって日記をつけさせた。毎日、その日一番心が動いた体験について振り返る日記だ。どんなふうに嬉しかったか、楽しかったか、明るい気持ちになったか。どれくらい傷ついて、怒って、悲しくなったか。

被験者の一部は克明に感情を吐露していた。配偶者と喧嘩をしてひどく腹が立った、少し恥ずかしかった、どちらかと言えば悲しかった……というように。一方で、感情を十把一絡げで体験している被験者もいた。いやなことがあった日は、「いやだった」、それだけ。マイナスの感情がすべて一緒くたになっている。前者のように感情を具体的に分類できる被験者は、比較的容易に気持ちを制御し、不本意なことがあっても立ち直りやすいことがわかった[34]。地図を読める人は森から抜け出せるのと同じで、自分の気持ちを理解すれば、方向を変えていくことができるというわけだ。

こうした粒度の高さは、別の面でも本人を助けていた。感情を漠然と受け止めている人と比べると、粒度の高い人は、酒に溺れる、暴力に走る、うつに陥る、自傷行為をすることが少なかった[35]。

かつての科学者は、感情を読みとる粒度は生まれつきの資質であって、もっていない人は最初からもっていないと考えていた。しかし近年の研究では、自分の気持ちを特定する方法は学んで身につけられることが明らかになっている。児童を対象としたプログラムで、心の状態を表す言葉をひとそろい教え、自分の気持ちを表現するよう教えたところ、その児童は教師から見て、より寛容でやさしい子どもになった。そして成績も向上したという[36]。

講演の代打を娘に頼んだ心理学者、ポール・エクマンは、怒りや不安や驚きなど、さまざまな感情の特徴をマッピングする研究を長年行っている。心理学の権威として評価された彼の功績は、ポップカルチャーにも進出した。心の中の感情がキャラクターになるピクサーのアニメーション『インサイド・ヘッド』や、かすかな表情を読みとって犯罪を暴くテレビドラマ『ライ・トゥー・ミー』は、いずれもエクマンの研究をベースに生まれた作品だ。つまり娘のイヴは、感情を鋭く意識する家庭で育ったというわけだ。

カギは、「共感的苦痛」と「共感的配慮」を区別すること

イヴはＥＲで働いていたときに、同じ職場で働く仲間たちの共感表現に差があることに気づいた。最初は過剰なほど共感し、そのうち冷笑的になったり、疲弊したりしていく医師もいる一方で、感情がずっと安定しているように見える看護師もいる。後者について、イヴは「心を完全に閉ざすのでも苦しみに溺れるのでもなく、その間のバランスを見つけていました」と説明している。生まれつきそうでなくても、意図的にそういう人間になることは可能だろうか。

その疑問の答えが、父の代理のマインドフルネス講座で見つかった。講座が始まって数日も経たないうちに、イヴは、瞑想の効果が単なるリラックスではないことを実感した。瞑想は、心のあり方をチューニングする古代からの技術なのだ。「瞑想を通じて、人は自分自身の体験に、より関心をもつのです」。意識することで、自分がどんな気持ちか、はっきりと言い表す言葉を見つける。そうすれば自分が感じている共感の種類もわかってくる。共感にもさまざまな種類があり、それぞれに異なる名称があるのだ。仏教でいう「コンパッション（慈しみ）」は、人の痛みに呑まれることなく、相手を慮ることを指す。「それをどの程度分けて考えるか、それがポイントなんです」とイヴは語る。「他人の痛みから距離を置きすぎると、『これはこの人の問題。わたしには関係ない』となります。反対に、他人の痛みを強く感じすぎると、それを自分のものとして考えてしまいます」

心理学者も、「共感的苦痛」と「共感的配慮」を、同じように区別して考えている。共感的苦痛は

情動として心が動くことだ。他人の苦しみを自分のものとして受け止め、体感している。共感的配慮のほうは、他人のために思いやりをもち、相手が苦しみから回復することを欲する。苦痛と配慮は同じものだと思えるかもしれない——他人の気持ちで自分がつらくなったなら、相手の苦しみを何とかしてあげたいと思うのは自然なことだろう——が、それは必ずしも同時に起きるとは限らない。苦痛と配慮は弱く結びついているだけだ。[37] 自分がつらくなったとしても、相手の回復までは考えない場合もあるし、その逆もある。

共感の種類が異なると、その後の行動も異なってくる。[38] 他人の苦痛を自分の苦痛として感じやすい人は、共感してしまいそうなボランティア仕事を断るなど、人の苦しみを避けて通ろうとする。他人の苦しみを他人の苦しみとして慮る人には、そうした傾向は見られない。

ある研究で、被験者となった大学生に、悲劇的な事故の話を読ませた。仲間がその事故に遭ったという設定だ。被験者の苦痛や配慮の感じ方を測定し、その後、被害者を支援する機会を作った。ただし、シチュエーションはふたつある。逃げやすい状況（被害者と顔を合わせないなど）と、逃げられない状況だ。すると被害者の苦痛を自分の苦痛として感じていた被験者は、逃げられない状況に置かれたら支援するが、逃げられるなら逃げてしまうことが確認された。一方、被害者の苦痛を被害者の苦痛として慮っていた被験者は、どちらの状況でも支援することを選んでいた。

職業としてのケアワークをするときは、この心理状態の違いを知っておくことが肝要だ。他人の苦痛を自分の苦痛として感じていると、そこから逃げたい気持ちになってしまうが、医療従事者が逃げればならないのだから、回避の道がない。そしてただただ自分自身を追い詰めることになる。実際のところ、さまざまなタイプの共感があるなかで、このように自分の苦痛として感じる共感だけが、医師や看護師やソーシャルワーカーをバーンアウトに引きずり込む。[39] それとは対照的に、相手のことをして慮る共感ならば、相手の痛みを引き受けずに、患者に心を寄せる道になる。こうしたケアギバーは共感疲労に苦しむことが少ない。言い換えれば、共感が必ずバーンアウトを生むわけではないのだ。適切な形で共感をするならば、むしろバーンアウトは予防できる。

瞑想で共感を「チューニング」する

ベニオフ小児病院のICNで働くリズに、僕は質問をした。ICNでさまざまな苦しみを目にして、もうやっていけないと思ったことはないのだろうか。「ないわ」とリズは答えた。「だからこそ、この仕事をしているの。大変な人をお世話するのが嬉しいのよ」。彼女が言う「嬉しい」は、もちろん、アイスクリーム・サンデーを食べるときの気持ちとは違う。もっと深いものだ。患者と家族が人生で一番の苦しみに直面しているときに、彼らの役に立てることにやりがいを感じている。リズは信心深い。そうした場面を「慈愛にあふれていて、美しい」と考えている。「神がこの状況をお作りになるんだから」と彼女は言っていた。「必ず目的があり、意味があるのよ」

リズの仕事ぶりを間近で観察していると、彼女は共感力の「設定値」がもともと高いのだろうと察せられる。[40]そして、彼女の共感力は、どちらかと言えば相手の苦痛を慮る共感だ。おそらくそのおかげで楽観的な姿勢を失わず、何年も新生児と家族のために尽くしつづけられている。

才能に恵まれた人は、往々にして、凡人の気持ちが想像できない。数学者は、難しい方程式を解けない気持ちがわからない。リズのような確固たる希望を抱けない人がこの仕事をどう感じているか、リズには想像がつくだろうか。僕が水を向けてみると、彼女は「誰もがこういう考え方をするわけじゃないって、最近ようやく気づいたところ」と打ち明けた。

ロッデンベリー仮説が正しいとしたら、生まれながらに共感の資質——ひとつではなく「一連の資質」と言ったほうがいいかもしれない——をもつ人は、ケアワークのプロフェッショナルに最初から向いているということになる。リズのような性格ではない人は、別の職業を探したほうがいいのだろう。

しかし、人間が共感の度合いをチューニングできるのと同じで、共感の種類も、意識的に変えていくことは可能だ。リズのような共感設定値に恵まれなかったケアギバーには、バーンアウトにならない支援が必要だが、共感のアプローチを変えることも、共感疲労を予防する手段になる。

第2章で紹介した神経科学者タニア・シンガーは、仏教にヒントを得た手法で、人の共感力を高められることを証明した。同じトレーニングで、共感の種類を変える試みも行っている。愛と慈悲の瞑想「メッタ」では、他人の痛みに呑まれずに、人を慮ることを目指す。シンガーの実験では、被験者のうち片方のグループに、メッタを実践させた。もう片方のグループには、他人の感情を自分のもののとして「キャッチする」瞑想を体験させた。すると数日後、メッタをした被験者はそうでない被験者と比べて寛容さが増していて、気持ちの揺れが少なかった。[41] 変化は脳の働きにも確認された。他人の痛みを自分の痛みとして受け止めていた被験者の脳内では、苦しみに対する強いミラーリングが起きていた。つまり、自分が実際に苦しんでいるのと同じ反応をしていたというわけだ。一方でメッタをした被験者の脳内では、動機や報酬と関連する領域が活動していた。彼らは相手の苦しみに主眼を置くのではなく、その苦しみが減る世界を想像していた。

ＩＣＮ職員の中にも、落ち込む気持ちを立て直すために、瞑想のテクニックを利用している人もいる。ある看護師はこう言っていた。「ご家族に、厳しい状況について話すときは、床についている自分の足を意識しながら話します。そうしていれば感情を引きずられにくくなります。多少なりと切り離せるんです」

この意識的な努力に加えて、彼女には自分なりのまじないの言葉がある。「これはわたしの悲劇じゃない」

医療従事者における瞑想効果の体系的な研究は、今まさに進められている最中だ。すでに10件ほどの研究で、瞑想をベースとしたプログラムを修了した医師に、疲労や不安の症状が減っていることが確認された。[42] それと同時に患者に対する共感力が高まった例もある。イヴの説明によれば、「他人の苦痛を他人の苦痛として慮る」、すなわち共感的配慮に集中していれば、患者と絆を結びつつ自分の心身も守っていくというバランスがとりやすい。[43] 共感しすぎて無謀な治療を試みたくなったり、助けられなかったときに恥の意識にさいなまれたりしてしまうのだとすれば、そんな共感は役に立たない。イヴのワークショップに参加する研修医は、仕事の役に立たない共感を手放す練習をする。このプログラムの効果は測定中だが、類似の調査では有望そうなエビデンスが見えてきている。[44] 最近の研究では、瞑想プログラムを受講した医学生において、患者に対する配慮に成長が見られるとともに、医学生自身がうつ状態に陥りにくいことが確認された。

「献身」を美化する社会が、共感の力をそいでいる

他者と接触するプログラムなど、共感力を育てるプログラムのいくつかは、その効果が数十年前から研究され、さまざまなエビデンスで裏づけられている。しかし共感の種類を調節するという試みはまだ歴史が浅い。ここには社会の根深い思い込みが隠れている。「共感しない」ことで生じるヘイト、無関心、非人間化の横行は、社会として大問題なので、善良な人間ならば当然のようにこれらを撲滅しなければならないと考える。ところが、「共感しすぎる」という状態は、それほど明白な問題とはならない。場合によっては崇拝すらされる。自己犠牲的な母親や、働きすぎの医療従事者にとって、バーンアウトは名誉の印になってしまうことがあるのだ。あるソーシャルワーカーが、その仕事を選んだ理由として、「苦労への憧れ」があったと語っていた。こうした発想と、軍隊訓練のような現場の過酷さが相まって、共感疲労はひっそりと、じわじわと、広がってしまう。

共感というものは、もっと役に立つ形で発揮していくことが可能だし、そうしなければならない——ケアギバーや心理学者はそのことに気づきはじめている。どんな共感をいつ、誰に対して発揮すれば効果的なのか、確実なことはまだわからない。効果的なテクニックがあったとしても、時間や労力の負担が大きい機械的な医療制度に縛られる医療従事者にとっては、助けにならないかもしれない。それでも、これは誕生したばかりの研究分野なので、さまざまな新しい事実が毎年のように明らかにされている。ぜひとも解明しなければならない問題なのだから、そこに希望が感じられる。

そもそも根本的な話として、患者と真正面から向きあうケアを持続させていくためには、医療従事者の役割に対する見直しが必要だ。人を治療するというのはどういうことなのか。多くの人の考えでは、それは勇敢な行為によって人を病気やけがから救い、安全な状態に戻してやることだ。少なくとも西洋社会において、医療従事者というものは、病気や死との戦いに挑むために選ばれた強者だとみなされる。確かにベニオフ小児病院ICNで働く人々は、誇りをもってその仕事にあたっていた。新生児集中治療という領域は急速に進化しており、超未熟児の生存率もここ数年でかなり上昇した。[45]僕の娘アルマが、仮に僕が生まれた時代に誕生していたとしたら、おそらく生き延びることはなかっただろう。アルマの担当医だったリズは「一番苦しいときにこそ、一番大きなことができるものよ」と言っていた。ICNの病棟は、僕が人生で訪れたことのある場所の中でも、一番悲しい場所だ。だが、そこは奇跡が生み出される場所でもある。

苦しみを否定するのではなく、人生を肯定する姿勢こそが

だが、医療従事者が「自分の仕事は死を絶対に食い止めること」[46]と思っていると、いずれかの時点でその使命はまっとうできないことになるので、自分と患者を失望させる体験は避けられない。医療の意味はそれだけではないはずだ。「死は医療の一部だ。そうであってしかるべきだ」と、がん専門医アンソニー・バックは僕に語った。医療やケアの仕事とは、死の否定ではなく、生の力強い肯定によって、患者の支えになろうとすることだ。医療に携わらない者にとっても、このアプローチはきっと役に立つ。誰かの痛みを取り除かねばならぬ、苦しみを減らしてやらねばならぬと思い、それができないと感じると、共感は罪悪感と恥の意識に転じる。テレビやインターネット、あるいは人との接触の中で膨大な苦しみを見聞きして、しかも自分にはどうしようもないと感じるときも、失望感が耐えがたく思えるかもしれない。だが、問題を直接的に解決することだけが共感の価値ではない。

新生児壊死性腸炎だったフランシスコが亡くなった翌日、リズはその現実に愛を見出していた。チームがフランシスコのためにあらゆる手を尽くし、勇気とやさしさで彼の死に立ち会ったことを、彼女は誇らしく感じていた。「よい亡くなり方と、そうでない亡くなり方について、ここではよく話題になるのよ」とリズは言う。

メリッサは医学生時代に、ホスピスでボランティア活動をしていた経験があり、それがきっかけで新生児集中治療の分野へ進むことにしたと語っていた。ホスピスでは高齢者と向きあい、新生児集中

治療室では生まれてまもない乳児と向きあう。いずれも生と死のあいだにあるという点では同じだ。「こうした場面では、人の心の奥底に触れるんです」。命が尽きようとする新生児の家族と同じ場にいるのは、「特別な権利を与えてもらっているということ」なのだと話していた。ＩＣＮの看護師のうち、少なくとも３人が同じことを口にしていた。

患者の家族に寄り添い、彼らの心情を受け止め、説明し、ときには一緒に泣くとき、医師や看護師やソーシャルワーカーは、何ものにも代えがたい価値を患者家族のために生み出している。自分自身がつぶれることなく、長く続けていける形でその仕事ができるなら、彼ら彼女らは、これからも多くの人たちに、かけがえのない価値を差し出していくことができるのだ。

第6章

共感は「流行」する

——「空気」を逆手に取って社会に信頼を取り戻す

なぜ社会は極論に支配されるのか？

心理学者ダニエル・バトソンの実験では、善きサマリア人の説教をする神学生に「時間がない」とプレッシャーをかけると、神学生の共感力が失われていた。僕の研究室で行った実験では、共感力は育てられると学生に説明すると、実際に学生の共感力が高まっていた。どちらも被験者それぞれに人為的な影響を与える試みだ。ヘイトグループからの脱却を助けているトニー・マカリアーも、個別に説得を行う。物語で他人の気持ちを理解する実験を行ったレイモンド・マーも、個々の読書効果を調べている。

こうした「ナッジ」の多くは、研究室やカウンセリングルームのような、きっちりと制御された環境で実施されたものだ。だが、僕たちは真空の中で生きているわけではない。大きな世界の一部として、社会規範によって統治されて生きている。コミュニティや組織が共有する信念、態度、慣習などを守っている。規範や常識という空気は、あらゆる面で人に影響を与えるのだ[1]。この食べ物がおいしい、あの顔が魅力的だ、その歌はいいと思う――そう感じるのは、他人がそれらを褒めていたから。他人がポイ捨てをするのを見ると、人はポイ捨てをしやすくなる。他人が投票したのを知ると、人は投票しやすくなる。スキャンダルを聞いてどれほど憤るか、政治家の発言にどれくらい希望を感じるか、気候変動をどの程度まで恐れるか、それも周囲のとらえ方に左右される。

僕たちは人の行動や人の考えを模倣する。少なくとも、「人はこう考えている」と自分が想定する、ことを自分でも考える。ここで問題なのは、その想定が往々にして間違っていることだ。極論を言う声は大きく響きやすいので、それがマジョリティの見解だと誤解してしまう。

ある心理学の実験で、プリンストン大学の新入生に秋の入学から数週間後に面談を行い、春にもふたたび面談を実施した。[2] 質問はふたつ——あなた自身は、お酒を一度に大量に飲む、いわゆる大量飲酒(ビンジドリンキング)を楽しんでいますか。プリンストン大学の平均的な新入生は、ビンジドリンキングをどれくらい楽しんでいると思いますか。

秋の面談で、ほとんどの学生は飲酒に対する熱意が薄かったにもかかわらず、平均的な新入生は酒好きであると答える傾向があった。平均の定義から考えれば、個々の考えが平均を形成するはずなのに、そうならなかったのには理由があった。学生たちは往々にして、木曜の夜に勉強会に出ていたという話よりも、ゆうべの店のアイスリュージュ〔氷の彫刻に酒を流して飲むこと〕がすごかったんだぜ、という話で仲間と盛り上がりたがる。こうした特異な話のほうが、黙っているマジョリティの声よりも耳目を引くせいで、想像上のパーティ三昧の学生が「平均」になったのだ。しかも、次の春に面談をすると、学生たちは以前よりも、自分はビンジドリンキングを楽しんでいると答えていた。つまり、まず「常識」が作られ、次に、その常識に沿った行動が生じていたのである。

現代の文化では、共感とは相いれない傾向が強い潮流となっている。成功するためには競わなければならない、ときには熾烈な競争で他人を蹴落としていかなければならない、と僕らは教え込まれている。映画『ウォール街』の主人公、強欲な投資家ゴードン・ゲッコーの台詞「欲が物事を明白にする。欲が革新を促す。進歩しようという精神の本質となる」が正しいというわけだ。

これは、人類の進化にやさしさは不要という、弱肉強食の視点とも一致する。他人を助けるために立ち止まっていたら、新しい道を切り開いていくことができず、結局は競争に負ける。もちろん、この本で見てきたとおり、これは神話にすぎない。共感力のある人のほうが、さまざまな意味で成果を出していく可能性が高い。しかし一般的な常識には、まだこの見解が浸透していないのだ。

社会の分極化が進めば、常識や規範はいっそう思いやりから遠のく。大学生の飲酒と同じで、テレビやソーシャルメディアで流れる極論[3]が空気を支配してしまうからだ。それは決して一般大衆の平均的な考えではなく、何らかの方向に偏っているにもかかわらず、多くの関心を集めるせいで、マジョリティの意見だと勘違いされる。反対意見を言うのはマジョリティの存在を否定することだ、と評される。そんな意見を受け入れるなどという行為は――いや、耳を貸すことすらも――仲間に対する一種の裏切りだ。こうしていつのまにかできあがった架空の常識に、人々は同調する。そしてますます違う意見に共感しなくなる。

ヘイトグループに加わっている男が、トニー・マカリアーの今の姿を見て刺激を受けたとしても、ほんの数日後には、人種主義の戦いへ戻ってこいと誘う仲間たちと一緒にいるかもしれない。元囚人がヘミングウェイの本を読んで希望を感じたとしても、その後に仕事の面接に行けば、しょせんは前科者だという扱いを受けるかもしれない。刷り込まれた認識は、まるで引力のように作用する。一瞬は逃れることができても、たいていは同じ場所に引き戻されてしまう。

共感もまた、「空気」に流される

それでも、共感を支持する文化的潮流が皆無というわけではない。昔よりも共感の力が強くなった場面もある。人は他人の体験を認めるべきだ——と要求する強い声が生じたとき、倫理をめぐる革命が始まることが多い。[4]たとえば中国における纏足（てんそく）の習慣や、アメリカにおける奴隷制は、数世紀も変わることなく続いていた。しかし、人々が手を結び、そんな慣習は捨てるべきだと声を上げたことで、纏足と奴隷制の長い歴史は終わりを迎えた。

21世紀になった時点で、同性婚がアメリカで全国的に認められる日が来ようとは、同性愛の権利を主張する活動家たちも夢にも思っていなかった。それでも15年後にはそれが実現した。

『ニューヨーク・タイムズ』紙と『ニューヨーカー』誌が２０１７年秋に、映画プロデューサーのハーヴェイ・ワインスタインが過去に重ねてきたセクシュアル・ハラスメントといやがらせの数々を報道すると、女性がこうむる恐怖と苦痛について、新たな認識が——特に男性の認識が——広まった。そこから数か月のうちに、過去のセクシュアル・ハラスメントの糾弾によって何人かの俳優が契約を打ち切られ、大学教授がキャンパスを追われ、共和党支持の州として知られているアラバマ州の上院議員選挙で25年ぶりに民主党議員が選出された。いずれも、ハラスメントを野放しにしてはいけない、と人々が声を上げたことで実現したことだ。

社会の空気に流されるのは有害である一方、こうした事例では、偏見やセクハラを許さないという風潮が社会変革につながった。実験室実験でも、チャリティへの寄付や偏見への対抗など、よい方向へ人を扇動するのも可能であることがわかっている。

そして人は共感の空気も読もうとする。[5] 僕が行った実験では、被験者に、ホームレスの人たちの苦労を語った文章を読ませた。それから、別の被験者が同じ文章を読んでどう反応したか教えた。別の被験者の反応というのは、実際は僕たちが用意した架空の話で、半分の被験者には、仲間が強く共感したと説明し、思いやりを示すのが一般的だと理解させた。残りの半分の被験者には、仲間はホームレスに同情などしなかったと説明し、無慈悲な反応がふつうだと思わせた。すると被験者たちはどちらの場合も仲間に倣った――同情したと聞かされていたときには、はっきりと同情の気持ちを示すのだ。そして、その気持ちに沿った行動を起こした。地域のホームレス支援センターに寄付ができると案内すると、仲間が同情していたと聞かされた被験者は、そうでない被験者よりも、多くの金額を寄付していた。

この実験では、共感するのが当然だという空気と、共感しないのが当然だという空気を、意図的に作り上げている。被験者はそれぞれの常識に同調したというわけだ。研究室の外でこれをやろうと思うなら、空気はわざわざ作る必要はない。人が残酷に行動するときにも、やさしい行動をする人は存在する。人が心穏やかに生きているときにも、恨みを抱えて生きている人は存在する。既存のポジティブな意見のほうが優勢だと強調することで、周囲の趨勢に流される人の傾向を利用し、人々の気持ちを健全な方向へ、思いやりのある行動へ、引っ張ることは可能というわけだ。

大学生のビンジドリンキングについて調べた研究チームが、実際にそれを試している。新たな実験では新入生にグループディスカッションをさせ、実は周囲はそんなに酒好きではなかったという事実を明るみに出した。本当の常識はこれだったと認識させただけで、翌年の学生たちの飲酒量は減少していた。[6]

共感を肯定する常識も同じように作ることができる。民間の制度も、組織の人材管理のガイドラインも、社員の行動規則も、すべては契約という形をとった常識にほかならない。互いの働きやすさを尊重し、それを拒否する人は排除します――という常識を共有している。実際のところ、思いやりを重視する組織は円滑に進み、それが業績にも表れる。グーグルは2012年の社内調査で、優れた結果を出しているチームは、際立って「人を大事にしている」チームであることを発見した。[7]互いの気持ちに意識を払い、協力しあおうとするメンバーがそろっていた。世界的に有名なデザインコンサルティング会社ＩＤＥＯ（アイディオ）でも、社員が互いにサポートしあう時間をとることを推奨している。[8]採用と昇進においても、他者への寛容さを評価に入れている。

官民を問わず、規模の大小を問わず、ゆるい集まりかフォーマルな団体かを問わず、どんな組織でもこうした方向を選んでいくことは可能だ。そもそも共感とは、個人の感情であると同時に、集団で成立するものでもある。冷酷な世界に共感を広げようとする戦いが個人戦である必要はない。家族、チーム、会社、コミュニティ、都市、そして国家として、やさしさを文化として育てていけばいい。人を思いやるのがごくふつうの選択となるよう、共感の空気を作っていけばいい。規範や常識に従うばかりが能ではない。僕たちがそれを作っていくのだ。

警察は失った信頼を取り戻せるか

ワシントン州キング郡で初の女性保安官となったスー・ラールは、7人きょうだいの中で育った。自分以外は全員が男の子だ。だから幼い頃から取っ組み合いを恐れたことはない。

シアトル近郊のキング郡保安官事務所に配属されてまもない頃、パトロール中に、酒を飲んでコンビニエンスストアの前で暴れている男に対応したことがあった。「わたしはこう言いました。『よく考えて。牢屋に行くか、それとも落ち着いて、酔いをさまして、みんなを安心させるか』」。最後まで言い終えないうちに、男がいきなり殴りかかってきた。「とっさに身体が反応していました。警察学校で習った形ではなくて、兄たちに教え込まれた形で。（……）相手の髪の毛をつかんで地面に引きずり倒し、逃げようとする男の急所を蹴り上げたんです」

1分ほど取っ組みあったのち、ラールは何とか男に手錠をはめた。途中でアスファルトを殴ってしまったらしく、指の関節がぐちゃぐちゃになっていた。「格闘で全身の血がたぎっていたせいで、痛みはまったくありませんでした。上司が大声をあげて現場に割って入ってくれたんですが、あとから『おまえ、血をぼとぼとたらしながら、満面の笑みで立ってたぞ』と言われました」。その夜、自宅に帰ってから、ラールは夫に言ったという。「こんなに興奮するとはね。男の子が喧嘩をしたがるわけだわ」

男兄弟の中で育ったことで学んだのは、喧嘩の技術だけではない。ほかにも法執行官としての活動に役立つ技術を身につけていた。「策略を立て、相手の意表をつき、こちらの狙ったとおりに誘導する方法も、自然と学んでいました」。キング郡の保安官事務所では、配属されて最初の3か月は指導巡査と行動をともにすることになっている。犯罪者との格闘も含め、任務を遂行できるよう指導を受けるのだが、ほかの新人と違って、ラールの評価表の実力行使に関する部分は空欄のままだった。彼女がつねに実力行使にもち込むことなくトラブルに対処していたからだ（酔っ払いの急所に蹴りを決めるのは、このあとのこと）。

ラールは現在、ワシントン州全域の警察訓練を統括する立場にいる。5年以上をかけて、警官に新たな水準を求めるシステムの構築に取り組んできた。人間性を失ったと一部で言われている職業に、共感の力を取り戻したいと考えているのだ。

近代の警察活動は、実は驚くほど歴史が浅い。[9] ほんの2世紀前までは、寄せ集めのような部隊で紛争を制圧したり、犯罪者を処罰したりしていた。ロンドンでさえもそうだった。1820年代頃には、きちんと組織された法執行機関の必要性が明らかになっていたものの、ロンドン市民の多くがそれを認めようとしなかった。軍隊が町中を闊歩して市民の自由を奪うに決まっている、と思っていたからだ。こうした懸念を鎮める任務を担ったのが、内務大臣ロバート・ピール卿だった。ピールは頭脳明晰な学者であり、抜け目ない政治家でもあった。のちに2期にわたってイギリス首相を務めている。市民の協力を得て、市民の信頼を引き出さなければ、警察という仕組みが成功することはありえない――とピールは気づいた。

ピールは1829年に首都警察法という法律を成立させ、数百人の巡査（コンスタブル）によって構成される巡査隊を設置した。この巡査たちは、ピールの名前であるロバートの愛称で、「ボビー」と呼ばれた（現代でも警官をそう呼ぶ習慣が残っている）。ボビーの生活には厳しい制約があった。勤務は基本的に週7日で、投票権はない。結婚するときも、市民と食事をするときでさえも、承認を得なければならない。スパイ活動はしていないと市民を安心させるために、制服――紺の上着と帽子――の着用を義務づけられ、非番の日も例外とされなかった。

ピールは首都警察法と合わせて、現代から見ると理想主義のファンタジーに思えるような取り締まり活動のビジョンを提示している。「警察のもつ力は、警察の存在、行動、ふるまいに対する世間の承認があってこそのものだ」とピールは書いた。そして警官に対し、「説得、忠告、警告では不充分だと判明したときのみ、武力行使をする」ことを求めた。何より有名なのは、「警察は市民であり、市民は警察である」という一節だ。

こうした警察活動の仕組みは海を渡り、ピールのビジョンもアメリカに入ってきた。アメリカでも警官はたいてい管轄地域に居住し、泥棒を逮捕する一方で、貧しい人のための炊き出しをしたり、移民に仕事を世話したりした。そして逮捕者の数ではなく、秩序を維持する能力にもとづいて評価を受けた。[10] 20世紀の警官は、これほど地域密着型ではなく、どちらかと言えば職業ありきの存在になるのだが、それでも市民生活への協力は重要な職務だった。どの都市の警官も「コミュニティ警備」への従事を誓った。コミュニティ警備という言葉は漠然としているが、警官が市民と一緒にバスケットボールをしたり、寄付金集めのバザーに参加したり、そんなのどかな光景もめずらしくなかった。

だが、この数十年ほどで、そうした理想像はほとんど現実味がなくなってしまった。理由のひとつは暴力のエスカレートだ。薬物取引が蔓延するにつれ、武装する犯罪者も増えた。ときには警察以上に充実した武器を装備することもあった。1965年のロサンゼルスでは、形式的な職務質問で車を停めさせたことがきっかけで、6日間も続く暴動に発展した。このとき34人が死亡、1000人以上がけがを負った。翌年にはチャールズ・ホイットマンという男が銃8丁と銃弾700発を準備して、テキサス大学の時計塔に立てこもるという事件も起きている。ホイットマンは1時間半で44人を撃ち、そのうち13人が死亡した。

アメリカの市街地が紛争地帯になってしまった、と感じた人も多かったに違いない。1970年代には、毎週およそ2人の警官が職務中に銃で撃たれた。警察も同時期に独自の部隊を作っている。特殊武装・戦術（Special Weapons And Tactics）部隊、通称SWATだ。武装した銀行強盗など、凶悪犯罪のみに対応する目的で設立された部隊だったが、出動回数はあっというまに急増した。1980年のSWAT出動回数は約3000回。1995年には、犯罪発生率はほぼ変わっていないにもかかわらず、出動回数は3万回に増えていた。

1996年にクリントン大統領が同年度の国防権限法に署名すると、この法律に盛り込まれた

「1033プログラム」のもと、連邦政府国防総省から警察署に余剰武器を下げ渡すことが可能になった。これにより、同年から2014年にかけて、40億ドル相当を上回る武器が各地の警察に渡っている。かつては地域パトロールが主体だったアメリカの警察活動は、武装した車両と、黒い艶消しのボディアーマーと、アサルトライフルが主体となる時代に入っていった。

何が警官を心理的な「火薬庫」に追い込んでいるのか？

重装備化と同時に、アメリカの警察に新しい哲学が根づいた。自分は危険地域に戦闘員として配備されたのだ、と認識する「戦士精神（ウォーリアー・メンタリティ）」だ。このイデオロギーはあっというまに浸透し、多くの警官の心をつかんだ。勇猛であることが価値となり、リスクに飛び込むことが名誉となった。共通の敵と戦う兵士のように警官同士の団結を強めた。

しかし、この精神のもとで、民間人は総じて警察にとっての脅威になってしまった。全国の警官は、往来を歩くだけでも、つねに危険を想定する癖がついた。2014年にニューメキシコ州の警察学校の教材がマスコミに流れたことがある。[11] 教材には、「（形式的な職務質問であっても）交通違反者と、その同乗者全員が、必ず武装しているものと想定せよ」と書かれていた。

この戦士精神を誰よりもはっきりと体現していたのが、軍事学教授デイヴ・グロスマンだ。[12] 国内でもっとも有名な警察訓練の専門家である。著書の執筆に加えて、「無敵の戦士」と題した6時間にもわたる強烈なセミナーを、年間200件も開催している。対象は新人警官、ベテラン警官、それから自警団の人々だ。グロスマンはこのセミナーで全国各地をめぐり、アメリカは暴力にあふれた国だと説く。「殉職する警官の数は、過去とは比較にならないほど激増した」と、あたかも全員が背中を銃で狙われているかのような雰囲気で、断言する。事実は正反対だ。1970年代の警察官のほうが、ここ10年間の警官よりも、殉職する確率は2倍も高かった。

それでもグロスマンに言わせれば、この恐ろしい世界で警官が生き延びる唯一の道は、自分自身が恐ろしい存在になることだ。そのためには、つねに容赦ない武力行使を念頭に置いて活動しなければならない。法を踏み外す可能性についてセミナー受講者が懸念を示すと、彼は心配無用だと言った（「訴えられることを気にする必要はない。誰だって訴えられる。キャリアが長ければ確率も上がるというだけのことだ」）。初めて犯人を殺した日の夜にするセックスは人生最高だぞ、ということも言った。殺人犯を殺す気でいなければ、おまえが被害者の犠牲を背負って生きていくことになるぞ、という脅しまで口にした。彼にしてみれば、必要なときに反射的に撃つのがよい警官というわけだ。実際、警察訓練は大半がそうした行動を促す内容となっている。警官の75％は職業人生の中で一度も発砲しないにもかかわらず、訓練では紙の標的に向かって何百時間も狙撃の練習をする。

戦士精神は警官を、心理的な「火薬庫」に立たせているのだ。市民とは耳を傾ける相手ではなく、制圧すべき対象であって、それしか選択肢がないと信じ込むようになる。元警察官の法学教授セス・ストートンが、火薬庫の心理状態をこう説明している。

「自分は今日にも死ぬかもしれないと思っていると、誰かを痛めつけることを気にしてはいられない。自分の行動で相手にどんな思いを味わわせるとしても、こちらは生きるか死ぬかなのだから、そんなことはどうでもよくなる」

恐怖と不安は、なおさら暴力を引き起こしやすくする。[13]「武器特定タスク」というビデオゲーム――ゲームと言っても楽しいゲームではないが――を使った心理学実験で、それが証明されている。被験者の前にある画面に、学校の校庭、市街地の路上、公園など、さまざまな光景が瞬間的に映る。それぞれの光景の真ん中に、黒人または白人の男が立っていて、携帯電話か銃をもっている。画面の男が武装していると思ったら、被験者は「撃つ」というボタンを押す。無害のときは別のボタンを押して、撃たない。すると被験者は、銃をもった黒人が出てきたときのほうが、素早く「撃つ」の反応を示していた。携帯電話をもった黒人が出てきたときには、白人のときよりも、誤射をする確率が高かった。被験者にストレスを与えると、いっそう簡単に「撃つ」を選び、いっそう人種的バイアスに流されやすくなった。

戦士精神にもとづく取り締まり活動は、ロバート・ピールが掲げた方針に背を向けるものだ。個々の警察官も全体の風潮に逆らいにくい。たとえば若く理想に燃えた警官が市民を助けたいと思ったとしても、戦士精神がふつうとなっている文化では、彼の態度は危なっかしいほど青臭いとばかにされるだろう。おまえが信じたくなくても世の中は犯罪者だらけだ、と上司から警告される。若き警官は最終的に、そうした空気に同調していく。

毎週2人の警官が撃たれていた時代と比べれば、警官にとって今は安全と言える。しかし市民にとっては、警官と接触する場面は昔よりも危険になった。アメリカでは2017年に、毎日およそ5人の民間人が警官に殺されていた。[14] 2000年の2倍以上だ。現代ではそこかしこにカメラがあるので、こうした暴力は以前よりも可視化されやすい。有色人種の市民が最初から丸腰だったにもかかわらず、あるいは最終的に丸腰になったにもかかわらず、警察のせいで命を落とす光景を、この国は何度となく目にしている。そのため、法執行機関に対する国民の信頼は、この20年間ほど失墜したままだ。[15] 特に人種問題に関する対応には不信感がつのっている。

大半の警官は、自分の職務をきちんとこなしたいだけ、そして毎日家族のもとへ帰宅したいだけだ。その思いは市民も同じ。にもかかわらず、警察と、彼らが守っているコミュニティのあいだに横たわる溝は、過去に例のないほどに深く大きくなっている。

ある訓練校のまったく新しいプログラムの3つの利点

スー・ラールは、ワシントン州キング郡の保安官事務所に所属していた33年間で、性犯罪からギャングの抗争まで、さまざまな犯罪の担当部署に携わった。なかでも内部調査部にいた時期が、彼女のその後のキャリアと思想を形成することとなる。何十件という不祥事に直面しているうちに、不祥事を起こした当人が性根の腐った人間だとはどうしても思えないことに気づいた。多くの場合は、警察に浸透している破綻した文化がしみついて、それが本能になってしまっているのだ。「腐ったリンゴに着目するのではなく、リンゴが入った樽のことを考えようと思いました」

ラールは、2012年にワシントン州刑事司法訓練委員会（CJTC）のエグゼクティブディレクターに就任した。州内の法執行官は必ずCJTCが運営する訓練校に入る。ラールが統括するようになってから、ここで3000人以上が訓練を受けている。

ワシントン州ベリアンにあるCJTC訓練校の敷地は、緑に囲まれていて、一見ふつうの大学キャンパスのようだ。しかし敷地内では訓練生が隊列を組んで行進している。壁には歴代のクラス写真が飾ってある。1938年の第1期Aクラスで学んだ訓練生は、映画『カサブランカ』で主演したハンフリー・ボガートの代役かと思うくらいに渋い。1979年に開講された第114期の写真に写るスー・ラールは、いささか居心地悪そうな顔をしている。僕が見学した翌週には、第735期の卒業式が予定されていた。訓練生はここで19週間を過ごす。指導教官は4人。そして訓練は厳しい。僕が敷地内を案内されているとき、教官のひとりから、ある訓練生の妻が日曜に出産予定らしいという話を聞いた。「月曜の休暇は認めてやろうと思ってるよ」

カリキュラムは標準的な内容だ。訓練生は120時間かけて護身術を学び、マッチョなマネキンを相手に警棒の使い方を練習し、二人一組で格闘もする。射撃場では、いかにも犯罪者ふうの絵が描かれたポスターに向かって狙いを定め、銃を構えたまま徐々に距離を詰めていく。訓練生が撃つ弾の数は全体で年間およそ100万発だ。演習後には、白いひげをたくわえた教官が、台車のついた大きなかごで薬莢を回収する。ゴルフコースで球拾いをする光景に似ている。

しかし、現在のCJTCと一般の警察学校が似ているのはここまでだ。この施設の入り口には、「本校は民主主義の守護者を訓練する」という言葉が掲げられている。スー・ラールが最重要とみなす方針を訓練生に憶え込ませるための言葉だ。[16] 彼らはここで戦士精神を捨て、コミュニティの守り手という自覚をもつ。市民と協力してすべての人の安全を維持するのが仕事だ、という認識をもつ。

各教室の各机には、ラミネート加工したカードが立ててあり、そこにまた別のモットーが書いてあった。「LEED——公平に、そして尊厳をもって、人の意見を聞き、自分の意見を言う（Listen and Explain with Equity and Dignity）」

心理学者のトム・タイラーが数十前から手掛けている研究では、立場の強い人間——患者に対する医師、市民に対する警官など——が隠し事をせず、公平な態度で、相手の意見に真剣に耳を傾ける姿勢を見せていれば、たとえ苦痛や処罰を与える場面であったとしても、相手に尊敬されることが明らかになった。[17] スー・ラールは「逮捕したことを相手に感謝された経験は、一度や二度ではありません」と語っている。「少なくとも、私が尊厳を守って逮捕したことについて、感謝の気持ちをもってもらえるのです」。LEEDは、タイラーの研究をラールなりに表現した言葉だ。「本格的な料理をファストフードにするみたいに、シンプルにまとめたもの」と、本人は表現している。

守護者になる——という表現は、詩的だが曖昧だ。ラールの訓練校では、これを3種類の方法で具体的にしている。

1つめの方法は、訓練校自体が手本となることだ。以前のCJTC訓練校はブートキャンプのように運営されていた。指導教官は訓練生を徹底的にしごき、鍛え上げる。ラールが初めて監督として訪れたとき、訓練生たちは通り過ぎる彼女の前でパッと気をつけの姿勢をとった。ラールは驚き、これは無意味な動作だと感じた。「敬礼させる必要はありません。むしろ、きちんと意見を言える環境が必要なんです」。ラールは軍隊式の作法を撤廃し、よりオープンな雰囲気を作った。「組織そのものが、訓練生を人として公正に扱う文化になっていなければ、彼らは抑圧された気持ちを抱えたまま現場に出ることになるでしょう。『なめられてたまるか』という態度で」

2つめの方法として、守護者となることの意味を講義で徹底的に考えさせる。指導教官ジョー・ウィンターズが親しみをこめて「パワポで溺死する」と表現するほど、膨大な資料を見せる。訓練生は感情的知性（ＥＩ）や、「心の算数」と呼ばれる心理セラピーについて学び、人種バイアスや精神疾患に関する知識も習得する。誰かが公共の場で全裸になっていたとき、それが双極性障害の症状によるものなのか、それとも薬物の過剰摂取のせいなのか、見分ける方法をディスカッションで考えたりもする。自殺しそうな人、妄想を抱えている人を説得するテクニックも練習する。人が犯罪に走るのは往々にして深い苦しみを抱えているからだということを、決して忘れないように指導を受けるのだ。ラールは「多くの場合、わたしたちが出会う犯罪者は、その人の人生の中で最悪の状態にあるのです」と語っている。「愚かな行動をするのも、状況のせいなのです」

守護者精神を教える3つめの方法は、「偽物の街（モックシティ）」での演習だ。体育館に市街地のセットを作り、偽の店舗やアパートの中に発泡スチロールの家具を置く。安っぽい映画撮影スタジオのようだ。犯罪者と被害者を演じる役者もいる。訓練生は木製の銃を装備して、危険なシチュエーションの鎮圧を試みる。

僕が見学した日には、このモックシティに、前回の演習で任務遂行に失敗した訓練生が集まっていた。もう一度失敗したら卒業は延期だ。今回のシナリオでは、まずひとりの男（指導教官のウィンターズが演じる）が、建物のそばに立っている。訓練生2人が到着すると、男は、精神疾患のある息子が中で暴れていると訴える。「あいつが心配なんです。けがでもしちまうかもしれない。さもなきゃ、俺がけがさせられるかもしれない」。訓練生が建物に踏み込むと、室内では発泡スチロールの家具がひっくり返っていて、ベッドに若者が座っている。野球バットを握りしめ、頭の中の声と会話をしている。ぶつぶつつぶやいたり、身体を揺らしたり、そうかと思うと「俺に話しかけるな」と宙に向かって叫んだり、テレビドラマにしか出てこない統合失調症患者のイメージを、ひどい演技で熱演している。訓練生は若者に話しかけ、バットを捨てるよう説得し、いささか苦しい理由をつけて手錠をはめる。

建物の外にいる指導教官のウィンターズが、父親を演じるのをやめて、その先はどうするつもりかと問いかけた。「病院に連れて行きます」と訓練生のひとりが答えた。

「何を理由に？」とウィンターズが問い詰める。訓練生が野球バットと破壊された家具について言及したが、ウィンターズは認めなかった。

「バットをもつのは違法じゃないぞ。私物を壊すのも犯罪じゃない。踏み込む前に俺がなんて言ったか忘れたのか？」

訓練生は立ち尽くしている。真っ青になっている理由は、若者の父親を演じるウィンターズが不安を伝えていた事実をすっかり忘れていたからだ。根拠がなければ、若者を拘束する法的正当性は何もない。指導教官のひとりが、このような状況の意味を、こう説明していた。「犯罪ならば必ず被害者がいる。そして多くの場合、誰が被害者かというのは、脅威を感じている人の気持ちしだいだ」

訓練生とはいえ、警官が人の気持ちを思いやれないことで悩むだなんて、実に意外な光景だ。しかしこの訓練校では、感情を汲みとることを重要な課題としている。逮捕する根拠を明白にするためだけではない。ここにはラールの理念が表れている。

「法執行において、共感というものは、いまだに軟弱なものと見られています。あるいは、単にポリティカル・コレクトネスでうるさく言われないためのもの、とか。でも本当は、共感こそが警官の安全を守るのです。危険な状況にある人々と対峙する警官が、相手の心の傷をきちんと認識することができれば、緊迫した状況を多少なりと緩和することにつながります。相手の気持ちを理解しようとする態度は、エスカレートを防ぐ戦略なのです」

共感トレーニングは警官を本当に変えたか？

ＣＪＴＣ訓練校のトレーニングには、いくつか重大な欠陥がある。たとえば教官の指導には心理学者の監修がほとんど入っていない。講義でもときおりその点が露呈していた。訓練生は「マイヤーズ・ブリッグス・タイプ」と呼ばれる性格分類について勉強するが、実のところ、この性格診断は科学的裏づけが乏しい。精神疾患について学ぶワークショップでも、講師は「興奮型せん妄」について長々と説明するばかりだった。興奮型せん妄というのは、薬物のせいで攻撃的になり、痛みを感じず、不自然なほど強靭になって、あたかも超人ハルクと化してしまう状態だという。僕はそんな症状を一度も聞いたことがない。あとからわかったのだが、「興奮型せん妄」はアメリカ精神医学会が定めた正式な名称ではなく、しばしば――そして、ときには不適切な形で――警官の実力行使を正当化するために用いられている言葉だった。

人種に関する指導も充分とは言えない。教室でバイアスについて議論はするが、スー・ラールでさえ、このセッションを「ちょっとした消毒薬くらいの効果」と言っていた。モックシティで人種差別と関連した演習をやるのも物理的に困難だという。犯人や被害者を演じる側の人種が偏っているから、とラールは説明したが、それは理由としては薄弱だ。ラールが黒人の人権活動家を招いて訓練生との討論会を開いたときは、あっというまに怒鳴り合いになってしまった。だからこそ、そうした会話が新人警官にとって、いっそう必要だというのに。

それでも、CJTC訓練校は、警察文化に共感力を広げることに努めている。市民との協力関係なしに警察の任務が成功することはないと想定している。デイヴ・グロスマンが体現する戦士精神ではなく、ロバート・ピールの方針に回帰するというわけだ。戦士精神の警官は、市民を撃つのもやぶさかではないという意欲がなければ仕事ができないが、CJTCで訓練を受ける新人警官は、市民の心情を知ろうとする意欲がなければ、一人前とはみなされない。

ワシントン州には300以上の保安官事務所と警察署がある。それぞれに独自の文化があり、多くはCJTCが目指す方向と一致していない。ラール自身もそのことを認めている。彼女のもとで指導を受けた新人警官は、おそらく配属先で指導巡査に「そんな甘っちょろい態度は捨てろ、まじめに取り締まりをやれ」と言われるだろう。だが、CJTCの訓練効果を調べた初期の調査では、卒業後にも意識の変化が続いていることが確認された。卒業生はほかの警官よりも共感力があり、取り締まり活動でもほかの警官より配慮があった。

心理学者が実施した最近の研究では、シアトルの犯罪発生率の高い地域に配属された警官300人を対象として、「LEED（公平に、そして尊厳をもって、人の意見を聞き、自分の意見を言う）」を学ぶ訓練プログラムを受けさせた。するとその後の数か月間において、訓練を受けた警官の武力行使の件数は、そうでない警官と比べて30％少なかった。[18] 精神疾患への理解を深めるアプローチも効果が出ている。ワシントン州の警官が精神疾患のある人に対してとる手段は、過去3年間で明らかに変化した。逮捕数は減り、入院措置は多くなった。

２０１４年にはミズーリ州ファーガソンで、マイケル・ブラウンという黒人青年が警官に射殺される事件が起きている。これを受けてオバマ大統領は「21世紀の警察活動に関するタスクフォース」と銘打った対策本部を立ち上げた。スー・ラールもメンバーのひとりだ。タスクフォースの最終報告書には彼女の理念が採用され、「法執行機関は戦士ではなく守護者としての意識をもつべきである」という一文が盛り込まれた。

守護者精神の価値観は、少しずつ、アメリカ全体に広まっている。２０１７年にはロサンゼルス市警察（ＬＡＰＤ）署長チャーリー・ベックが、新しい方針を発表した。ＬＡＰＤの警官がホームレスの人と接触する際には「つねに思いやりと共感を旨とすること」と定めている。ラスベガスでも、カリフォルニア州ストックトンでも、シンシナティでも、ＣＪＴＣ式の訓練が導入された。ジョージア州ディケーターの警官採用説明ビデオでは、冒頭で署長がこう宣言している。

「われわれは共感を大切にする警察署だ。人の身になって考えるよう全力を尽くす」

常識が変わりつつあるのだ。とはいえ、この進歩がアメリカの警察活動全体にどこまで効果を示しているかは明らかではない。スー・ラールと、彼女が監督するＣＪＴＣの取り組みを絶賛する声がある一方で、懐疑的な声も警察組織内に存在している。ラールが守護者精神のスタイルを導入してから、ＣＪＴＣ訓練校に勤めていたベテラン職員の20％がその仕事から去っていった。２０１６年にラールがＦＢＩナショナルアカデミーの年次会合に呼ばれて講演をしたときは、出席者の多くがボイコットをした。ワシントン州スポーケン郡の保安官オジー・ネゾヴィッチは、ラールのＣＪＴＣ訓練校を卒業した部下に悩まされている、と語っている。「現場で指導する巡査たちが、『危なっかしくて見てられない』と言っているよ。『［ＣＪＴＣを卒業した新人は］まともに犯罪に対処しない。そのうち犯罪者に殺されるに違いない』ってね」

ネゾヴィッチが訓練を受けたワイオミング州の警察学校は、軍隊じみた雰囲気のない、大学スタイルの学校だった。「『戦士になれ』なんて教わらなかったね」と、僕の取材に語っている。

ネゾヴィッチの考えでは、スー・ラールは警察における当たり前の理念を甘ったるい言葉でブランディングしただけで、それを功績だと言い張っているのだ。いや、もっと悪いかもしれない。戦士精神の蔓延という不快なイメージを口にすることで、彼女は警官とコミュニティの分断を深めているのではないか。「現代の保安官や警察署長にとって最大の試練は、法執行官である部下たちに、コミュニティは警官を頼りにしていると理解させることだ。そしてコミュニティにも、警官はコミュニティを大事に思っていると納得させなければならない」。それなのにラールが、アメリカの警察活動は大半が市街戦のようだ、と表現するせいで、「市民の信頼が薄れている」。

共感バイアス――警官が市民よりも警察文化を守ろうとする理由

ネゾヴィッチは職務にプライドをもって臨んでいる。とはいえ、ラールのせいで警官が怖がられているというのは筋が通らない。とりわけ有色人種のコミュニティは、誰かの影響などなくても、警察のことを軍国主義的で危険な勢力だと見ている。警官とコミュニティが接触する現場の一つひとつで、その認識を変えていかなければならないが、警察文化全体としても、認識を変えていく必要があるはずだ。

アントニオ・サンブラノ・モンテスの事件を思い出してほしい。35歳で2児の父だったメキシコ人の彼は、精神疾患をわずらっていた。２０１５年はじめ頃、ワシントン州南東部の小さな街パスコで、彼は通り過ぎる車に石を投げはじめた。駆けつけた警官3人に対しても石を投げたが、それ以外には何も武器をもっていなかった。この光景を録画していた映像を見ると、彼は走って道路を渡り、警官から逃げようとする。そして走っている最中に撃たれ、死亡した。

一般の殺人事件なら、この映像だけで、撃った人間を告訴するに充分な証拠に思える。ところがワシントン州の判断は一般の殺人事件に対するものとは違っていた。暴力的な行動をした証拠だけではなく、「悪意をもって」その行動をしたという証拠がなければ、起訴できないというのだ。テレパシーもないのに、そんなルールを課せられたのでは、警官が過剰な武力行使をしたと納得させるのは不可能に近い。

ちょうど僕がワシントン州のＣＪＴＣ訓練校を見学していた時期に、サンブラノ・モンテスを射殺した警官はすべての容疑が解かれた。ラールはこの結果に賛同を示し、「関与した警官たちは、個人としては、とてもいい人たちですから」と言った。そして、警官が誰かを殺してしまうのはほとんどの場合は単純な間違いなのだ、と僕に強調した。「一般的に、悪意のない失敗を理由に人を起訴しませんよね。判断ミスで起訴するのは過剰反応です」

　この点でのラールは、彼女にしては不自然なほど、市民感覚から離れている。僕たちの社会は、故意ではない殺人でも、刑事上の過失でも、起訴はするものだ。それに、「悪意のない失敗」という言葉は、たとえばレストランでの注文間違いに対して使う言葉だ。市民を殺害することを表現するにはふさわしくない。にもかかわらず、ラールの見解も、僕がＣＪＴＣの見学で出会ったすべての関係者の考えも、まったく同じだった。彼らは、ユーチューブで見るような人種差別主義者の暴力警官はほんの一握りだ、と僕に納得させたがっていた。また、警察なんか死ねばいいと思っている相手をも守らねばならないリスクがどれほどのものか、僕に理解させたがっていた。彼らの主張には一理ある。警察と市民が接触する機会は年間に何億回と発生するが、圧倒的大多数は平和的に終わる。暴力を映した少数の映像の背後には、１００万人以上の公僕の誠実な態度があるのだ。

　だが、逆の言い方をすると、数少ない例外的な失敗が、まるで警官による民間人の処刑[19]のような印象を与えるものであるならば、警官と市民の接触の大多数は適切なものだとどれだけ主張しても、それで納得させられるとは思いにくい。「ひどいイメージが広がってしまってるんです」とラールは残念がっていた。僕が話を聞いたほかの警官たちも、悪質な事例が世間に強い印象を植えつけていることに言及し、そうした認識は間違いだと断言していた。警官を故意に貶めるバイアスが働いているのだ、と。

　こうした現実は、ＣＪＴＣ訓練校の方針の根本的なジレンマを浮き彫りにしている。ラールたちは訓練生に思いやりを奨励するが、現場の警官が残酷な行動をとっても、警察組織はそれを咎めない。警官と市民はひとつのコミュニティで協力しあうべきだというのがロバート・ピールのビジョンだった。警官は友好的になるべし、人の意見を聞いて公正に対処すべしと教えるのは、そのビジョンに向けて一歩進むこととなる。だが、共感をもって取り締まりをしようが、しまいが、そこに説明責任がないのであれば、何の意味があるだろうか。警官が市民を殺しても処罰を受けないなら、市民の気持ちを思いやれと求めるのは無駄というものではないのか。

こうなってしまう一因は、市民に共感する警官であっても、それ以上に警官同士で共感しあうという点にある。2017年の世論調査では、市民の回答者の6割が、警官が関与する射殺事件には警察文化全般の問題が表れている、と考えていた。そして警官の6割以上が、この見解に賛同せず、警官による射殺事件は個々の警官の問題だと主張した。事態が悪くなるときほど、警官たちはかたくなに警察文化をかばうのだ。[20]

紛争における共感構築の専門家、MITの認知神経科学者エミール・ブリュノーは、こうした「共感バイアス」[21]を検証している。彼の最近の研究では、アメリカ人とハンガリー人とギリシャ人を対象に、自国民について抱く感情と、彼らが昔から反目している外国人（アメリカ人回答者にはアラブ人、ハンガリー人にはムスリム難民、ギリシャ人にはドイツ人だと告げた）に対する感情を比較して答えさせた。次に、相手の集団と協力しあう気があるかと尋ねると、最初の質問で外国人に共感を示していた回答者であっても、必ずしも平和的方針を支持するわけではないことがわかった。外国人に対する共感と、自国民に対する共感に差があり、後者が勝っていた回答者では、不支持が顕著だった。

この研究が意味するところは実に興味深い。場合によっては、他者に対する共感を強めることではなく、身内に対する共感を弱めることによって、歩み寄りが成り立ちやすくなると考えられるからだ。

身内に共感しないなんて、どんな集団にとっても難しい注文だ。特に警官には無理難題と言ってもいい。仲間を疑うのは苦しいものだ。リスクの高い状況で警官同士が頼りあうとき、疑いの気持ちがあったら、互いの命を危険にさらしかねない。だが、不信感をつのらせる市民との関係を改善するためには、もう少し、警察が身内に対して疑いの目をもつべきではないか。たとえ尊敬する仲間であっても、間違ったことをしたならば、その事実を認めなくてはならない。そんな常識を浸透させることができれば、スー・ラールが考える理想的な世界――「警官の姿を目にしたら、とっさに『これで安心だ』と誰もが思うような」世界に、僕たちは多少なりと近づけるのではないだろうか。

まともに学校に通いたい黒人の子どもを悪循環に押し込めたのは「誰」？

少年院に連行されたジェイソン・オコノフアは、到着してまず、裸になるよう言われた。下着を下ろすときにはさすがに手が止まった。このときのジェイソンは16歳。1時間前までは10年生として、微積分の上級クラスの教室にいたのだ。どうしても納得がいかない。「脱げと言っただろうが！」と看守が怒鳴った。

結局、ジェイソンが少年院に滞在したのは2、3時間程度だった。けれど15年が経っても、彼はこのときのことを鮮明に思い出す。「『おまえは虫ケラ以下だ。何の権利もない』と宣告されたことは、心に楔のように刺さりました」。ジェイソンは努力家だった。成績は優秀で、学校のフットボールチームでミドル・ラインバッカーとして活躍していた。黒人で、家は貧しかったが、自分の力で運をつかもうという気概があった。牢屋に送られるというのは、こうした自信があっというまに崩れ去る体験だった。「がんばってきたことも全部無意味だと感じました。人生は努力でどうにかなると思ってたけど、そうじゃなかったんだ、って」

ジェイソンの父はナイジェリアで生まれた。母はアメリカのテネシー州ノックスビル生まれだ。「ふたりがどうして結婚することになったのか、さっぱりわかりません」と、ジェイソンは僕に話している。彼が5歳のときに両親は離婚した。両親の離婚は、特にジェイソンの兄ふたりの運命を大きく変えた。長兄は当時9歳で、学校の特別秀才クラスに進むのは間違いないと見られていたのに、10年後に高校を卒業するときの成績は、GPAで0・57というありさまだった〔GPAとは、各科目の成績を5段階で評価し、その平均点を出した総合成績のこと〕。

ジェイソン自身はできるだけトラブルを避けていた。しかし兄たちのことは大好きだし、いつでも家族の味方でいたい。だから乱闘で兄たちに加勢したり、一緒に悪い仲間とつるんだりすることもあった。「今ここで警察に踏み込まれたり、逃げ遅れたりしたら、その瞬間で僕の人生は終わりだ

――と思うような場面も何度かありました」。兄のひとりはギャングの仲間になった。そしてふたりともメンフィス市内の学校という学校を次々と退学になった。退学するときは弟のジェイソンも道連れだ。転校するたび、学校のランクは落ちた。より貧しく、より黒人生徒の数が多く、より刑務所に似た雰囲気になっていく。10年生になった時点で、ジェイソンが渡り歩いた学校は7校にのぼっていた。教室に入る前に金属探知機の前を通らなければならないような環境にも、もう慣れてしまった。

ジェイソンの目の前で、兄たちの人生は坂道を転がるように転落していった。「トラブルに一度ハマったら、そこから二度、三度とずるずるトラブルに突っ込んでいったんです」と、彼は振り返る。「少しずつ、けれど着実に、兄たちはトラブルに巻き込まれることを何とも思わなくなっていきました」。転校するときは、本人よりも評判のほうが先に新しい学校に届く。学校側が最初から彼らを問題児と見るせいで、なおさら、兄弟は悪いほうへ悪いほうへと堕ちていく。「先生たちは、『おまえらは問題児だ。何かしでかしたらすぐさま追い出すからな。おまえらにここにいてほしくないんだ』と思ってたんでしょうね」。ジェイソンはちゃんとやっていきたかったのだ。しかし多くの教師の目には、あんな家族の一員である限り、ジェイソンも見込みがないと映るのだった。

10年生の秋、座って昼食を食べていたジェイソンに、上級生がパーティのチラシを渡した。「BYOBB：ビールと女を持参のこと（Bring Your Own Beer and Bitches）」と書いてある。ジェイソンが何のことだか理解するよりも前に、このチラシを手にしている生徒全員を集め、副校長室でひとりずつ停学1日を言い渡した。ジェイソンは周囲を見て、「僕はこいつらと同類じゃないのに」

と思った。そこで自分の番が来たとき、停学を拒否して、教室に戻りたいと宣言した。副校長は「あらそう、反抗するというわけね」と言い返した。「なら、停学は3日よ」。ジェイソンがふたたび拒否すると、副校長は警備員を呼び、治安を乱したという理由で彼をとらえさせた。

警備員はジェイソンを副校長室の奥に連れて行き、両手を拘束し、警察に通報した。その場にいたのは警備員とジェイソンだけ。教師と同じく、警備員もジェイソンの兄たちのことを知っていた。彼はジェイソンをじろじろ眺め、言った。「やっぱりおまえも同じか」

まるで人体に侵入したウイルスを殺すように――ゼロ・トレランス方式の問題点

停学処分を受ける子どもの数は増加している。2011年は50万人だった。1975年の子どもにおける割合と比べれば2倍以上になっている。

1994年に「学校区域における銃砲所持禁止法」が施行されて以来、停学と退学を含む「排除的指導」の執行は急増した。学校で火器を所持していた生徒は問答無用で1年の停学だ。いっさいの譲歩を認めないゼロ・トレランス方式〔トレランスは寛容の意〕は、その後の数年間で拡大し、銃だけでなくナイフや薬物の所持、そして威嚇的な行動も含むようになった。「威嚇的な」という定義もやがて曖昧になった。スナック菓子をかじって銃の形にして遊んでいたとか、ピルという「薬物」を使ったとか、そんな理由で生徒は停学や退学を食らうのだった。

ゼロ・トレランス方式は、戦士精神の教育バージョンだ。秩序維持を目的として作られた規範のはずなのに、結果的に憎悪感情を生み出している。学校側としては、生徒の危険行為や非合法な行為を阻止するために導入するのかもしれないが、[22] その目的を達成するという証拠はない。[23] むしろ停学処分にしたあとのほうが、言動が荒れたり、中退になったり、逮捕されたりする確率は高くなる。仲間が停学処分を受ければ、そうでない生徒にも悪影響がおよぶ。[24] テストの平均点が下がり、教師や校長への信頼を失い、疑心暗鬼になって、不安定になる。学校側は問題児を放り出すことで混乱を防いだつもりでも、実際には逆効果なのだ。

このゼロ・トレランス方式は２０１４年に撤廃の方向へ進んだ。しかし、その後に校内銃乱射事件が多発したことを受けて、トランプ政権は徹底的なゼロ・トレランス方式の再導入を推進している——停学措置で暴力行為を抑制できるというエビデンスは存在しないにもかかわらず。

黒や茶色の肌をした子どもは、白人の子どもと比べて、停学になる確率が3倍も高い。[25] 本人の素行が悪かった場合もあるし、教師の差別意識のせいだった場合もある。また、教育という文化全体に根深い問題があり、生徒も教師もそこにとらわれている場合もある。

新米教師はたいてい教育への理想を口にする。彼らの40%以上が、恵まれない子どもやマイノリティの生徒に機会を作ってあげたい、と考えている。そして多くの場合、手に負えない生徒たちを抑えることの難しさに心が折れ、規則第一主義にならざるを得なくなる。こうなってしまうと教師の役割は複雑だ。問題児が問題を起こすのは、家庭に悩みがあるとか、いじめられているとか、自己肯定感が低いせいであることが多い。[26] 生徒が規則を破ったとき、教師が時間と関心とエネルギーを注いで向きあうならば、根本的な原因を探ったり、本音を聞きだしたり、支援の手配をしたりするチャンスになるはずだ。生徒を停学にしない、つまりずっとクラスに在籍することを前提で考えるならば、そうやって手を差し伸べることが、おそらくクラス全体を支えるためにも最善の道になる。

だが、ゼロ・トレランス方式はその正反対を行く規範だ。この場合の教師の仕事は、問題児の事情を理解することではない。危険分子から教室を守ることだ。だから「悪い生徒」を早期に特定し、彼らの態度に対して断固たる措置をとる。まるで人体に侵入したウイルスを殺すように、制度を揺るがす存在を排除する。戦士精神の警察活動と同じだ。ゼロ・トレランス方式の教育制度は、本来ならば手を差し伸べる関係を、敵対関係に変えている。

こうした圧力と、人種に対するステレオタイプの思い込みが混ざりあって、教育現場には有害な空気が蔓延する。白人の生徒は、煙草の所持のような具体的な違反行為で停学処分を受けることが多い。ところが有色人種の生徒は、「失礼な態度だった」など、教師の判断しだいの曖昧な罪で停学となることが多い。ジェイソンに停学を言い渡した副校長は、その合理的な根拠など考えていなかった。「治安を乱したから」、それだけだ。

子どもはこうした空気を学習し、「自分はこう思われている」という想定に同調していく。マイノリティの生徒の多くが、教師は自分たちを差別しているという疑いをもつ。不公平な指導は、生徒にその疑いを深めさせる。学校全体が裁判所のような雰囲気になり、尊重されていないと感じる生徒はますます素行が荒れる。そうすると教師はますます脅威を感じ、締めつけをエスカレートさせる。互いが互いを恐れ、刺激しあい、その負のサイクルが排水溝を流れる水のように勢いを増して、最終的に何千人という生徒を学校から排除するというわけだ。しかも、生徒を学校から追い出す際には法的な逮捕という形をとることが多い。ジェイソンは負のサイクルに流されないつもりでいたが、彼は逆流の中を泳いでいたにすぎなかった。

かつて差別で苦しんだスタンフォード大教授が目指すもの

少年院に送られた翌日、ジェイソンは母親に付き添われて裁判所に出頭した。ひとりの判事の手に、彼の運命が握られている。学校側はジェイソンに複数の罪があると主張していた。それが認められたら、ジェイソンには犯罪歴がつく。ファイルをめくっていた判事は、ある書類に目をとめた。「どの科目でもきみは上級クラスだな？」。そう、ジェイソンは習熟度別のクラス編成で、つねに上のほうに入っていた。「そして、きみはどの科目でもAをとっているね？」。これもそのとおり。判事はしばし沈黙し、それからこう言った。

「学校に戻って、二度とこんなところへ僕を送り込むなと言いなさい」

逮捕記録は抹消された。法的に言えば、彼は一度も逮捕されなかったことになった。

その夏、メンフィスの教育制度に変更があり、成績優秀な有色人種の生徒に一流のプレップスクール〔大学進学を前提とした教育を行う進学校のこと〕で夏期講座を受けさせることになった。ジェイソンもそのプログラムの対象となり、ロードアイランド州のセントジョージ高校で夏期講座を受けた。そこでも成績優秀だったので、プログラムが終わった時点で、全額奨学金で本格的に学業を修める権利が与えられた。

こうしてジェイソンは高校最後の2年間をセントジョージ高校で過ごすことになった。それまでとはまったく違う世界だ。廊下のあちこちに監視カメラの設置された学校に慣れっこになっていたが、こちらの学校にはプライベートビーチがあり、校内に進学アドバイザーがいる。生徒8人に対して教師ひとりという体制でサポートがある。寮で同室になった生徒の母親は、ロードアイランド州プロビデンスの由緒正しい上流階級の出で、毎週クッキーを届けてくれた。

何より衝撃的だったのは、環境の違いではなく、自分に対する周囲の目だったという。「メンフィスの学校では（……）自分の権利を要求したら、逮捕されました。セントジョージ高校では、同じことがむしろ奨励されたんです」。教師の意見に納得できずに反論したときは、その意欲を模擬裁判や討論部で発揮してみるよう勧められた。こうして才能を開花させたジェイソン・オコノファアは、ノースウェスタン大学に進学し、さらにスタンフォード大学で心理学の博士号を取得した。現在はカリフォルニア大学バークレー校の教授だ。

ジェイソンは今、かつての自分が体験したような不公平な教育指導について研究している。ある実験では、被験者となった教師に、教室で粗暴な行動をした生徒に関する架空の説明文を読ませ、対応を尋ねた。その生徒が白人という設定にした場合、教師は生徒の具体的な救済方法を検討していた。[27]生徒が黒人という設定にした場合は、停学にすると答えることが多かった。

ジェイソンは教育における人種格差を知りたいわけではない。目指しているのは格差の解消だ。スタンフォードの学生時代にも、この課題の解消に取り組んだ。マイノリティの学生は学校で自分は歓迎されていないと感じている。スタンフォードのように裕福な白人が多い環境では特に顕著だ。そこでジェイソンが加わっていた研究チームは、ひとつの介入方法を考案した。大学新入生に、自分がスタンフォードという環境に入れた理由を熟考させる。実にシンプルなプログラムだが、驚くことに、翌年度の総合成績における人種格差は半分に縮まった。[28]ジェイソンはこの研究を応用して、マイノリティの若者が高校で感じる体験も改善できるのではないか、と考えている。

ソーシャル・エモーショナル・ラーニング（SEL）の効果

ジェイソン・オコノフアの研究は、拡大しつつあるひとつの教育トレンドと一致している。生徒の情動にフォーカスするという取り組みだ。ソーシャル・エモーショナル・ラーニング（SEL）と呼ばれるプログラムで、自分の情動を自分で制御し、人の気持ちを考えることを学ばせる。マインドフルネスを練習する、気持ちを言葉で表現する習慣を作る、自分の行動がほかの子にどう影響するか考えて説明するなど、形式はさまざまだ。ウィスコンシン大学ヘルシーマインド研究センターが、ＳＥ

Lをもとに「やさしさカリキュラム」[29]というプログラムを開発し、全国で数十校がこれを導入している。

SELの効果は確認されている。200件以上の研究――受講した生徒の数は合計で25万人ほど――を対象とした最近の分析では、受講後の生徒は人の気持ちを察することが上手になり、自分の気持ちの暴走も抑えられるようになっていた[30]。さらに具体的な成果として、いじめ、抑うつ、規律を乱す問題行動が減り、成績が向上することも明らかになった。

このプログラムの最大の弱点は、年齢が上がると効果が薄れてしまうことだ[31]。13歳くらいでは、もうSELの影響をほとんど受けつけない。理由はいくつか考えられる。ティーンエイジャーは、思春期ならではの心の不安定さと、大学進学に向けた勉強のプレッシャーを感じている。そして周囲の空気も読むようになる。思春期の子どもは、ほかのどの年齢層の集団よりも、仲間の空気に同調する傾向があるのだ[32]。周囲の子が他人の気持ちなど気にしないなら――あるいは、もっと悪いことに、やさしくするなんて考えること自体がダサいと思っているのだとしたら――自分だけやさしくなろうとするのは、自主的な仲間外れになるに等しい。

薬物乱用防止教育（Drug Abuse Resistance Education）、通称DAREプログラムのことを考えてみてほしい。DAREの一環で、警官が教室に来て、薬物の危険性について講義をすることがある。警官は生徒に薬物の写真を見せる。本物を見せる場合もある。きみたちの仲間は薬物を使うのをカッコいいと思っているだろう、一緒にやろうとしつこく言ってくるだろう、だからそういうグループに入ってはいけない――と警告する。表面的にはよいメッセージだが、これはたいてい裏目に出る。危険な「常識」の存在を強調し、その「常識」と戦わなければいけないと求めている。しかし、ここまでに説明してきたとおり、集団の「常識」というのは強いのだ。[33] 案の定、数千万ドルのコストをかけているにもかかわらず、DAREで青少年の薬物乱用が減少する様子はない。[34] 事態を悪化させているというエビデンスもあるほどだ。

「空気に流されやすい」を逆手に取って共感を作る

周囲の空気に流されるなと求めるのではなく、流されやすさを利用するほうが、むしろ賢い戦略ではないだろうか。心理学者ベッツィ・レヴィ・パラックが、ニュージャージー州の中学56校で、このアプローチを試している。まず、いじめや中傷の流布など、学校の人間関係で一番悪質だと思うものは何か、生徒たちがディスカッションをして考える。次に、人にやさしくしようと推奨するキャンペーンやスローガンを生徒たち自身で考案し、ポスターを作成して、校舎のあちこちに貼る。いじめ撲滅プログラムは失敗することも多い中で、このアプローチは吉と出た。規律を乱す問題行動は激減し、生徒たちも、以前よりも人の気持ちを考えるようになったと申告した。[35] パラックのプログラムは、生徒が空気を読んで同調することを利用して、健全な環境を作ったというわけだ。

僕の研究室の実験でも、これと同じアプローチで、ティーンエイジャーの共感力の向上を試みた。

対象は、ベイエリアの学校に通う7年生（13歳）、およそ1000人だ。被験者となった生徒は、まず、共感するのは大切で役に立つと思う理由を考えて、エッセイにまとめる。それから、お互いの文章を読みあって、仲間も自分と同じく思いやりを大切に思っていることを理解する。スタンフォードの大学生――ベイエリアの小中学生にとっては憧れの存在だ――が書いた、共感を肯定する文章も読んだ。憶えているだろうか、共感マインドセットを構築する実験（第2章）の被験者になった大学生が、高校生との文通という設定で書いた手紙だ。最後に研究チームは、こんな課題を出した――よその学校の生徒と話をすると想像してみてください。このクラスがどれほど思いやりのあるクラスか、その子に自慢してみましょう。

不安定になりやすい思春期の子どもたちのあいだでは、いじめっこや、おべっか使いや、意地悪な女子たちなどが、会話の支配者になりやすい。ビンジドリンキングを自慢する大学生や、ケーブルニュースの司会者と同じで、極端な声のほうがマジョリティの声よりも高らかに響くのだ。この実験で試したのは、思いやりをもつのが多数派だと生徒に認識させ、その共感の空気に乗っかる機会を与える作戦だった。まだ予備研究ではあるものの、ここまでのデータを見る限りでは、うまくいっているらしい。仲間のやさしい態度を知った生徒たちは、自分も人にやさしくしたいと言うようになった。[36]そうした意欲を示した生徒は、実際に同級生にやさしい態度で接するようになっていた。

ジェイソン・オコノファアの研究でも、教室の空気に着目した介入を開発している。ただし空気を作るのは生徒ではなく教師だ。生徒が苦しんでいるときこそ、教師の存在がどれほど大事であるか、ジエイソンは高校時代の経験から思い知った。問題児に対する教師の共感を推奨すれば、その関係は改善するのではないだろうか。

そこでジェイソンは、ベイエリアの中学校5校でワークショップを開催し、数学教師を対象に、「共感的指導」のトレーニングを実施した。まず、悩みごとや、思春期特有の不安定さなど、ちゃんとした生徒であっても素行が悪くなる理由について説明した文章を読ませる。次に、生徒を罰する機会ではなく、生徒の成長を助ける機会として、指導やしつけについて考えさせる。さらに、共感的指導の効果を語る生徒の体験談も読ませた。たとえば――

ある日、僕は居残り指導を受けた。でも、ただ座らされるだけじゃなくて、起きたことについて先生が話しあってくれた。僕の言い分を聞いてくれた。（……）学校に信頼できる人がいるとわかって、すごく嬉しかった。

この教師たちに問題児への対応策を書かせると、やさしい指導の効能を絶賛する空気に、彼らは反応していた。ひとりはこう書いた。「毎日、扉の前で生徒を出迎える。前日に問題があった生徒も含め、一人ひとりに笑顔を向ける」。別の教師はこう書いた。「絶対に根にもつことはしない。生徒は全員、誰かが愛情こめて育てている息子や娘だということを、忘れないようにする（……）生徒は誰かの人生の光なのだ」

こうした態度は教室に反映された。教師が共感的指導について学んだあと、彼らの授業を受ける生徒たちは、前よりも気持ちを尊重してもらえるようになったと報告している。[37] 以前に停学処分を受けたことのある生徒は、特にそう感じていた。共感する教師は、そうした生徒に「自分は見放された」という思いを抱かせず、彼らが成長していけるような環境を作っていたのだ。そして生徒たちは確かに成長していた。ジェイソンのワークショップを受けた教師から数学を教わっていた生徒は、そうでないクラスの生徒と比べて、停学処分を受ける確率が半分になった。思春期に苦労しやすい生徒ほど顕著で、女子よりも男子、そしてアフリカ系アメリカ人の生徒、ラテン系の生徒、過去に停学処分を受けた生徒において、歴然と差が見られた。

ジェイソンの研究も、まだ予備段階ながら、かなり期待を感じさせる。理由のひとつは、これが教師の共感力だけで終わらない点だ。「数学教師が変わっただけではなかったんです」とジェイソンは説明している。「教室以外の廊下や、校庭や、バス停などでの行動を理由に、生徒が他の教師から停学処分を受けることも少なくなりました」。共感的指導を受けている生徒と、そうでない生徒を、教師たちが区別して見ていたわけではない。共感的指導を受けた生徒は、教室以外でも素行がよくなっていて、それがほかの教師の目にも明らかだったというわけだ。

成長型マインドセットをもてるかどうかは、環境にかかっている

自分には伸びる力がある、変わる力がある。生徒がそうした成長型のマインドセットをもつように促していくのが、国を問わず、あらゆる学校の役割だ。しかしジェイソンの研究によれば、場合によっては――特に不利な状況に置かれた生徒にとっては――本人の認識だけでは充分ではない。「マインドセットは個人個人がもつものです。それが重要であることは間違いありません。ただし、そのマインドセットがどこから来るのか、という点も考えるべきなんです」。人は周囲の空気を読む。その一方で、周囲と一緒になって空気を作ってもいる。作られた空気、常識、制度に沿って、他人に何を期待し、自分自身に何を期待するか、認識が形成されていく。

制度の上に立つ側は、自分が思いやりをもつだけでなく、やさしさを示すことが当然視される環境や、やさしさを示すことが得になる環境を作っていく責任があるのだ。学校、警察署、家族、会社、そして政府がこうしたアプローチをとれば、その制度の中にいる人々にとって、共感することはたやすい作業になる。

ジェイソンもその責任を担おうとしているひとりだ。彼が開発した教師対象のトレーニングは拡大し、今ではフロリダ州、ペンシルベニア州、バージニア州、ジョージア州の学区で採用されている。いつの日かテネシー州にも届き、かつてジェイソンを少年院に送った副校長が受けることもあるかもしれない。副校長に歯向かう生徒がふたたび現れたときにも、彼女の対応は昔とは違ったものになるのではないだろうか。

第7章

テクノロジーで「善意」の循環を

——SNSが真の「共感プラットフォーム」となるために必要なもの

ドローン兵器が、それを操縦する兵士から奪ったもの

イラク生まれの芸術家ワファ・ビラルは、２００７年に、世界中のネットユーザーによる銃撃の的になった。彼自身がそう呼びかけたのだ。

ビラルはその3年前に兄ハジを亡くしている。故郷イラクの都市ナジャフにドローンによるミサイル攻撃があったせいだ。悲嘆に暮れていたとき、アメリカ軍の「ドローン・パイロット」のインタビュー映像を見た。コロラド州郊外の基地からドローンを操縦し、イラクでミサイルを落とした女性兵士は、自分の仕事を楽し気に語っていた。彼女が語る殺人は、一般のビデオゲームと比べても、はるかに心理的葛藤を伴わないものに聞こえた。「衝撃的だった」とビラルは振り返って話している。[1]

「兄を死なせたのは、この若い女性のような誰かだった。数千マイル離れた場所でボタンを押して、（……）それが家族にどれほどの恐怖と絶望をもたらすか、考えもせず」

パイロットを憎みたかった。だが、インタビュー映像で見た女性兵士が格別に残忍非情なわけではないこともわかっていた。テクノロジーを介した暴力は、暴力と感じられないものなのだ。何しろテクノロジー越しに見る人間は、人間と感じられない。ビラルは芸術家として、「室内紛争（ドメスティック・テンション）」と題したパフォーマンス・アートを展示することにした（本当は「イラク人を撃て」というタイトルにしたかったのだが、展示会主催者に却下された）。舞台は、シカゴのフラットファイル・ギャラリーという美術館だ。そこに飾り気のない真っ白な居住空間を作った。置いてあるのは

ベッドが1台、小さなコンピューターデスクが1台、それからペイント弾を発射する装置が1台。発射装置は小さな台の上に据えつけられ、銃身にウェブカメラが搭載されていて、遠隔操作ができる（動物を囲いの中に入れて遠隔操作で狩猟をするというウェブサイトがあり、そこからヒントを得たという）。ネットユーザーが専用のサイトにログインして、室内にいるビラルに狙いを定め、黄色のペイント弾で何回でも好きなだけ彼を撃つという趣向だ。ビラルは発射装置のスイッチを入れてから30日間、この部屋で暮らしつづけた。

ペイント弾が発射された回数は、実施期間全体でおよそ6万回。24時間つねに45秒間隔で射撃が続いていたことになる。寝るときはプレキシグラスという特殊なアクリルの防壁を立てたが、そこに弾が当たりつづける音でなかなか眠れない。最終的にはその音にも慣れた――いや、正確に言えば、疲れすぎて銃声が鳴り響く中でもうたた寝をするようになったのだ。

パフォーマンス・アートを始めて2、3日後には、部屋は抽象画家ジャクソン・ポロックが黄色の画材だけで作品を描いたかのような様子になった。ネットの向こうでは一度に何十人という狙撃手が銃のコントロールを奪いあった。トラフィックが集中してサーバーのクラッシュも発生した。ビラルを撃ったのは138か国の人々だ。たいていはチャットでビラルにメッセージを送りながらペイント弾を撃つ。「死ね、テロリスト」というメッセージもあった。

そうしたネットユーザーのうち何人かは、直接ビラルと対面していても、同じように叫びながら同じように彼を撃ったのかもしれない。しかしビラルは、狙撃手の大半はインターネット越しの安全な場所にいるから――そして心理的にも距離があるから――撃てたのだと確信している。彼のパフォーマンス・アートから10年以上が経った今の視点で見れば、この発想は当たり前すぎて古臭いと思えるほどだ。今では多くの人が知っている。テクノロジーは共感力を殺す現代最大の脅威だ。

アシモフが描いた未来に住む僕らは、はたして幸せか

SF作家のアイザック・アシモフは、1964年のニューヨーク万国博覧会に際し、『ニューヨーク・タイムズ』紙の依頼で1本のエッセイを書いている。50年後の万国博覧会を想像するというエッセイだ。アシモフは冒頭で、「電気発光パネル」があらゆる場所で使われると予測した。そのパネルを通じて、「人は自然から離れ、自分にできるだけ合う環境をひたすら追求する」。

ビラルがペイント弾のパフォーマンス・アートを実施した2007年以降に、世界にはインスタグラムが誕生し、ウーバー、エアビーアンドビー、キックスターター、ビットコイン、ティンダーが生まれ、そして何よりiPhoneが登場した。お金も友情も恋もアイデンティティも、今ではすべてがネット経由だ。僕たちはネットとともに生きている。2007年のアメリカの平均的成人が携帯電話で費やす時間は、1日18分だった。2017年には、1日4時間にふくれあがっていた。[2]

アシモフが描いた未来は、僕たちにとっての現在だ。多くの人がこの状況に危機感を抱き、テクノロジーのせいで人間は昔よりもばかになる、不幸になる、意地が悪くなると警告している。[3]

実際、デジタル生活が心理的コストとなることは確かだ。僕が携わった共同研究では、被験者にスタンフォード大学記念教会の見学ツアーに参加させた。一部の被験者にはスマホを預けさせたうえで見学させ、残りの被験者には、ツアー中に積極的に写真を撮ってフェイスブックに投稿するよう求めた。すると皮肉なことに、ネットで体験を共有していた被験者は、見学の内容をあまり憶えていなかった。[4]これは情報を見る場合でも同じだ。ソーシャルメディアのプラットフォームで延々とスクロールする底なしのフィードを前にすると、人の注意関心は持続しなくなる。

「共感（empathy）」という言葉は、もともとロベルト・フィッシャーというドイツ人が「感情移入」という意味で考案した造語「アインフュールング（Einfühlung）」[5]の英訳として生まれた。フィッシャーは心理学者ではなく美術理論家で、アインフュールングの意味を「対象に強く関心をもつこと」と考えていた。彫刻や絵画を鑑賞するときに、アインフュールングで臨むことによって、その作品に込められた思いを真に「見る」のだ。

もしも人間と人間のつながりというものが、誰かを見る、そしてお返しに見られるというプロセスなのだとしたら、僕たちはインターネットを賛美すべきだろう。ネットを通じて僕たちはあらゆる国の何百万という人々が見せる生活にアクセスし、自分の生活も何百万という人々に向けて公開することができる。これまで僕らの興味の対象を管理していたニュースメディアや出版社は、もはや門番の役目を果たせない。テクノロジーが場所を問わず、時間を問わず、すべてを放流し増殖させていくからだ。

哲学者ピーター・シンガーが言った「輪」の理論を思い出してほしい。人間が関心を示して世話をしあう「輪」は、かつては家族だけを内包するものだった。それが年月とともに少しずつ拡大して、村や国家の境界線も越えるようになった。さらにインターネットの登場により、ついにこの輪は、人類全体を含むものになるらしい。

フェイスブックCEOのマーク・ザッカーバーグは2014年に書いた論説で、意気揚々と宣言している。[6]「(ソーシャルメディアが生み出す)もっとも重要な変化は、新しいグローバルなコミュニティ意識が生まれることではないかと思っています。現在の僕たちが見聞きできるのは、世界人口の3割の人々が思い描く世界だけです(……)うまくいけば遠からず、インターネットは真にすべての人々を反映するものとなるでしょう」

数年経った今、ザッカーバーグの未来予想は滑稽なほど的を外れている。いったい何が悪かったのだろう?

確かにテクノロジーのおかげで、僕たちは昔なら考えられないほど多くの他人と会うことができる。だが、古い形式の人付き合いと比べると、そこで得られるのはあまりにも薄い接点だ。現実世界における人と人との会話は多面的で、奥行きがある。友人が最近のデートについて話すのを聞くとき、その目がきらきらしているのに気づく。仕事は順調だよ、と語る声に迷いがあるのに気づく。高揚する思いを読みとり、疑いの気持ちを聞きとる。感情は、まるで手で触れそうなほどありありとしていて、共有するのもたやすい。誰かと一緒に過ごせば過ごすほど、その人の気持ちは察しやすくなる。[7] そして相手の気持ちに気を配るようになる。オンラインでは、これらがすべて一連のテキストと画像に簡略化されるのだ。特に若い世代にとっては、そんな交流が、アナログな付き合いと大幅に入れ替わっている。

顔を合わせた付き合いから遠ざかることで、僕らはこの世で最高の自然発生的共感トレーニングを逃している。そのせいで人間の社交能力は減退しているのか、と問われるならば、答えは断言できない。[8] 過去30年間、テクノロジーの進化と反比例して共感の力が減少していることは確かだが、ふたつの出来事が同時に起きたからといって、片方の出来事がもう片方を引き起こしたという意味にはならない。しかし相関関係としては、憂慮すべき実態がほかにも確認されている。インターネットの利用量が多い国ほど、共感力の平均レベルは低い。ネットやソーシャルメディアやゲームプラットフォームで過ごす時間が長い人ほど、他人を理解するのが苦手だ。さらに、声を聞かずに文字だけで意見に接する環境では、人は相手を非人間化しやすくなる――特に、その意見に不賛成であるときは、なおさら相手を人間と見なくなる。

右向けのニュース、左向けのニュース――ヘイトが加速するカラクリ

オンラインでは誰とでも会うことができる。しかし、そのパワーは視野を広めるためではなく、狭めるために使われていることが多い。何しろ人間が処理しきれないほど多くのストーリーや数値を浴

びせられるので、どこに自分の関心を向けるか、選択しなければならない。しかし人間にとって、意識的に頭を働かせるのは面倒な作業だ。選択しろと言われたら、面倒なことを避けたい衝動に負け、自分がもともともっている確信に合う事実だけを選び出す。似たような発想ばかりが共鳴する狭い小部屋に閉じこもるのだ。その一方で、自分の気持ちを肯定してくれるストーリーにも引っ張られる。自分はつねに正しいと主張するため、それを裏づける方向へ、共感を働かせるというわけだ。

この傾向を実際に確認したいと思ったら、『ウォール・ストリート・ジャーナル』紙が公開している「青いフィード、赤いフィード」というプログラムを試してみるといい。左寄りのフェイスブック投稿と右寄りのフェイスブック投稿を、左右に分けて表示するプログラムだ。気になる政治的話題を選んでクリックすると、フェイスブックで左派の人がその話題を検索したときに目にする記事と、右派の人が検索したときに目にする記事が、左右に分かれてずらりと並ぶ。

そこから浮かび上がってくるのは、典型的な確証バイアスの実例だ。青（左派）と赤（右派）のフィードは、事実も数字も、大きく隔たっている。それどころか、それぞれのフィードが読み手に正反対の感情を煽る。たとえば「中絶」という話題を選んでクリックすると、青のフィードと赤のフィードは、異なる被害者のいる別々の世界を描き出す。左派の世界の被害者は、人権を踏みにじられている女性たちだ。いかなる中絶も認めないエルサルバドルで、死産したあとに30年の服役を宣告された女性の話が紹介されている。一方、右派の世界の被害者は、医師によって臓器売買の商品にされる胎児だ。「移民」という話題をクリックした場合も、同じように対照的な世界が浮き上がる。左派は、子どもが家族と引き離されていると訴える。右派は、不法移民の殺人者が野放しになっていると訴える。

こうした投稿が与える効果は、まるで鏡写しのように、正反対で一致している。読んだ人は不快になったり、悲しくなったり、激怒したりする。どちらも被害者に共感しているが、片方の被害者は他方の加害者だ。もちろんネットがなくても、こういうことは起きる。黒人差別が今よりもあからさまだった時代の南部では、黒人男性にレイプされた白人女性への同情から（たいていの場合、レイプは実際には起きていなかったのに）、黒人への集団リンチが始まったものだった。だがインターネットという環境は、まるで炎に燃焼促進剤をくべるかのように、ヘイトを焚きつける。最近の研究では、新聞やテレビや会話で知った情報よりも、ネットでななめ読みした情報のほうに、人は激しい怒りを感じやすいことが明らかになった。[9]

匿名性という名の仮面が「ふつうの人」を残酷に変える？

情報だけではない。人の姿もネットでは違って見える。特に名前と顔を、ユーザーネームとアバターに変えているときは、そうなりやすい。

匿名性には利点がある。匿名なら、全体主義の国家で安全に抗議運動を組織することもできる。素性をばらされる心配をせずに、自分の性的アイデンティティについて語ることもできる。その一方で、匿名性は、他人にやさしくするべき重要な理由のひとつを取り除いてしまう。これまでの章でも見てきたように、人と人がお互いに頼りあって暮らしている状況――小さなコミュニティなど――では、残酷非道なふるまいをすれば、その人物は社会生活で損をする。何らかの働きかけに対して相応の返礼がある、すなわち「社会的交換」で関係が成り立っているからだ。ところが匿名性は、そうした制約から人を解放する。社会的交換を守るためのブレーキを利かなくする。その結果として生じる無残な衝突や破壊行為が、ネットにはあふれかえっている。

バーチャルの闇に紛れて、人はワファ・ビラルにペイント弾を撃ち、コメント欄で他人の死を願う書き込みをする。膨大な時間とエネルギーを注いでネットのあちこちを荒らし、いやがらせをする。[10]匿名性はまるで仮面だ。これを付けていれば大丈夫だとそそのかし、人に残酷な行為を試させる。苦しむのは標的となった人々だ。自宅にいても、自室にいても、ベッドの中にいても、ネット・ハラスメントは追いかけてくる。ネットでいじめに遭った若者が、一般的ないじめの被害者以上に自殺や自殺未遂をすることが多いのは、そのせいではないだろうか。[11]

本名と顔を出す場合でも、世界に向けて公開する人物像は、アナログの自分とは大きく違っていることが多い。ソーシャルメディアを使っていると、どうしても人生の加工修正バージョンを公開したくなる。フェイスブックで長い時間を過ごしていると、だんだん気持ちが滅入ってくるのは、おそらくそれが一因だ。[12]投稿の中では知人や元同僚が永遠に夕日を浴びながらラフティングを楽しんでいるのに、こっちは蛍光灯の下でデスクにかじりつき、仕事をしているふりをしながら、彼らの様子を眺めている。

ソーシャルメディアは他者への怒りも拡散しやすい。[13]政治や道徳的な問題について感情的なツイートをすると、メッセージはふだん以上に多くシェアされる――特に、もともとその意見に同調している人のあいだで、積極的にシェアされる。リツイートはツイッターで得られるもっとも価値のある賞品なのだ。出所のはっきりしないちっぽけな賛同の声が、そこに生まれた感情をいっそう強める。同族主義(トライバリズム)を煽るマタタビのようなものだ。旧来のメディアも大きな声で極論を叫び、視聴者を引きつけていたものだったが、今のメディアは僕たち自身に、そうした大きくて極端な声を発信させる。

フェイスブック×フェイクニュース――共感を暴走させる破壊的レシピ

こうした現象はたまたま生じるわけではない。ネットで共感力が暴走するのは、誰かがそそのかしていることが少なくない。たとえば2016年のアメリカ大統領選挙戦では、意図的にフェイクニュースがばらまかれた。ロシアから発信されたフェイクニュースは、ただ誤情報を提示するだけではなく、アメリカの人種、宗教、経済的な分断に付け込んだ。フェイスブックなどのプラットフォームに、一部の集団の心をつかむ広告を流すことで、他の集団に対する不安や怒りを植えつけたのだ。多くの人が、これを従来型のメディアよりも信頼できるニュースソースのコンテンツだと認識した。情報民主主義の名のもとに、僕たちの感情が利用され、国家としての民主主義が破壊されたのだ。[14]

企業としてのフェイスブックやツイッターと、その株主たちにとって、儲けを増やすために必要なのはユーザーを幸せにすることではない。ユーザーをできるだけ長くネットに滞在させることだ。だから、アクセス履歴や投稿内容や深夜のグーグル検索など、僕たちのネット上での活動に関する膨大な情報にアクセスし、人工知能のアルゴリズムで解析して、延々とスクロールせずにはいられないサービスを作り上げる。

そういうサービスは、たいていの場合、人の心の弱いところを巧みに突いてくる。双極性障害の人が躁になりかけているときに、ラスベガスでぱあっとはしゃごうという広告を大量に浴びせるのに近い。交通事故に野次馬が群がるのと同じで、フェイスブックで開陳される身内同士の罵り合いは、ついつい覗き見せずにはいられない。フェイスブックのアルゴリズムは、こうしたコンテンツへのアクセスを検知し、次にアクセスしたときにも似たようなコンテンツがフィードの最上部に表示されるようお膳立てをする。

初期のフェイスブックで幹部を務め、のちに退職して投資家となったチャマス・パリハピティヤは、2017年に、自分が手を貸して作り出したフェイスブックというテクノロジーについて「途方もない罪悪感」を抱いていると表明した。スタンフォード大学の講演で、彼は「社会機構をずたずたにする道具を作ってしまった、と考えている」と語っている。「わたしたちが生み出したのは、短期的にしか持続しないドーパミンに促されたフィードバックのループだ。それが社会の仕組みを破壊している」。奇しくも、パリハピティヤが悔恨を示したのと同じ年に、ドーパミン・ラボという名前のスタートアップ（現在は「バウンドレス・マインド」に改名）が、100万ドルの創業資金調達に成功した。立ち上げたのはふたりの神経科学者。脳の報酬と強化の働きを利用して、人々をネットにつなぎとめておく技術を開発している。顧客となるべき企業への売り文句はこうだ。「ドーパミンで、御社のアプリにユーザーを依存させます」[15]

アシモフが予測したとおり、僕たちは「自分に合う環境」に引きこもり、物事の本質から離れてしまった。悲しいことに、ネット漬けの生活は、人間がもつ最低の本能に「合う」ものらしい。こうした影響をおよぼしたテクノロジーを非難するのはたやすいし、実際に多くの人がそうしている。テクノロジーの大きな流れが現代人の分断を深めていることも間違いない。しかし、テクノロジーは作り手が――究極的には消費者が――求めることをしているだけだ。

一方で、共感力を薄れさせるテクノロジーの効果と戦うために、テクノロジーを駆使している例もある。先見性とチャレンジ精神のもと、10年前なら想像すら難しかったような絆の創出に取り組んでいる人々のことも紹介したい。

路上生活者を見て見ぬふりをしてしまう理由

あなたは目を覚ます。バスに乗っている。少ない私物のすべてを抱えたまま、眠っていたらしい。ほかの乗客も水色の座席に身を沈め、頭を窓ガラスにもたれかけている。首をめぐらせると、奥のほうに息子を抱いた父親らしき男の姿が見えた。みんな眠っている。ひとりだけ、白髪まじりのひげをたくわえ、カーキ色のベストを来た男が、バスの後方に立ち、こちらに目を向けている。あなたは落ち着かなくなり、運転手のほうに視線を送る。何かあったら助けてくれるだろうか。もう一度バスの後方を振り向くと、ひげの男はさっきよりも前方に移動していた。あなたのいる場所まで、あと数歩ほど。あなたは動揺する。身の安全が心配になる。

けれど、あなたは何も恐れることなどないことを思い出す――あなたはオキュラスのヘッドセットを外し、現実世界に戻る。そこはスタンフォード大学バーチャル・ヒューマン・ラボ。さっきまで見ていた光景は、心理学者ジェレミー・ベイレンソンの研究で作られたバーチャルリアリティだ。シリコンバレーに住む多くの人にとって、治安の悪い長距離バスに乗るという体験は、シミュレーションではない。現実だ。フェイスブックやグーグルの本社があるカリフォルニア州サンタクララ郡は、いまやこの国で2番目に富の集中する地域になった。物価は高騰し、桁外れの金持ちでなければもはや生活が営めない。特に、アメリカのIT産業の中心地であるパロアルトでは、路上生活者が過去2年間で26%も増加している。[16] 子どもも例外ではなく、家族全体でホームレスという例が非常に多い。彼らはシェルターに行くか、キャンプ生活をするか、さもなければもっと過酷な宿泊場所として、ルート22のバスに乗る。

ルート22のバスは、スタンフォード大学ののどかなキャンパスの近くに設置されたバス停を出発して、パロアルトからサンノゼまでを24時間運行している。シリコンバレーの路上生活者たちは、安全に雨風をしのぐため、頻繁にこのバスに乗車するのだ。そうした利用者があまりにも多いせいで、このシャトルバスは別名「ホテル22」と呼ばれている。真夜中すぎに数十人が疲れ切った足取りでバス停に集まり、規則どおりに列を作る。始点から終点まで90分間バスに揺られ、着いたら降りて、また乗って戻ってくる。運転手も心得ていて、最初のバス停を出てすぐに、車内アナウンスで呼びかける。[17]「床に寝ころばないでください。座席に足を乗せないでください（……）仕事に行く人もいるのですから、お互いに配慮しましょう。トラブルを起こさず、常識を守ってください。迷惑行為には相応の処罰があります」

こんな光景が見られるのはバスの中だけではない。パロアルトのエル・カミーノ・レアルという国道沿いでは、カーディーラーにテスラのクーペ２０１９年式が鎮座し、新たに誕生したＩＴ富豪が買いに来るのを待っている。一方で同じ国道の先にはＲＶ車が何十台もずらりと並んでいる。何日も停車しっぱなしの車内は、数週間前、もしくは数か月前に住む家を失った家族のすみかだ。こうした落差にショックを受けないとしたら、それは僕たちがホームレスの人たちを比喩的な意味で視野に入れなくなったことを意味している。場合によっては、彼らが人間であることさえ意識しなくなる。神経科学の実験で、被験者にビジネスパーソン、アスリート、子をもつ親など、さまざまなグループの個人を写した画像を見せながらｆＭＲＩで脳の活動を調べた。共感をつかさどる脳の領域は、基本的にはどのグループの写真を見たときも反応していた。ところが唯一、路上生活者の写真を見ていたとき、被験者の脳は反応を示さなかった。[18]

路上生活者の体験を認識するのは苦しい。罪悪感を呼び起こされるし、世界は公正だという感覚を揺るがされる。こうした場面で、人の共感の綱引きは、「共感を避ける」ほうへ引っ張られるのだ。それでもVRのような没入型テクノロジーを活用すれば、より簡単に、より自然に、より回避不可能な形で、人々が目をそらしている存在への感情移入ができるのではないか――僕は、VR研究の権威であるジェレミー・ベイレンソンとともに、この研究に取り組んでいる。

VRが作り出す「そこにいる」感のちから

VR、すなわちバーチャルリアリティ（仮想現実）というテクノロジーは、ほんの2、30年前にはSFの世界の中にしか存在しなかった。10年ほど前の時点でも、機能が限定的で、高額で、誤作動も多く、面白いだけで実用性のないおもちゃだった。

しかし、その後の数年間で、VRは爆発的に進歩した。2014年にはフェイスブックが、VRヘッドセット開発会社のオキュラスVRを約20億ドルで買収している。そして10ドルから300ドルまで、手頃な価格で持ち運び可能なヘッドセットが雨後の筍のように発売され、VRは大衆の手が届くものとなった。

メディアの展望はこれで一足飛びに変化した、とベイレンソンは考えている。著書には「VRは、歴史上で発明されたどのメディアと比べても、はるかに大きな心理的パワーをもつ」とある。[19] 秘密を握るのは、彼が「心理的に『そこにいる』」と呼ぶ感覚だ。本や映画は僕たちを物語の世界へ連れて行くが、自分が本を読んでいる、映画を見ているということはつねに認識している。その点でVRはあまりにも完璧に人を包み込み、それがメディアだということすら忘れさせる。VRの世界に没頭し、都会の上空を飛んだり、降ってくる隕石を避けたり、敵の砲火をかいくぐったりしているとき、心臓の鼓動は速くなる。仮想体験を現実体験と取り違えているのだ。体験がきわめてリアルに感じられるのだから、そうなるのも無理はない。

VRはファンタジーの世界を引き立てる。これからのゲームとポルノの主流となっていくことは間違いないだろう。それだけではない。VRにおける「そこにいる」感覚は、現実的な体験を試す機会にもなる。ベイレンソンに言わせれば、それこそがVRの腕の見せどころだ。たとえばアメフト選手がVRを利用して、実際の試合のイメージトレーニングをする。医学生がVRを使って、複雑な手術の練習をする。どちらの場合も短期間で充実した学習が可能だ。老人の身体になった自分を体験したり、別の人種になった自分を体験したり、色覚障害のある人の視界で世界を眺めたりすることもできる。ベイレンソンが携わった研究では、こうした体験を通じて、他人をステレオタイプで決めつけたり差別したりする意識を改善できることが確認されている[20]。

「究極の共感マシン」で、ダボスの論客に難民キャンプを体験させる

こうした力をもつVRのことを、芸術家のクリス・ミルクは「究極の共感マシン」と呼んだ。ミルクは2014年に「シドラの頭上にかかる雲（Clouds Over Sidra）」というVR映画を製作している。ヨルダンのザータリ難民キャンプにいる12歳の少女のストーリーだ。当時およそ8万4000人のシリア難民がこのキャンプで暮らしていた。視聴者はシドラと「会い」、彼女や彼女の家族とともに過ごし、一緒にキャンプの中を歩く。ミルクはこの映像作品を、視聴に必要なオキュラスのヘッドセットと一緒に、スイスで開催される世界経済フォーラム、通称ダボス会議にもち込んだ。

「この会議に来る人々は、難民キャンプのテントの中に座る体験など、一生しないかもしれません。けれど、この日の午後、彼らはスイスにいながらにして、難民キャンプにいたのです」

ミルクの説明によれば、「そこにいる」ということの意味は実は大きい。最近の講演で、彼はその理由をこう語っている。「テレビ画面を通じて見ているのではないのです。あなたはその場に、彼女と一緒に座っています。地面を見れば、それは彼女が座っているのと同じ地面だということがわかります。だからこそ、彼女という人間の存在を、より強く感じ取るのです。より深く彼女に感情移入します」

シンプルながら、とてもパワフルだ。テクノロジーのせいで人間が見えなくなることもある一方で、使い方さえ異なれば、テクノロジーで正反対の効果を生じさせることもできるのだ。

ミルクがVRで描いたストーリーは確かに心を揺さぶる。とはいえ、没入体験で本当に共感が生まれるかどうか調べた研究はほとんどない。むしろ効果を疑う理由はいくつかある。そもそも、難民の世界を1時間体験してみてください、と求めたとき、どんな人がそれに同意し、どんな人が避けたがるか、考えてみてほしい。他人に感情移入したくない人は、「共感マシン」など体験したくないと言う可能性が高いだろう。VRは、すでに共感力のある人の力を、わずかに高めるだけなのではないか。VRの効果をもっと活用することはできないのだろうか。

「VRで共感力を高められる」は本当か？

僕はその問いに3年ほど前に挑んでいる。僕とジェレミー・ベイレンソン、そして僕たちの研究室の学生フェルナンダ・ヘレラとエリカ・ワイズとともに、ひとつのVR体験を設計した。ベイエリアの住民が、近隣で路上生活をする人々のことを、前とは違った目で見るようになるための試みだ。オキュラスリフトを装着して、ホームレスに転落していく過程を体験する。アパートで自分が「目を覚ます」ところから体験は始まる。立ち退きを迫られて、家具を売ってお金を作れないかと室内を見回す。結局お金を工面することはできず、車中生活を始める。すると警官がやってきて、違法駐車だと言い、車を没収する。次の場所はホテル22、さっき紹介した心細いバスのシーンだ。このシーンではほかの乗客の事情も知ることができる。バスの後方で息子と一緒に座っている男性を「クリック」すると、ナレーターの説明が始まる。

「彼の名前はレイ、息子の名前はイーサンです。イーサンの母は治らない病気にかかり、つい先日亡くなりました。入院費だけが残り、レイは借金を抱えています。家族シェルターの入所待ちリストに入っているのですが、まだ空きが出ないので、夜はバスで寝るのです」

路上生活をバーチャルで体験すれば、きっと感情移入するに違いない——僕たちはそう確信していた。知りたいのは、VRのほうが従来型のアプローチよりも、強く共感をかきたてられるかどうかという点だ。この点を確かめるため、被験者の半分にはVRを体験させ、残りの被験者には文章で同じストーリーを読ませた。アパートを追い出され、車を没収され、ホテル22に行きつくという展開はまったく同じだ。主人公の考えや気持ちを想像しながら読んでもらう。他人の身になって考える、いわゆる他者視点取得の訓練で共感力が高まることは、過去にさまざまな研究で確認されているので、今回のVR版のいいライバルになる。プロジェクトを始めた時点で、ジェレミーと僕は賭けをした。VRのほうが共感させる効果が高いのか。僕は、そこに差はないというほうに賭けた。

賭けには負けた。最初はどちらの体験でも路上生活者に対する共感は強まっていたし、どちらの被験者も、近所のシェルターに寄付するという意欲を示していた。だが、被験者の共感の様子をさらに詳しく調べたところ、違いが見えてきたのだ。被験者には、ある条例の話をした。ベイエリアに手頃な家賃の住宅を供給するという内容で、施行されればわずかながら税金が上がる。この条例を支持するかどうか尋ねると、被験者は全員賛意を示した。ところが、条例成立を求める署名を促すと、VR体験をした被験者のほうが、署名に同意する傾向があったのだ。それだけではない。VRが生み出した共感は持続性があった[21]。実験から1か月が経っても、路上生活者を助ける法案への支持を変えていなかった。また、文章を読んだだけの被験者と比べて、路上生活者を非人間化していなかった。

僕たちはVRが完全無欠な共感マシンであるとは思っていない。VRで再現不可能な体験もあるからだ。被験者を数分間だけ「ホテル22」に乗せることはできても、何日もろくに食べられず心身がすり減っていく絶望感を味わわせることはできない。それでも、VRで人の好奇心を高められるという点で、僕たちは期待を抱いている。それまでは無視するだけだった存在を知ろうという気にさせることができる。ジェレミー・ベイレンソンの研究チームは、このホテル22のVRプログラムをベイエリア各地のショッピングモールや美術館などで提供し、これまでに数千人に体験させている。

1960年代のアメリカ南部を描いた小説『アラバマ物語』で、主人公の父アティカス・フィンチは、主人公スカウトにこうアドバイスをする。「誰かを本当に理解したいと思ったら、相手の目線で物事を考えなければだめだよ。（……）その人になりきって、その人として行動してみるんだ」。VRが今よりも一般的になれば、何百万という人々が、それを実際に体験するようになるかもしれない。

大コケした「グーグル・グラス」が自閉症児と出会って生まれ変わるまで

VRが他人の人生を見るテクノロジーだとすれば、他人の感情を見るテクノロジーも新しく登場している。

2012年にグーグルが発表したグーグル・グラスの開発プロジェクトは、すさまじい熱狂を巻き起こし、そしてあっというまに尻すぼみになった。アイデアは画期的だったのだ。めがねに搭載された小さくて透明なコンピューター画面で、アナログの世界にデジタルデータを重ねた「拡張現実（AR）」を見ることができる。このテクノロジーの可能性は無限に思えた。グーグル・グラスをかけてレストランを眺めれば、ネットに書き込まれたレストランのレビュー情報が空中に浮かんで見える。駅に行けば次の電車の出発時刻がタグづけされて見える。グーグル・グラスで生活がビデオゲームのようになる、という触れ込みだった。

ところが、いざベータ版が世に出ると、そのめがねをニューヨークやサンフランシスコで装着した人々は、周囲が自分を敬遠することに気づいた。とにかく見た目が変なのだ。変わり者が新商品に飛びついて得意がっているとしか見えない。何より、周囲の人たちにとってはひどく不愉快だった。バーで隣の席に座った人物が、まばたきの動作で実はこっちの写真を撮ったかもしれないと思うと、気持ち悪くてたまらない。グーグル・グラスが試験的に市場に出てから数週間後には、数十軒ものバーやレストランが、グーグル・グラスを装着しての入店を禁止した。このめがねをかけている人には「グラスホール」という仇名までついた（「いやなやつ」を意味する「アスホール」にかけている）。大衆向けのプロダクトとしては、打ち上げと同時に爆死したも同然だった。

こうしてグーグル・グラスは消えた。しかし拡張現実が消えたわけではない。ARの誕生をきっかけに、トマス・コバーンのような人々を助けることができる画期的ツールも生まれている。トマスは10歳だ。ませていて、髪はぼさぼさで、ビデオゲームとアニメが大好き。僕が2017年12月に会ったときには、サンタクロースの姿をしたスヌーピーのTシャツを着ていた。彼は自閉症だ。ひどく恥ずかしがり屋で、他人と目を合わせない。同じ動作を延々と繰り返す。数年前には、唇をなめる動作を繰り返しすぎて、血が出てきたこともあったという。

トマスが自閉症と診断されたのは8歳のときだった。一般の自閉症児と比べて診断が遅かった理由のひとつは、彼の症状が非常に特殊だからだ。発話は問題ないし、読み書きもできる。感情を見せないタイプでもない。自分の気持ちがあふれだして爆発し、癇癪を起こすこともある。トマスの母へザーに言わせれば、「心の声をはっきりと出す」子だ。これほど積極的に感情を表現しているにもかかわらず、トマスには典型的な自閉症の症状がある。他人の表情から気持ちを読みとることが苦手なのだ。[22]

母へザーにとって、息子が受けた診断はもちろん悲しかったが、それ以上に戸惑いが大きかった。「放り出されてしまった感じでした。『これからどうすればいいの?』って」。これまで数十年間の一般的な認識では、自閉症児は何もできないと見られていた。僕がこの本で紹介したロッデンベリー仮説が正しいとするならば、共感は不変の資質なので、人の気持ちを読みとれない子どもが、将来的にそれが可能になることはない。自閉症を「発見」した精神科医のひとり、ハンス・アスペルガー博士は、自閉症児は「生涯ずっと意思疎通ができない」[23]と確信し、著書にもそう書き残している。

しかし、人間の性質を固定と考えるのは間違っている。自閉症児でも同じことだ。30年ほど前から、トマスのような子どもが困難を克服する手助けとなるよう、新しい療法が導入されるようになった。今のところもっとも人気が高いのは「応用行動分析（ＡＢＡ）」というテクニックだ。理解しやすい小さな単位まで行動を分解することによって、その行動ができるように訓練する。たとえば、歯を磨くときは、最初の行動単位は「歯磨き粉を歯ブラシにつける」だ。他人に関心を払うときは、「相手に顔を向ける」「立ち去らずにその場にとどまる」「相手を無視してしゃべらない」という小さい単位に分解する。ＡＢＡの資格を取得した療法士が、こうしたステップの一つひとつを繰り返し練習させ、ひとつ正しくできるたびに「ごほうび」を出す。

ＡＢＡ肯定派の説明によれば、これはノートに繰り返し字を書いて練習するのと同じだ。一般の人にとって、他人との交流はごく自然の流れで起きる。しかし自閉症を抱える人にとって、交流とはアメフトの試合やバイオリンの発表会のように、練習して臨まなければならない行動だ。ＡＢＡは心理学者Ｂ・Ｆ・スキナーの理論から生まれた。賛否両論を呼んだ有名な心理学者であるスキナーは、「徹底的行動主義」という哲学を作り出した。正の強化によってハトを訓練し、その場で1回転する動作から、衛星の画像をつついてミサイルを誘導する任務まで、あらゆることをさせられると主張した。

ＡＢＡ批判派は、この手法はあまりにも乱暴だと考えている。[24] 動物ならまだしも、人間に使う手法ではない、という主張だ。とはいえＡＢＡで実際にめざましい成果が出ており、自閉症の症状すべてを備えた子どもに改善が見られた例もある。[25] ただし、膨大な時間を必要とするし――たいていは週に10時間から40時間の訓練を行う――費用も1時間当たり50ドルから120ドルほどかかるので、手を出せない家族がほとんどだ。最近では多くの州でメディケイド〔低所得者向け医療費補助制度〕や民間保険会社の補助が出るようになったとはいえ、利用したい家族に必ずアクセスが保障されるわけでもない。今世紀に入った頃から、自閉症と診断される子どもの数は2倍以上に増えた。現在では68人にひとりが自閉症だ。ABA療法士の数はそのペースに追いついていない。低所得の家庭では、治療を受けられるまで何年も待たねばならないことが多い。

もう少しハードルの低いセラピーもある。たとえば「マインドリーディング」というソフトウェアは、社会的相互作用をゲーム化したものだ。何らかの感情を示した顔、声、ストーリーなどを見て、クイズ形式で感情を当てたり、探し出したりする。こうしたプログラムを週に2時間ほど練習すれば、人の気持ちを読み解く力が確かに伸びる。[26] だが、現実世界の共感は、ビデオゲームよりも複雑だ。そしてビデオゲームよりも情報が多い。そのため自閉症児が学校や家庭などで実際の社会的相互作用に対処するにあたり、ビデオゲームでの練習は助けにならないことが多い。

もっと日常生活に近いものでなければ、自閉症の人の役に立つ共感トレーニングにはなりにくい。できれば日常生活の一部に組み込めたほうがいい。拡張現実ならそれが叶えられるのではないか——あるエンジニアはそんなふうに考えた。彼の名前はカタリン・フォス。ドイツで生まれ育ち、今はスタンフォード大学で研究をしている。映画『ソーシャル・ネットワーク』の登場人物かと思うくらいの天才だ。自称「アップル・オタク」で、子どもの頃にお小遣いをためて初期のiPod touchを購入したのをきっかけに、自分でもプログラムを組むようになった。彼が開発したシンプルなi

Ｐｏｄゲームは、やがてポッドキャストに進化し、プログラマーにアプリ開発のコツを教える情報源として、あっというまにｉＴｕｎｅｓで大人気になった。このときのカタリンは13歳。本人いわく「ネットでは、誰も相手が何歳かなんて知らない」ので、毎週のように仕事のオファーが何件も舞い込んできた。16歳で家を出て、「法的に独立した未成年」としてシリコンバレーに来た。スタンフォード大学に入学し、彼にとって数学の先生だったスタンフォード大学の研究者ニック・ハーバーを雇って、初めての起業に挑戦することにした。

ふたりが開発したのは、授業中の生徒の関心度を測定する教育アプリだ。このアプリは、「感性分析（アフェクティブ・コンピューティング）」というテクノロジーを利用している。顔の表情や声をもとに、人の気持ちを人工知能のアルゴリズムが学習し推測するという仕組みで、75％から90％の精度で把握できる。[27] このアフェクティブ・コンピューティングという技術は今まさに急速に進歩している[28]ところで、胸躍るような、そしてちょっぴり恐ろしげなポテンシャルを感じさせる。たとえば広告を出す企業がこの技術を使って、コマーシャルや映画予告編で狙いどおりの感情を消費者が味わっているかどうか、調べることが可能になる。今から5年後くらいには、スマートウォッチで心拍数を測定するくらいの手軽さで、スマホアプリが持ち主の気分を読みとり、不安や抑うつの兆候を通知してくるようになるかもしれない。アップルは先日、アフェクティブ・コンピューティング専門スタートアップ「エモティエント」を買収しているので、バーチャルアシスタントのＳｉｒｉも、今後いっそう「人間らしく」なるという期待が高まっている。

「自閉症めがね」で感情のマネジメント方法を学ぶ

カタリン・フォスとニック・ハーバーは、すぐに、こうした技術の応用先は教育ツールだけではないと気づいた。「表情を理解するソフトウェアを作っていたとき」と、カタリンは振り返って語っている。「ある人のことを思い出したんです。僕らが当たり前に読みとる社会的なヒントを理解するのがとても苦手な人のことを」。いとこのデイヴィッドのことだ。[29] 自閉症だった。

カタリンは、自分が開発した表情認識技術とグーグル・グラスを組み合わせることで、アフェクティブ・コンピューティングをいとこのような人に役立てられると考えた。周囲の人間の感情を、めがねを通じて「カンニング」させるのだ。シリコンバレーの投資家たちは相手にしなかった。自閉症は市場としてあまりにも小さい、という主張だ。しかし、スタンフォード大学医学部で小児科学とバイオメディカル・データサイエンスを教えるデニス・ウォール教授が、このプロジェクトに賭けてくれることになった。

こうして、カタリン・フォスとニック・ハーバーがグーグル・グラスをベースに試作品を作り、それをデニス・ウォールの息子で試してみることになった。不格好な装置で、使っているとオーバーヒートしやすい。それでも確かに手ごたえがあった。このめがねをかけて誰かのほうを向くと、めがねの右隅に緑の枠が見える。目の前の人が笑ったり、顔をしかめたり、何らかの感情を示す表情をすると、めがねが相手の感情を推測して、リアルタイムで絵文字として表示する。たとえば、怒った赤い顔の絵文字。あるいは、おびえている黄色い顔の絵文字。なかなかシュールな効果だ。何しろ、ターミネーターの視界みたいな画面で、ピクサーのアニメ『インサイド・ヘッド』に出てきた感情のキャラクターのような絵文字が出てくるのだから。

デニスの息子は自閉症ではない。この子にとって、めがねに出てくる絵文字は楽しいけれど、最初からわかっている情報を再確認させるだけだ。しかし自閉症の子どもにとっての意味は大きい。研究チームは2016年に、この「オーティズム・グラス（自閉症めがね）」を初めて実際の家庭で試している。スタートから数日後に、被験者となった子どもの母親から連絡があった。オーティズム・グラスをかけた息子が前よりもアイコンタクトをするようになったという。学校の担任教師もこの変化に気づいた。「まるでスイッチが入ったみたいです！」と母親は書いていた。「本当にありがとうございます！　息子がわたしの顔をちゃんと見るんです」

研究チームは各家族と密接に連携しながら、フィードバックに合わせてプラットフォームの調整を続けた。さっき僕が紹介した少年、トマスのほか、24人の自閉症児が第1回のトライアルに参加している。トマスは2017年の夏のあいだ、1週間に3回、約20分の連続装用をした。ほぼ即座に、トマスは家族の気持ちを前よりも正しく理解するようになった。トマスはときどき生活の基本的な約束事をサボり、母を怒らせる。オーティズム・グラスをかけているときにもそれをやらかして、母の顔を見た。そのときの様子を、母へザーが語っている。「あの子、ハッとしたんです。『ママが怒ってる！』って」

トライアルが終わって数か月経っても、ヘザーは前ほど息子に対して怒鳴らなくなった。息子が母の怒りを早めに察知するようになったからだ。担任教師も、トライアルが始まって2週間後くらいの時点で、トマスがクラスメイトに関心を向けられるようになったことに気づいた。揉めごとがあっても、前よりもうまく対処している。まだ研究は予備段階だが、このオーティズム・グラスを使うことで、子どもが他人の感情をうまく察知できるようになるという期待はもてそうだ。[30] 研究チームは現在、さらに大規模に50世帯を対象として、効果の再現を試みている。

オーティズム・グラスのアルゴリズムはいつでもうまく作用するわけではない。たとえばトマスの父親は濃いひげをはやしているので、オーティズム・グラスは表情の検知にしょっちゅう失敗する。それでも、このプロジェクトに参加したことで、トマスの家族はお互いの感情について話題にし、どうしてそんな気持ちになるか話しあうことが多くなった。両親も、息子にとって自分たちがどう見えているか理解するようになった。たとえばあなたが皿洗いをしたり、子どもにベッドの片づけをさせたりしているときに、その様子をカメラが撮影していると想像してみてほしい。きっと、思っているより自分がイラついていることがわかるだろう。トマスの父母もそうだった。「不機嫌な顔をしている自分に気づくようになりました」とヘザーが語っている。「自分が周囲にどんな顔を見せているか、前よりも意識しています」

こうした気づきをヒントに、オーティズム・グラスには新たな機能も加わっている。自閉症の子どもと家族が、お互いの気持ちについて話しあいやすくするための機能だ。両親は保護者レビュー用のアプリを通じて、オーティズム・グラスが録画した映像を確認する。感情が激した場面がカラーコードで識別されているので、誰かが怒ったとき、喜んだとき、退屈したとき、その直前に何が起きていたか一緒に話しあい、その理解を今後の交流に役立てられるというわけだ。

臨床試験で得られたエビデンスをもとに、このオーティズム・グラスが自閉症の治療用医療機器として医療保険適用となることを、研究チームは期待している。グーグル・グラス自体は、現在でもSFじみた異質なプロダクトで、一般には普及していない。僕はシリコンバレーの中心で働いて6年になるが、オーティズム・グラスの研究以外で、グーグル・グラスをかけている人は一度も見たことがない。それでも、自閉症に対する支援を得られていないたくさんの子どもにとって、このテクノロジーは比較的手が届きやすいのではないだろうか。応用行動分析（ABA）のような従来のセラピーよりも、ずっと手頃なものとなるかもしれない。

もしそうなれば、自閉症の治療に対する新しい認識も生まれるだろう。オーティズム・グラスは、自閉症児本人に感情の見分け方を学ばせるだけでなく、その保護者、きょうだい、友人、ケアギバーにも、感情のマネジメント方法を教える力になる。

助け合いを促すチャットボット「ココ」

僕は今、大型プロジェクトの作業をしている。時間どおりに終わらないいんじゃないかと思って、すごく怖い。気が散ってばかりで、進まない自分に腹が立つ。ときどきパニックになりそうにもなる。家族を支えていくためには、ちゃんと締切りどおりにやらなきゃいけない。それなのに、僕は家族を失望させてしまうんじゃないか、と思ってしまう。

僕はフェイスブックのメッセンジャー・アプリにこんな泣き言を書き込んだ。今あなたが読んでいるこの本の締切りが迫っていたときのことだ。執筆は全然はかどらず、不安がつのっていた。友人も同僚もまったく気づいていない。「新しい本はどんな感じ?」と聞かれても、僕は自信ありげな顔をしていた——愚痴を言わないようにしたし、まったく問題ないとうそぶいたりもした。それなのに、古い仲間にも言わない愚痴を、僕は「ココ」に打ち明けている。ココはチャットボットだ。他人同士の助け合いを促すボットである。

「なるほどね、打ち明けてくれてありがとう」と、ココのアルゴリズムが返事をした。「今のメッセージをココ・コミュニティに送ります。きっと数分で反応がありますよ」。本当だろうか? ネットのどこかで僕の不安を読んでくれる他人なんて、いるのだろうか。何か役立つことを言ってくれるのだろうか。というか、ネットでぼやくヒマがあるくらいなら、僕は執筆を進めるべきなのでは?

ココが続きのメッセージを送ってきた。「待っているあいだに、あなたも誰かを助けてみましょう」。なるほど、僕もコミュニティの一員というわけか。同意すると、ココが「共感的傾聴」の簡単なガイドラインを送ってきた。あれをしろ、これをしろとは言わないこと。相手の気持ちを尊重すること。

相手が物事の明るい面に目を向ける手伝いを試みること……。こうしてココの助け合い軍に召集された僕は、失恋直後の誰かのつぶやきや、いじめ被害者の思いなどを読みはじめた。書き手は僕より若いらしく――ココのユーザーのほとんどが10代か20代前半だ――読んでいると、僕自身も人からの拒絶を死刑宣告と感じていた時期が思い出されてきた。そこで全力を尽くして励ましのメッセージを書いた。きっと状況はよくなるよ、と伝えた。いい気持ちだった。時間の無駄だなんてまったく感じなかった。

「あなたの投稿にお返事がありましたよ！」と、ココがほがらかに告げた。僕が愚痴を書いてから6分後だ。

まず、大型のプロジェクトに取り組んでるっていうのは、すごいこと。勇気があるってこと。大きなことは大変だけどやりがいがある。気が散るとか、腹が立つとか、そういうのも当然あるよ。あなたの悩みには、あなたがすっごく家族思いなんだってことが表れてる。そうじゃなかったら気になんないんだから。それと、もうひとつ、役に立ったアドバイスを教えるよ。脳はときどき、ちょっと気が散る必要があるんだって。休憩しなよ、って脳が教えてるんだ。

このメッセージにはぐっと来た。おそらく僕の半分ほどの年齢の誰かが、こんなふうに的確で心のこもったメッセージを書いてくれたのだ。僕と、このメッセージの送り手は、互いに匿名同士で寄り添った。人間関係がそこから先へ発展することはない。ココのユーザーはメッセージ以外で連絡しあう手段をもたないからだ。そのおかげで、まるで秘密の小部屋で会話しているような親密さが生まれていた。ココ・コミュニティでは、こんなやりとりが無数に交わされている。これもソーシャル・ネットワークがもつ可能性のひとつなのだ。マウントをとりあったりせず、お互いの弱いところをさらけ出す。かみつかずに寄り添う。人と人との会い方の新しい形がここにある。

うつ病を抱えた研究者が見つけた「クラウドソーシング」の意外な活用法

このココというボットは、2012年に、他人のやさしさに頼るという発想から考案された。手掛けたのは、MITメディアラボの感性分析グループに所属する博士課程の学生、ロブ・モリスだ。オーティズム・グラスと同種のテクノロジーを専門とするロブは、ストレスや不安を検知する機械や、聞き手の感情を強く揺さぶる音楽を予想するプログラムなど、さまざまなアイデアの実現を試みていた。だが、どの研究もなかなか芽が出ない。「同じところをぐるぐる泳いでいる感じでした」と、本人は振り返って語っている。

ロブは長年うつを患っていた。特にMITのあるマサチューセッツ州ケンブリッジに来てからは、どっぷりはまりこんでしまっていた。街は暗く寒々しかったし、MITの建物はいかめしく厳格で（ロブは「全部の建物がメスですぱっと切ったみたいな」と表現している）、大学自体にも同様の冷たい雰囲気が感じられた。片頭痛がひどく、痛み止めを飲むと、頭がもうろうとして鈍くなってしまう。知能でも周囲にはとうてい追いつけない気がしていた。「世界最高レベルのエンジニアの隣で、僕は基礎レベルのプログラミングを勉強していたわけです」。落ちこぼれるだろうか、という心配はしていなかった。いつ落ちこぼれるか、という心配をしていた。

そんなとき、ふと何の気なしに、ロブはクラウドソーシングを研究するコンピューター科学者のチームに加わった。アマゾンが2005年に立ち上げた「メカニカル・ターク」[31]（通称「Mターク」）の活用方法を考案する集まりだ。Mタークというのは特殊なマーケットプレイスで、品物ではなく作業を売り買いする。「リクエスター」が「ヒューマン・インテリジェント・タスク（HIT）」と呼ばれる作業をリクエストすると、登録している「ワーカー」が報酬と引き換えにその作業を行う。たいていは単純作業だ。ウェブサイトにログインするとき、ロボットではない証明として絵の中に隠れた数字を見つけて入力するのと同じような、単純だが人間でなければできないことをする。作業をリクエストした科学者は、そうした情報を人工知能の学習教材として利用し、アルゴリズムに人間らしい行動を憶えさせる。平たく言えば、いずれ人間を無用にする機械を育てるために、人間に作業をさせているというわけだ。

ただしMITの科学者は、HITの作業リクエストをもっと創造的なものだと考え、人間の知的エネルギーによるバーチャルなサポートプログラムを作っている。ロブが入った研究チームのひとりは、マイクロソフトの文書作成ソフトWordのプラグインとして、クラウドソースで編集を行うプログラムを開発した。[32] 原稿を書いて、ちょっと冗長だなと思ったら、どれくらい短縮するかプラグインで指示をする。するとそのテキストがワーカーに送られ、ワーカーが無駄な言葉を探し、簡潔なリライト案を提示する。リクエスターは原稿が短くなっていくのをリアルタイムで見守ることができる。また別のプログラムとして、視力に障害のある人が文章の写真を撮影し、それをＭタークに送って、ワーカーに書きおこし作業をさせ、数秒後には読み上げ可能になるというアプリも開発されている。これらのアプリは、表面的には、まるで魔法仕掛けで結果が出てくるように見える。しかし実際には、姿こそ見えないものの、たくさんの人間の処理能力とつながっているのだ。

ロブはこの活動を知って、目の前が急に開けたような思いがした。ＭＩＴに来る前、プリンストン大学で学んでいた時期に、彼はノーベル賞受賞経済学者ダニエル・カーネマンに師事していた。人間の不合理性を探究しているカーネマンから、人間の思考や感情には往々にしてゆがみや誤りがあることを教わった。コンピューターサイエンスの用語で言えば、バグがあるというわけだ。ロブは、自分の抑うつ症状も、これと似たバグの表れであることを知っていた。何かに失敗しただけで、何もかも達成できないと感じ、自分は価値のない人間だと思えてしまう。こうした認知のゆがみは、精神の病気に共通して見られる特徴だ。改善には認知行動療法（ＣＢＴ）を利用することが多い。問題に対する考え方を組み直して、小さな問題を過大に感じすぎていることを自覚できるようにするのだ。この認知行動療法を自分で試せるオンラインのプラットフォームもある。

ロブは、専門家による認知行動療法も受けたし、オンラインの認知行動療法もやってみた。どちらも結果は今ひとつだった。「CBTの一番難しい点は、思考能力がもっとも落ちているときに、自分自身の思考と取っ組み合わなければならない点なんです」。壊れたプログラムで、そのプログラムのデバッグを試みるようなものだ。クラウドソーシングについて学んでいるうちに、ロブは、寂しさや不安に自分ひとりで立ち向かう必要はないと気づいた。「思っていることを吐き出して、大勢の人に何とかしてもらえばいいいじゃないか」

インターネットでは昔から、周囲の人や友達には理解されない苦しみを抱えた人たちが自分の居場所を見つけている。嚢胞性線維症や重症筋無力症など、きわめてめずらしい病気について考えてみてほしい。それぞれの病気を発症するのは1000人に1人以下だとしても、同じようなめずらしい病気は何百種類もある。つまり10人に1人以上が、周囲に仲間のいない健康問題を抱えている。そういう人たちはネットでコミュニティを作るようになった。[33] フェイスブックでグループを作ったり、希少疾患患者のコミュニティ「レアコネクト（RareConnect.org）」のようなサイトに集まったりする。症状への対処方法、医療保険の手続き、新しい治療法の研究などについて、情報交換をする。しかしそれ以上に、オンラインの患者コミュニティは、相互の共感と理解の源泉だ。疎外感を感じたり、人から決めつけられたり、「特別扱い」をされたりする希少疾患患者たちが、現実では会うことのない他人とのあいだに、慰めを見出す。

あまり一般的ではない嗜好、趣味、体験をしている人――昔なら「変人」で片づけられていたような人たち――でも、ほぼ例外なく、ネットで仲間が見つかる。レーシングカーのマニアや編み物愛好家はもちろん、慢性疲労症候群の患者も、トランスジェンダーの若者も、仲間同士で支えあう。彼らの共感はパワフルで、ほかでは得られない特別なものだ。体験の共有がその共感を作り出している。

そうしたネットベースのやさしさを、狭いコミュニティ内で終わらせず、誰でも利用できるようにしたらどうだろうか――ロブ・モリスは、Mターク活用プログラムを見ているうちに、そう思いついた。そこで、いっぷう変わったHITのリクエストをした。この作業を引き受けるワーカーは、まず抑うつ症状で起きやすい精神的バグについて学習する。それから、ロブが打ち明ける心情を読んで、そこにバグを見つけ、より健全な解釈を考え提示する。

ロブは実際に、ある日の深夜、自分の不安を書き込んだ。「僕は頭が悪い。MITになじんでいない。すぐに脱落し、一文無しになるだろう」。昔からしょっちゅう思ってきたことだ。ただし、このときは思うだけでなく、書き込んで「送信」を押し、これをMタークの世界に送り込んだ。自分でも何を期待しているかわからないまま、2、3秒おきにページを更新して結果を待った。

数分後、返信が入りはじめた。ロブが想像したよりも、ずっと思慮に満ちた答えが続々と舞い込んでくる。ワーカーたちが、ロブの悩みを新しい角度で解釈し、楽観的ながらも実用的な視点を提示してきた。「どこかの知らない人がドアを開けて、このきわめてプライベートな空間に入ってきて、僕の心の掃除をしてくれる。そんなすばらしい体験でした」。心が揺さぶられ、涙も出てきたという。

しかも、その夜起きたことはそれだけではなかった。通常、MタークでHITを依頼されたワーカーは、作業の終わりにコメントを残す。技術的な問題を指摘したり、仕事がつまらなかったとか、報酬が安いとか、文句を言うことが多い。ところがロブが依頼した作業をこなしたワーカーたちは、むしろ何かを得ていたようだった。こんな機会を与えてくれてありがとう、とコメントで礼を述べ、こうしたＨＩＴならば無料でもやりたい、と言うのだった。

ＳＮＳに「善意」の循環を取り戻せるか？

ロブは当初、このＨＩＴを自分のプライベートなツールと考えていた。思考が泥沼にはまってしまったとき、お金を払って救い出してもらう手段というわけだ。友人２、３人に教えてもいいかもしれない、という程度の考えだった。「この機械にコインを入れたら、元気づけてくれるいい反応が返ってくるよ、っていう感じで」。だが実際のところ、彼が掘り当てたのは実に深い井戸だった。その井戸を満たしていたのは知性の集合だけではなく、善意の集合でもあったのだ。

本稿を執筆している現在、インスタグラムでハッシュタグ「#うつ（#depression）」を検索すると、１３００万件以上も結果が表示される。「#自殺（#suicide）」の検索では、ほぼ７００万件だ。ロブの表現を借りれば、インスタグラムでも、その他のソーシャルメディア・プラットフォームでも、つねに「果てしなく尽きることのない苦しみの奔流」が見つかる。数えきれないほどの人々が悩み、孤独を感じている。ほとんどが若者で、認知行動療法を受ければ助けになるかもしれないのに、金銭的に手が出ない、または認知行動療法のことを知らない。彼らの多くが、ネットはつらさを打ち明けられる唯一の場所だと感じている。ネット荒らしをする人が残酷になれるのと同じ理由、すなわち匿名性こそが、多くの人にとって、弱音を吐ける後押しになっている。

世界中の人が助けを必要としていて、世界中の人が誰かを助けたいと思っている。ロブはそう気づいた。だったら、その両者をつなげばいいのではないだろうか。「雷に打たれたようでした」と、彼はあとから振り返って語っている。考案したＨＩＴをプラットフォームとして完成させるまで「２年ほど、ひどく苦労をして」から、ついに公開できる準備が整ったので、試験運用を始めることにした。まず、ヘルパーとなる人を採用し、以前と同じように認知行動療法の基本を訓練した。それから、助けを求めている人への返信を書く練習をさせた。別のワーカーが、返信内容の思いやりレベルを評価する。数分の手短な訓練で、ヘルパーの共感力はしっかり磨かれていた。[34]

そこで、うつで苦しんでいる人たちのコミュニティに、このプラットフォームを公開した。６週間の試験運用中、１週間に25分ほど、心情を吐露する書き込みをしてもらう。ユーザーは自分の心情をヘルパーと共有してもいいし、非公開にしておいてもかまわない。いずれの場合も最終的に抑うつ症状の軽減が確認された。[35] 書くという行為だけでも精神状態が改善されることは昔からよく知られている。しかし、書き込みをヘルパーと共有したユーザーのほうが、悩みを別の視点でとらえ直す力が強くなっていた。

ヘルパーにとっても、他人の悩みと向きあったことがプラスに作用していた。一番目にログインしたユーザーの経緯を見て、ロブはこのことに気づいたという。深刻な抑うつ症状を抱えた若い女性だった。最初の書き込みは、トゲトゲしいだけでなく文章もめちゃくちゃで整理されておらず、彼女自身の思考が霧に包まれているようだった。ところがその後、自分も誰かの助けになる番が来たとき、彼女の文章は急に鋭敏で洗練されたものになった。「まるで違う人間のようでした」

人に親切にするというのは、相手が得をして自分が損をすること――と、僕たちは考えやすい。確かにロブのプラットフォームでヘルパーになる人は、小児病院で働く人々や、わが子のために自分の健康を犠牲にする共感力の高い保護者のように、他人の悩みを減らすために自分の労力を使っている。しかし、その一方で、他人に手を差し出すことでヘルパー自身にも恩恵があるのだ。人にあたたかく接すると、満たされた気持ちになり、ストレスが緩和される。[36]高齢者がボランティア活動をすることで寿命が延びる例すらある。僕が携わっている研究では、手を貸す側が対象に共感を抱くときほど、この法則が当てはまることを確認している。[37]

ロブのプラットフォームでは、ほかにも共感する側にとってのメリットが生じていた。失恋したり、仕事で低い評価をされたりすれば、本人にとっては世界の終わりのように感じられる。しかし、誰か別の人に起きたことであれば、よい方向へ解釈することもたやすい。ロブのコミュニティでヘルパーとなった人々も、まさにその点に気づいた。他人の体験に対して別の解釈を考えてあげることで、共感の力が磨かれる。[38]そして、のちにヘルパー自身が問題にぶつかったときにも、自分自身を新しい目で見て、役立ちそうな視点で解釈することができていた。

ロブは２０１１年に、フレイザー・ケルトンおよびカリーム・クドゥースという仲間とともに、研究プロジェクトだったHITプラットフォームを「ココ」として完成させた。現在、フェイスブックやツイッター、そして10代に人気のインスタント・メッセージングアプリ「キック」を含め、10種類ほどの大手ソーシャル・ネットワークの中にココ・ボットが常駐している。利用者数は100万人ほど。ココに登録する人の全員が善意のユーザーというわけではない。書き込まれる返信の10%から20%ほどは、役に立たなかったり、悪意があったりする。それでも害は生じていない。

一般的なソーシャル・ネットワークには、公開フィードがあり、アバターがあり、炎上騒ぎがあるものだが、ココで交わされる会話の巨大なネットワークは、「打ち明ける」「助けようとする」というふたつのリズムだけで構成されている。ココの開発チームは、人工知能と人間の知能の組み合わせで攻撃的な書き込みを特定し、リアルタイムで会話から摘みとっている。荒らしたい人が悪態をつくのは勝手だが、彼らは自分の罵詈雑言が消滅していることを知らない[39]。標的に届く前に消えているのだ。

人と人をつなぐか、引き裂くか。問われているのはテクノロジーの使い方

ソーシャル・ネットワークがアクセス数だけを重視している限りは、誹謗中傷で炎上が起きることは避けられない。怒りに満ちたオープンな書き込みには中毒性があり、ついつい見ずにはいられないからだ。しかし、協力的でひっそりとしたやりとりも、同じくらいに人の心を惹きつける。ココは

そうした発想を活かしたプラットフォームだ。匿名性は人を残酷にもするが、ココは匿名性を活かして、他人同士の誠実な共感関係が成り立つ道を作っている。

テクノロジー企業各社がこうした流れに乗るかどうかで、これからのインターネットは大きく変わってくるだろう。マーク・ザッカーバーグが、かつて社内でのモットーとして「機敏に動き、既存のものを壊す」と呼びかけていたことはよく知られている。実際、彼らはこれまでにかなり多くのものを壊してきたようだ。テクノロジーは人間と人間のあいだを引き裂いている。しかし同時に、僕たちがふたたび手を結ぶ機会も作り出している。僕たちがテクノロジーをどう使うのか、その判断しだいで、これからの共感の運命は決まっていくに違いない。

エピローグ　未来に心を寄せ、「共感」を選び取ろう

第二次世界大戦中、1944年6月のこと。ジョージ・パットン将軍は、戦争未経験者ばかりだった陸軍第3軍を率いて、フランスの領土を占拠するナチスと戦うこととなった。部下たちに不安を忘れさせるため、少なくとも忘れたふりをさせるため、パットンは歴史に残る大演説[1]で部下を鼓舞している。頭には磨き上げたヘルメット、腰にはグリップに象牙を施した357マグナム拳銃という姿で、戦え、そして勝てと煽る言葉をかたっぱしから繰り出した。武勇、義務、団結、敵への憎しみ。大言壮語と悪口雑言があまりにもひどいので、1970年の映画『パットン大戦車軍団』では、将軍の台詞をかなり上品に修正せざるを得なかったくらいだ。

しかし、数週間後に迫った戦いと殺戮について語る長広舌の最後で、パットンは部下たちに、もっと先の未来について考えてみるよう促している。

今から30年後、諸君は暖炉の前で孫息子を膝に乗せている。「おじいちゃんは、あの第二次世界大戦で何をしたの?」と孫が聞く。そのとき諸君は咳ばらいをして「そうだな、おじいちゃん

は、ルイジアナで便所掘りをしていたんじゃよ」と答えるのか。否、諸君は孫の目をまっすぐ見て、こう言うのだ。「孫よ、お前の祖父は偉大な第3軍の一員として、ジョージ・パットンという名の前代未聞の将軍のもとにいた」と！

この本では、共感をめぐるいくつもの戦場を見てきた。ヘイトや無関心へと引っ張る力の数々と、その力に逆らおうとするさまざまな人たちの姿を紹介した。彼らの多くが戦いに勝利している。対立を煽る毒のある文化――ときには本物の戦争や紛争――から自分の人間性を取り戻し、他人の人間性も見出すことに成功している。だが、僕たちが放り込まれている戦いは、とても大きい。僕たちがどれだけの共感を勝ちとるか、それがそのまま未来の世代に受け継がれていく。未来の世代は僕たちの遺産（レガシー）の中で生きていかなければならないのだ。

子孫に恥じない祖先になるためには、どうすればいいか。コンサルタントのアリ・ウォラックの心には、つねにこの問いがあるという。ウォラックのクライアントは企業、政府機関、非政府系組織などだ。そうしたクライアントの時間的な視野が、昔よりもかなり短くなってきていることに、ウォラックは気づいていた。昔は20年を見据えた計画の助言を求めてきた組織でも、今ではたった半年先に向けたアドバイスを欲してくる。

ウォラックはこれを「シングルマシュマロ思考」と呼ぶ。子どもがマシュマロ2個のために待つことができず、目先のマシュマロ1個に飛びついてしまうという、心理学者ウォルター・ミシェルが行った有名な実験[2]にちなんだネーミングだ。シングルマシュマロ思考は大人にも生じる。野菜よりもハンバーガー、老後の貯金よりも今のクレジットカード払いを優先せずにはいられない。企業の場合は、たとえ長期的な見通しに不利であったとしても、ひとまず四半期業績を上げることばかりに集中してしまう。

短期思考が非合理的とは限らない。子どもだって、あとでマシュマロを2個もらえると言われても、それが信じられないなら、待たずに1個のマシュマロをつかむのは賢明な判断だ[3]。僕たちが今後20年間、ずっと分断したまま生きていくのなら、この先2000年間に思いをめぐらせても意味がない。しかし、人間の存続をおびやかす危機の数々――気候変動、水不足、人口の爆発的増加――は、少しずつ進んでいく。現在の僕たちには影響はないかもしれないが、孫の世代、その孫の世代、さらにその孫の世代の暮らしを左右する。未来の世代を守るという仕事において、今の僕たちは信じられないほど役立たずだ――そうなってしまう一因は、遠い未来の世代を思いやることが難しいからだ[4]。

僕はこの本を通じて、人が人を思いやる範囲の「輪」を拡大し、人間全体を包み込んでいくという希望について語ってきた。未来を守るためには、その輪をもっと大きく広げなければならない。空間だけでなく時間も越えて考える必要がある。「効果的利他主義」という新しい社会運動は、まさにそれを使命の中心に掲げている。倫理を数字に転換して、どうすれば僕たち一人ひとりが世界最大のよい変化をもたらせるか計算するのだ。未来への影響を真剣に考えている哲学者ニック・ボストロムは、天災が起きなければ地球はあと10億年ほど持続すると書いた[5]。彼が正しいとすれば、それまでこの星で、のべ1京人が生きていくことになる。未来の人口と現在の人口の比率は100万対1くらいだ。今生きている人間のことだけでなく、もっとはるかに多くの人間のことを思って行動しなくてはならない――それが効果的利他主義の考え方だ。

今生きている人間のことであっても、距離があったり、自分と違っていたりすれば、共感するのは難しい。それなのに、生涯会うこともない仮定の誰かに配慮するなんて、本当に可能なのだろうか。「輪」の理論を提唱した哲学者ピーター・シンガーは、その方程式から感情を取り除くべきだと主張している。[6] シンガーが考える効果的利他主義者とは「心に強く響いた社会貢献ではなく、最大の効果を生み出す社会貢献を選んで実行する人」のことだ。

『反共感論』の著者ポール・ブルームは、さらに強く共感を否定している。ブルームに言わせれば、共感のせいで、僕たちは未来を思いやることができない。共感が目の前の出来事にがっちり結びついているからだ。「共感という観点から言えば、気候変動に対しては何も行動しないほうがいい。対策を講じることによってガソリン価格があがったり、企業が廃業したり、増税になったりすれば、自分にとって共感の対象となる具体的な人々に具体的な被害がおよぶからだ。一方、対策をとらなければ、特定できない未来の何百万人、何億人という人々に代償がおよぶことになるが、彼らの存在はぼんやりとした数字でしかない」[7]

そうだろうか。この本を通じて見てきたとおり、僕たちはそれほど壊滅的に無能ではない。人は共感を選ぶことができる。子孫の存在をもっとリアルに考え、子孫の幸せや健康を思いやる力をもっている。

コンサルタントのアリ・ウォラックはそう信じている。彼は2013年にロングパス・ラボという団体を立ち上げた。持続可能な思考の育成を目指し、僕を含む心理学者たちと協力しあいながら、世代間共感の推進に努めている。ウォラックが採用しているテクニックのいくつかは、この本で紹介した手法とよく似ている。たとえば最近のワークショップでは、参加者が自分の孫の孫（やしゃご）を「紹介」するというエクササイズを行った。参加者は、やしゃごの人生を現実味をもって想像し、紙に書き出していく。ワークシートに沿って、「その子の名前は？」「仕事は？」「どんな性格で、どんな価値観をもっている？」「どんなことに苦労している？」といった設問の回答欄を埋めていく。

過去について考えるエクササイズも行う。先祖が自分のためにどんな犠牲を払ってくれたか、思いをめぐらすのだ。心理学者デイヴィッド・デステノは、この視点で短期思考に対抗できることを突き止めている。[8] デステノらの実験では、被験者に、感謝している物事か、楽しかった出来事か、どちらかを振り返らせた。それから、たった今少額の報酬を受けとるか、それとものちほど多めの報酬を受けとるか、選択させる。マシュマロ実験の大人版というわけだ。すると、過去に恩を受けた体験を思い出していた被験者のほうが、目の前のことよりも将来を重視した判断をしていた。

この効果は世代を超える。別の実験では、被験者に、数十年前に漁獲高を制限した水産会社の記事を読ませた。過去に苦しい判断をしたおかげで、今現在の水資源がゆたかに確保されている、という内容だ。記事を読んだ被験者は、未来の他人のために自分の財産を差し出すことに意欲的になった。[9]

先ほどと同じ法則が時空を越えて成立したというわけだ。もちろん、過去の世代に必ず感謝できるわけではない。かつての偏見や負の遺産に対しては感謝の気持ちを抱けない。だが、昔の人たちが血のにじむような努力をして、何とか世界をよくしようとがんばってきたという例は、個人レベルでも、もっと大きな規模でも、数多く存在している。そうした選択のことを思い出せるなら、僕らも、この先の人々のために同じことをしようという意欲を抱くのではないだろうか。

畏怖や畏敬の念も、長期思考を促す効果がある。畏怖とは、ふだんの先入観がひっくり返るような壮大な体験をしたときに抱く感覚だ。天文学者のカール・セーガンは、『惑星へ』という著書で、NASAの無人宇宙探査機ボイジャー1号が1990年2月14日に撮影した地球の写真について語った〔「ペイル・ブルー・ドット」と呼ばれている写真のこと。『惑星へ』の原題〕。グレーの帯が闇をつらぬき、その1本の中に、ごくごく小さな明るいきらめきの点が見える。セーガンはこう書いている。

あの点をいまいちど見てほしい。確かにそこにある。あの点がわたしたちの家だ。わたしたち自身だ。あなたが愛する人、知っている人、聞いたことのある人、過去に生きていたすべての人の生が、そこにある。人類の歴史に存在したすべての喜びと悲しみ、確信に満ちた何千もの宗教、イデオロギー、経済政策、そして狩猟する者と採集する者、英雄と臆病者、文明の創造者と破壊者、王と小作人、愛しあう若者たち、父と母、夢あふれる幼子、発明家と探検家、倫理を説く教師、腐敗した政治家、ありとあらゆる「スーパースター」、ありとあらゆる「偉大な指導者」、聖人と罪人が、そこで生を送っている。太陽の光の中に漂う、埃のかけらのような星の上で。

宇宙と、その広大さの前では、僕たちの悩みは消え入りそうなほどちっぽけだ。[10] そう思うと少し恐ろしくなるが、利己心などくだらないとも思えてくる。心理学の研究でも、被験者に何か圧倒的なもの――そびえたつセコイアの大木、青空に映えるヒマラヤ山脈の頂、天の川など、ドキュメンタリー番組『プラネットアース』で流れるような自然の光景を見せると、被験者は自分の存在を卑小に感じつつ、人と人との結びつきを強く意識し、より他人に対して寛容な行動をとるようになることが確認されている。[11]

空間の広大さが有効なら、時間の広大さも侮れない。考古学者は、フランス南部に残る石を積んだ古代の墓（支石墓（ドルメン））で、新石器時代に作られた黄金の珠を発見した。4000年前の小さな珠に、繊細な縞模様と渦巻きが彫られている。こうした珠のひとつに触れたなら、これを作った数百世代も前の誰かのこと、そして今から数百世代後にこの珠をもつ誰かのことに思いを馳せたくなるだろう。僕たちは人間と人間をつなぐ遠大な鎖のひとつの環だ。それを忘れないでいれば、きっと鎖の未来を守ろうという意欲も湧いてくる。

もちろんその未来に僕らはいない。何世代も先を考えるなら、必然的に、命の有限性についても考えずにはいられない。どんな人であっても、いつかは、闇の向こうへ連れて行かれる日がやってくる。「恐怖管理（テラー・マネジメント）」という心理学理論の研究では、被験者に強制的に虚無の世界を覗かせる。たとえば死ぬとはどういう気持ちか想像して文章を書かせると、人は不安を感じ、何でもいいから安全な気持ちにさせてくれるものを探す。[12] 身内や仲間に囲まれる安心感もそのひとつだ。極論のプロパガンダを聞きたくなるし、部外者には敵意を向けたくなる。

しかし、命の有限性について語る会話は、必ず恐怖で始まり恐怖で終わらねばならないわけではない。結論が死である必要もない。死後の世界があるかどうかという問いは置いておくとしても、人は誰でも自分が後世に残す遺産の中で生きつづけると考えれば、未来の世代に役立つことをしたくなるはずだ。

実際、発明家アルフレッド・ノーベルはそうだった。生前のノーベルは大手の兵器製造会社を経営し、多数の爆発物の特許をとり、ダイナマイトも発明した。彼は1888年に兄リュドビクを亡くしている。伝えられている話によると、このときアルフレッドが死んだという誤報が流れ、フランスの新聞が訃報を掲載した。記事の見出しはLe Marchand de la Mort Est Mort「死の商人、死す」だ。ノーベルは、死んだらこんな言われようをすると知ってショックを受け、ひそかに財産の大半——現在の金額で言えばおよそ2億5000万ドル——を遺贈する決断をしたという。こうしてノーベル賞が設立され、アルフレッド・ノーベルが後世に残す遺産（レガシー）は決定的に変わった。

アリ・ウォラックは、長期思考を育てるにあたり、この発想が重要な意味をもっと考えている。彼のロングパス・ラボのワークショップでは、参加者に自分の追悼記事を書かせる。[13] 最近のTEDトークでも、「自分の人生が終わった先に対して、自分は何ができるかと考えてみてください」と語った。

「そうした視点があれば、思っているより少し大きなことができるからです」

共感は、もっとも古い形式としては、僕たちの自己保存本能のもとに築かれるものだ。子どもの世話をするのは、子どもが遺伝子を受け継ぐから。身内や仲間にやさしくするのは、仲間が食べ物や、交尾の相手や、安全を用意してくれるから。僕たちの存在など知りもしない未来の人間のために気を遣うだなんて、ダーウィンが解明した種の保存本能には矛盾するように思える。しかし、それでも、未来のための思いやりを育てていくことは不可能ではない。未来に心を寄せられるなら、僕たちは今この現代における共感力を進化させ、大きく持続的な感覚に広げていくことができる。

「なんとなく」で生きていくのは簡単だ。一方、今までとは違う視野で共感をもとうとすれば、おそらくお返しはしてこない誰かのために労力を払ったり、負担を担ったりしなければならない。それでも、残酷さや分断のエスカレートに直面する僕たちの戦いこそが、人間として胸を張れる生き方が存続するかどうかの分かれ目になるだろう。簡単で楽な生き方ではたいした意義も残せない。それどころか、特に現代のような時代において、楽な道に流されていくのは危険なことだ。僕たち一人ひとりの手に選択肢がある。その選択の総和が未来を作っていく。

考えてほしい。あなたはこれから、どう行動していくだろうか。

謝辞

僕は高校生の頃から、本を書きたいと思ってきた。執筆プロセスについて長年想像してきたけれど、その想像はびっくりするくらい間違っていた。一番の間違いは、執筆は孤独な作業だと思っていたことだ。深い森の中を精神がひとりで歩んでいくような工程だと思っていた。ところが実際の執筆を通じて、僕は何十人という人と新たに知りあい、そして何十人という古い友人との絆を深めた。その全員の力添えがあったからこそ、この本を今ある姿に完成させることができた。

ここに紹介する方々は、何時間も、ときには何日も取材に応じ、多くの場合は心痛むプライベートな経験を僕に打ち明けてくれた。掲載順でお礼を申し上げたい。ロン・ハヴィヴ、エド・カシ、トニー・マカリアー、エミール・ブリュノー、アンジェラ・キング、サミー・ランジェル、ステファニー・ホームズ、YPTの若き役者オリーとエラ、タリア・ゴールドスタイン、ベッツィ・レヴィ・パラック、ボブ・ワクスラー、ボブ・ケーン、リズ・ロジャース、メリッサ・リーボウィッツ、カリフォルニア大学サンフランシスコ校ミッションベイ付属病院ICNのみなさん、アルバート・ウー、イヴ・エクマン、スー・ラール、レックス・コールドウェル、ジョー・ウィンターズ、ワシントン州C

ＪＴＣ警察訓練校の職員のみなさん、ジェイソン・オコノフア、カタリン・フォス、ニック・ハーバー、ジェナ・ダニエルズ、デニス・ウォール、ヘザー・コバーンとトマス・コバーン、それからロブ・モリス、アリ・ウォラック。

執筆を通じて、それまで僕が知らなかったことも知らなかった物事とも多く出会った。たくさんの研究者や学者が、共感という難解な学問について、惜しみなくメールや電話で知恵を授けてくれた。特に、次に名前を挙げる方々に恩を感じている。アンソニー・バック、サイモン・バロン－コーエン、ダニエル・バトソン、ダリル・キャメロン、デイヴィッド・カルーソ、マーク・デイヴィス、リサ・フェルドマン・バレット、アダム・ガリンスキー、ジャスティン・ガードナー、アダム・グラント、ダニエル・グルーン、エレイン・ハットフィールド、クリスチャン・キーザーズ、サラ・コンラス、ヌール・クテイリー、フランソワーズ・マチュー、ブレント・ロバーツ、ロバート・サポルスキー、スティーブ・シルバーマン、タニア・シンガー、リンダ・スキトカ、サンジェイ・スリヴァスタヴァ、マヤ・タミル、ソフィー・トラウォルター、ジェニファー・ヴェイユ、ヨハンナ・ボルハルト、ロバート・ウィテカー。

草稿の一部を読み、貴重なフィードバックをくれた友人たちにも、感謝を伝えたい。ローレン・アトラス、ミナ・チカラ、ジェームズ・グロス、ヨタム・ハイネバーグ、イーサン・クロス、アダム・ウェイツ、ロブ・ウィラー。マックス・ソーンはファクトチェックに手を貸してくれた。また、カリ・リーボウィッツの助力を得られたのは僥倖だった。参考資料として掲載した「エビデンスの評価一覧」のまとめ役となり、その他の章についても深く知見に満ちたコメントを寄せてくれた。

科学はチームスポーツだ。この数年間、頭脳明晰かつ協力的な仲間との研究で、僕がどれほど多くのものを得てきたことか。本文で紹介した僕の論文の共著者たちに、心から御礼申し上げる。ジェレミー・ベイレンソン、ナイアル・ボルジャー、キャロル・ドゥエック、ヴァレリア・ガッツォーラ、フェルナンダ・ヘレラ、マシュー・ジャクソン、ブライアン・クヌートソン、イーノ・リー、マット・リーバーマン、ジェイソン・ミッチェル、マシュー・サチェット、カリーナ・シューマン、トール・ウェイジャー、ヨッヘン・ウェーバー。研究経験も乏しく、大学での成績もぱっとせず、共感と脳について生煮えの構想をこねくりまわしていた2005年の僕にチャンスをくれたのは、僕の大学院での恩師、ケビン・オクスナーだ。彼が授けてくれた知恵と友情のおかげで、僕は何とか科学者になった。この本のあちこちにもその恩が溶け込んでいる。

最近ではこの僕も、研究室で、熱意あふれる精力的な若き科学者たちにアドバイスをさせてもらえるようになった。スタンフォード社会神経科学ラボの現在・過去に在籍したすべてのメンバーに、ありがとうと伝えたい。多くの刺激と助力を提供してもらった。とりわけモリー・アルン、ライアン・カールソン、ルチャ・マカティ、シルヴィア・モレリ、エリック・ヌーク、デズモンド・オン、エマ・テンプルトン、ダイアナ・タミルに。エリカ・ワイズの研究は本書でも紹介している。第2章と第7章で紹介した共感構築の試みは、エリカの研究論文の中心となるもので、称賛に値する。

出版エージェントのセス・フィッシュマンは、10年来の友人だ。僕が数年前に、学術論文ではない本を書こうと決めたとき、寛大にも指導役を引き受けてくれた。雑誌への売り込み方を教え、よく書けたと僕が思った記事すべてに目を通し、本当によく書けた記事に変える方法を指導してくれた。この本の構想を練るあいだも、彼に意見を聞けば、いつでも打てば響くような心強い反応が返ってきたものだった。

セスのおかげで、出版社クラウンのすばらしいチームと縁ができたことは、今後も感謝を忘れることはないだろう。ザカリー・フィリップスは執筆の全工程を通じて機敏なサポートを提供してくれた。メーガン・ハウザーは終盤で原稿を何度も精査し、的確なフィードバックで完成へと導いた。『スター・トレック』のことをもっと書けと言ったのも彼女だ。もちろん、僕としても反論があるはずもない。ペニー・サイモン、モリー・スターン、キャスリーン・キンラン、アンスレー・ロズナーの貴重なサポートも、本当にありがたかった。

担当編集者、アマンダ・クックが、この本のプロジェクトと僕自身に与えた影響は、言葉では説明しにくい。彼女のおかげで、僕は最初の構想では見えていなかった、もっと深くて意味のある考察を引っ張りだすことができた。書き出しにつまずき、神経をとがらせ、考えすぎや考え不足やぎりぎりの考え直しで七転八倒する僕に、彼女は聖人かと思うほどの辛抱強さで付きあってくれた。確信と自信に満ち、それでいて思いやりある態度を崩さない彼女は、著書執筆に望みうる最高のパートナーだ。ほかの編集者の手でこの本が生まれたなんて可能性は想像もできない（したくもない！）。

ルーク・ケネディとは、大学2年生のときのパーティで出会った。それ以来、彼は僕にとって兄弟に近い存在だ。友情に篤く、相談役としても才気にあふれていて、いつでも、どんな発想でも、それがどんなに突飛でも、巧みに球を受け止めて投げ返してくれる。彼は研究者でもないし作家でもないが、彼との数えきれないほどの会話を通じて、僕の長年の思考は形成されてきたといっていい。

僕の両親、パルヴェースとアイリス、継母のキャスリーンも、さまざまな人生の山谷で僕を支えている。僕たちのつながりはずっと途絶えていない。僕たち家族が苦しんでいた時期の一部をさらけ出すという判断を、父母たちが肯定してくれたことに、心から感謝している。

この本の執筆を始めたのは、娘のアルマが生まれた1週間後だ。アルマが眠っているあいだにこそこそと仕事をした。アルマと、その妹のルイーザが僕のためにどれほどの犠牲を払ったか、本人たちは知る由もない。妻のランドンはよくわかっている。生まれたての子がいて（しかもそのあとにもうひとり増えて）、ただでさえ負担の大きかった家族に、僕がさらなる負担をかけてしまった。妻はときどき不安をぶつけたり、ときには完全にキレたりしながらも、甚大な労力を払って、僕が原稿を仕上げる時間を確保してくれた。

そのことに感謝して、いや、それ以外のすべてに対する感謝も込めて、この本は妻に捧げたい。ランドンは優秀な心理学者として、刺激的なプロジェクトをいくつか温めている。次は彼女の番だ。

参考資料A　共感とは何か？――3つの共感、その区別と扱い方

「あんた、ずっとおんなじこと言ってるが、思ってるのと違う意味になってるぜ」

――映画『プリンセス・ブライド・ストーリー』に登場する剣の達人、イニゴ・モントーヤの台詞

大半の人は、「共感」の意味を知っていると思っている。ところが実際に「共感」という言葉を使うとき、その意味するところはしばしば異なっている。

心理学者は共感の定義について何十年も前から議論してきた[1]（ときには白熱した議論になる）。細部では揉めていても、大局としては、ほぼすべての研究者の意見は一致している。なかでもはっきりしているのは、共感というのはひとつのものではないという点だ。共感とは、気持ちを共有すること、人の気持ちについて考えること、配慮することなど、人が人に対して示すさまざまな反応を包括的に指す言葉なのだ[2]。内訳のそれぞれに名称もある[3]。

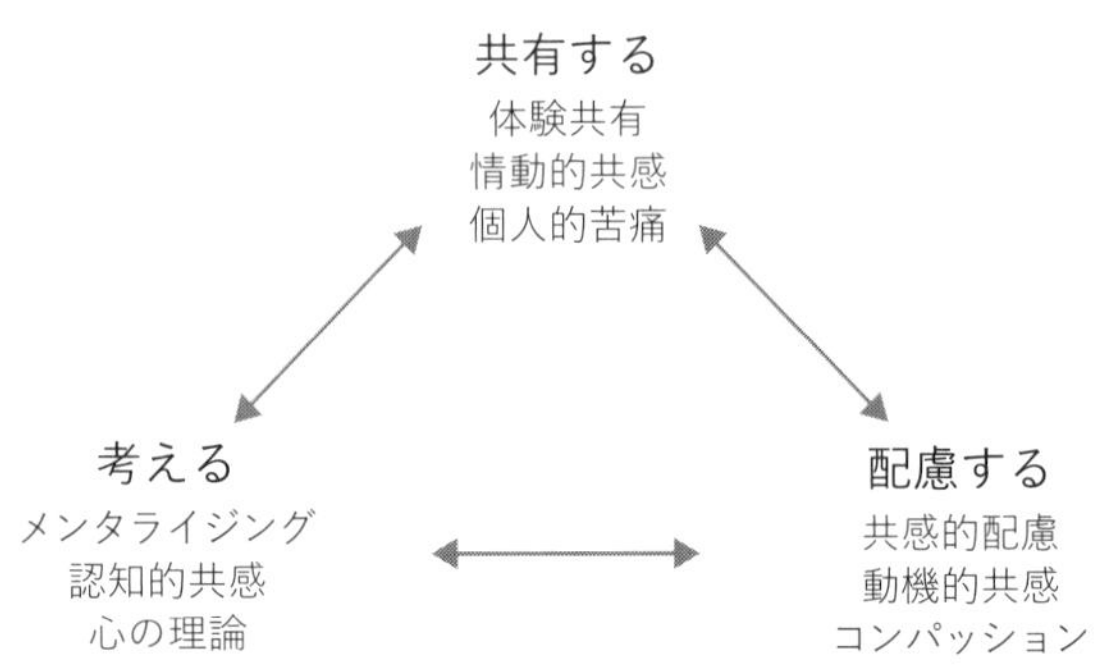

ひとつずつ確認してみよう。

まず、あなたが今、大学の最上級学年だと想像してみてほしい。親しい友人と一緒に、彼のアパートへ歩いて向かうところだ。アパートの郵便受けをチェックした親友が、呆然と立ち尽くす。「来た」。何のことだか、あなたにはすぐわかる。親友が医学部進学を目指し、しかも特定のコースをどうしても学びたくて、過去3年間どれほどがんばってきたか、あなたもよく知っているからだ。親友は願書を出したあと、これまでに30回くらい、あなたにその話を語っていた――ときには不安そうに、ときには希望に満ちて、そうかと思うと不安と希望を一緒くたにしながら。

親友は急いで階段を駆け上がり、部屋に入って封筒を開く。親友の顔がゆがむ。喜んでいるのか動揺しているのかわからず、あなたは身を乗り出して顔を覗き込む。すると親友の涙は、明らかに、幸せの涙ではなかった。

〔 共有する 〕

親友ががくっと膝をつく。あなたもおそらく苦しい表情になり、肩を落とし、涙も出てくる。気分はどん底だ。

共感の研究者は、これを「体験共有」と呼ぶ。他人に見た感情を自分の体験として受け止めている。体験共有の幅は広い。相手の表情、身体に感じているストレス、気分などを、ネガティブなものもポジティブなものも「キャッチ」する。脳は、他人の苦痛や快楽に対し、自分自身がそれを体験しているものとして反応する。

体験共有をするときは、自他の境界線が消滅する状態に最大限に近づいている。一番深く踏み込んだ共感だ。[4]これは進化の面ではかなり古い現象で、サル、ネズミ、ガチョウにすらも見られる。生まれてすぐに芽生えるので、乳児は別の子が泣く声につられるし、母親の不安を感じとって泣き出す。この共有は光の速さで起こる。友人が顔をしかめるのを見ると、コンマ秒の速度で、あなたもその表情を模倣する。すると、脳の中で苦痛をつかさどる部分が、即座に反応する。

体験共有は共感の科学の基礎でもある。「共感（empathy）」という言葉が誕生する前から、たとえば18世紀の経済学者で哲学者でもあったアダム・スミスが、「同感（sympathy）」や「同胞感情（fellow feeling）」という言葉を、体験共有にかなり近い意味で使っていた。スミスはこう書いている。[5]「想像の中で、苦しんでいる人と立場を入れ替わることで（……）相手の気持ちに思いを馳せたり、感情が揺さぶられたりする」。体験共有は、心理学では「情動感染」、神経科学では「脳のミラーリング」と言われ、共感のもっとも有名な形式として昔から知られている。

考える

あなたは親友の苦しみを共有しながら、同時に、相手の心の内側を思い浮かべている。どんなふうに動揺しているのか。それについて本人は何を考えているのか。これからどうするのか。こうした問いの答えを出すために、あなたは探偵のように、親友の行動や状況に関する証拠を集めて、どう感じているか推測する。

こうした認知レベルでの共感は、他人の視点を具体的に想定するという意味で、「メンタライジング」と呼ばれる。[6] メンタライジングはマインドリーディングの日常版で、体験共有よりも複雑だ。ほとんどの動物には備わっていない高度な認知能力を要するので、進化においてもあとから出現した。体験共有の力は幼い頃に身につくが、メンタライジングのスキルが磨かれるには時間がかかる。

配慮する

本当に親友同士なら、相手が涙ぐんでいるのを眺め、暗い気持ちになって、ただ相手のことに考えをめぐらせているだけではないはずだ。おそらくあなたは親友の気持ちが回復することを願い、その後押しになる方法を考えるだろう。

これが研究者の言うところの「共感的配慮」だ。他人の幸せ（ウェルビーイング）の状態を改善したいという意欲を抱く。このタイプの共感が、思いやりのある行動に一番つながりやすい。西洋の研究者はこれまで、メンタライジングや体験共有と比べると、共感的配慮にはさほど関心をもたなかった。[7]しかし最近ではそれも変わりつつある。共感的配慮は、仏教で何百年もの歴史がある「コンパッション（慈しみ）」の形式とも密接に結びついている。たとえば仏教でいうKaruna（悲しみ）は、他者が苦しみから解放されることを望む気持ちを指す。

3つの共感の区別とつながり――「マトリョーシカモデル」

体験共有、メンタライジング、共感的配慮の区別は興味深い。たとえば、共通点のない相手に共感するときには、メンタライジングが一番役に立つ。自分には興味のないスポーツチームのファンが、試合のあとに道路標識に登りたがる理由を知るためには、彼らの情動において見えている景色は自分に見えている景色とは違うのだということを理解しなければならない。[8]人と人とが理解しあえないのは、往々にして、自分自身の知識や優先順位を他人に投影して決めつけてしまっているからだ。

共感の種類が違うと、活動する脳のシステムも異なってくる。[9]役立つ場面にも違いがある。ポーカーやボクシングをするときは、敵のもつ情報や次の行動を察するために、鋭いメンタライジングの能力が必要だ。こういうときに配慮は役立たない。育児は正反対で、子どもが癇癪を起こしている理由はわからなくても、子どものために何をすべきか判断しなくてはならない。本人の立場が共感の種類を決めることもある。たとえば救急救命室の医師は、患者のことを強く思いやるが、患者の苦しみを自分のものとして感じ取ってしまったら、仕事ができなくなる。自閉症スペクトラム障害のある子どもは、メンタライジングは苦手でも、他人の気持ちを共有したり配慮したりすることがある。サイコパスは反対だ。[10] 彼らは他人がどう感じているか正確に見極められる。しかし相手の苦しみはまったく心に響かない。

こうした区別がある一方で、それぞれの共感は相互に深くつながってもいる。他人の情動を共有すれば、相手の気持ちに関心をもつ。相手について関心をもてば、結果的に相手の幸せを願う気持ちが高まる可能性が高い。[11] つまり3つの共感は、方法は違っても、すべてやさしさの行動を促すことにつながる。[12]

霊長類学者フランス・ドゥ・ヴァールは、これを共感の「マトリョーシカモデル[13]」という見事な表現で説明した。ドゥ・ヴァールの考えでは、一番小さいマトリョーシカが、原始的な体験共有のプロセスだ。他人の痛みを自分のものとして感じることで、苦痛を止めたいという衝動が生まれる。その上に、やや大きいマトリョーシカとして複雑な共感の形式が重なって、もう少し広いやさしさを生み出す。メンタライジングを通じて他人の気持ちを細かく把握し、なぜそう感じているかを理解し、さらに重要な点として、どうすればその気持ちが改善されるかも考えるのだ。その次のマトリョーシカでは、相手に対する深い配慮が生まれている。自分が苦しいかどうかということよりも、相手が感じている苦痛に意識を向けられる。

哲学者ピーター・シンガーが著書『拡大する輪』で表現したグローバルなやさしさは、この配慮をさらに広く拡大したものだ。特定の個人ではなく、人間全体を慮ることを想定している。[14]

共感の種類がわかれば、対策もできる

この本は、薄れてしまった共感の再構築というテーマに主眼を置いた。共感力が働かない原因を突き止め、もっとも効果的な解決策を見つけるにあたって、今述べたような共感の種類を特定することが役に立つ。

たとえば無関心で冷淡になるのは、認識が足りないせいかもしれない。ホームレスの人の体験など考えないので、彼らの苦しみには関心が湧かないのだ。この場合の介入としては、たとえば他者視点取得のエクササイズやバーチャルリアリティを活用して、メンタライジングのスキルを育てるのがよいだろう。

紛争に直面したときは、敵のことを深く認識するものの、敵の幸せを慮ったりはしない（むしろ敵の苦しみを願うだろう）。この場合は、接触の場を作り、特に集団の垣根をまたがる友情関係を作ることで、変化を起こすことができるかもしれない。

医療従事者などのバーンアウトの問題は、体験共有が過剰であるせいで起きることが多い。瞑想テクニックを利用すれば、共有ではなく配慮へと切り替えることができるだろう。

いずれにせよ、共感に関してどんな対策が必要か理解するためには、まず、どんな共感をしているか見分ける必要がある。

参考資料B　エビデンスの評価一覧——共感研究のフロンティアへ

太陽は地球の周りを回っている、原子が宇宙の中で一番小さい粒である、人間の魂は脳の松果腺に入っている……さまざまな時代に、そういった説が科学の「言葉」によって「事実」として裏づけられてきた。一方で、科学の「手法」があったからこそ真実が明らかになり、そうした説は書き換えられてきた。裏づける、間違っていたとわかれば覆す、そして決して謙虚さを忘れないというのが、科学が力をもつゆえんなのだ。科学はファクトの羅列ではない。予測し、実験し、再考するプロセスだ。静ではなく、つねに動として存在している。

この本では、人間の共感とやさしさを強める勢力、弱める勢力について、科学的エビデンスを挙げて考察した。大半は心理学の分野で確認されたエビデンスだ。過去に有名になった心理学的発見が、近年になって、実はそれほど確かではなかったとわかった例もある。[1] 政治学、経済学、生物学、医学研究の分野における発見に対し、疑義が生じることもある。僕たち心理学者はこれを機会として利用する。実験手法を補強し、研究過程の透明性を高め、既知の範囲と未知の範囲を明確に区別する機会だと思っている。

その精神に沿って、僕が紹介したエビデンスについても、読者が詳細を評価できるようにすべきだと考えた。掲載した主張の中には、数十年間の研究で一貫して裏づけられているものもある。反対に、数週間前、数か月前に初めて発表されたばかりの真新しい見解もある。もちろん僕自身が信じられない研究は紹介していないが、数年後の評価がどうなっているかはわからない。

このセクション（参考資料B）は、本書で提示した主張を裏づけるエビデンスの頑強性を伝えるのが狙いだ。僕の同僚カリ・リーボウィッツが、このセクションの共著者となって、まず各章の主な主張に関する独立したエビデンスを集めた。それから主張の「強さ」を5（もっとも強い）から1（もっとも弱い）で評価した。その後、僕たちふたりで話しあい、ほかのエビデンスを見逃していないか調べ、すべてのスコアについて意見を一致させた。エビデンスが弱すぎるとふたりとも考えた主張は、本文の記述から除外するか、暫定的な発見であることを明記した。つまり、このセクションは本文の評価だけでなく、本文の推敲にも一役買ったというわけだ（それぞれの主張はすべて本文中にそのままの記述で登場するわけではなく、各章で展開している議論の土台となっているものもある）。

【評価システム】

主張の評価は、それぞれ2つ、ないし3つの項目で整理した。

1　本文で述べた主張の要旨

2　5段階評価：1（弱い）〜5（強い）

3　簡単な理由（評価1から3の場合のみ）

エビデンスが強い場合、その理由はおおむねどれも同じだが、エビデンスが不完全である場合、完全と言えない理由はそれぞれ異なっていることが多い。特に1から3の評価は、理由にばらつきがあるため、簡潔な説明を示した。評価の全般的な意味は次のとおりだ。

評価5：主張の根拠として、エビデンスがきわめて強いことを意味している。当該の研究は数多く再現されており、ほぼ例外なく、主張の正しさを裏づける結果が出ている。多くの場合、多数かつ多様な参加者を伴う実験をしている。メタ分析で確認されているものも多い（メタ分析とは、複数の研究を集め、特定の現象の影響が顕著に見られるかどうか横断的に調べる研究）。

評価4：主張の根拠として、エビデンスがとても強いことを意味している。当該の研究は複数回再現されており、全般的に主張が裏づけられている。ただし、エビデンスが最大限に強いと言うには少し足りない。理由としては、たとえば一部の状況では確認されているが、すべてにおいて確実というわけではない。または、当該のテーマについて大規模なメタ分析が行われていない。

評価3：エビデンスがやや強いことを意味している。当該の研究は再現されているが、おそらくその効果は、一部の環境でしか確認されていない（たとえば学校では確認されているが、職場では確認されていない）。あるいは、多数かつ多様な被験者で再現されていない。エビデンスとしては強くても、まだ研究として新しく、再現数が少ない場合に、3と評価することもある。

評価2：主張を裏づける研究が多くはないことを意味している。たとえば、再現で矛盾する結果が出ている。あるいは研究が新しいため、または多くの人数を必要とするため、独立した再現実験の実施が難しい。きわめて限定的な環境のみで確認された（あるいは、限定的な環境のみで実験された）場合も、2としている。

評価1：主張を裏づけるエビデンスが少ないことを意味している。研究が新しい、または独立した再現実験の実施が難しい場合など。評価1は、その主張が真実ではないという意味ではなく、裏づけるエビデンスがまだ多くそろっていないということを意味している。

高評価がついているものであっても、すべてのシチュエーションで、すべての人に当てはまるという意味ではない。比喩として、医療のようなものだと思ってほしい。最先端で、効果もきちんと確認された治療方法であっても、すべての病気に効くわけではないし、同じ病気の患者全員に必ず効くとは限らない。薬の薬剤学的性質、患者の容体、その病気の細かな状況が複雑に絡みあって、薬の効果は決まってくる。心理学研究における効果もそれと同様に、本人の心理状態と人間関係の複雑な組み合わせによって、生じる影響が変わってくる。いつ、どんな場面で、どのような理由で影響が表れるか、そこまで予測できるのが一番よい心理学理論だ。

このセクションは、掲載した主張のエビデンスの強さを簡潔に要約するのが目的だ。数十年にわたる研究も簡略化してスコアに落とし込んだ。詳細を知りたい読者は、ぜひ www.warforkindness.com/data にアクセスしてほしい。それぞれの主張を裏づける研究の一覧が掲載されている。参考資料と、こうした情報源を利用すれば、この本が準拠している研究がおおむね把握できるだろう。ひとつ欲を言えば、人間の共感とやさしさをめぐる科学がいかに熱心に研究されているか、わかっていただけると幸いだ。

〔プロローグに掲載した主張の評価〕

□まとめ

共感のもっとも根本的な概念のいくつかを紹介した。共感の進化論的なルーツ、共感をつかさどる脳の領域、そして共感と親切な行動との関係についても触れている。「プロローグ」で紹介した主張は、理論と実験による強固なエビデンスにもとづいており、心理学、神経科学、進化生物学、経済学といった分野からの膨大な学際的研究で裏づけられている。

■主張0-1：共感と、やさしい態度や向社会的行動〔他人のための援助的な行動〕は、関連している。

↓評価：5

■主張0-2：進化には共感が有利に働く。向社会的な生物に選択的優位性がある。

↓評価：5

■主張0-3：共感力の強い人間は、向社会性が高い。

↓評価：4

■主張0-4：共感力の強い人間は、主観的な幸福度が高い。

↓評価：4

■主張0-5：多くの人に共感するよりも、ひとりに共感するほうが容易である。

↓評価：4

■主張0-6：脳の「ミラーリング」は共感と関連している。

↓評価：5

第1章に掲載した主張の評価

□まとめ

共感の遺伝要因や環境要因など、第1章に載せた主張のいくつかは、多数の学際的研究で裏づけられている。それ以外では、まだ新しく再現が確認されていないものや、共通見解が形成されていないものもある。

■主張1‐1：IQ／知能は経験で変わる。

↓評価：5

■主張1‐2：共感力は、部分的には、遺伝によって決まる。

↓評価：5

■主張1‐3：子どもの共感レベルは環境の影響を受ける。

↓評価：4

■主張1-4：必要悪（悪い知らせを人に告げるなど）を行う人間は、共感力が減退する。
↓評価：4

■主張1-5：重苦を背負う人は、結果的に向社会性が強くなることが多い。
↓評価：3
↓理由：重苦が共感と向社会性の向上につながるという主張には、それを裏づけるエビデンスが多数存在している。しかし、場合によっては正反対の法則も成り立つ。暴力が暴力を引き起こす、苦しみのせいで残酷になったり攻撃的になったりするなど。重苦がこうした負のサイクルに陥らず、ポジティブな結果に結びつく状況と理由については、いくつかの理論が詳細に解明しており、レビュー論文で解説されているが、さらなる研究で検証が必要。

■主張1-6：共感の可鍛性に対するマインドセットが、その人の共感力に影響する。
↓評価：1
↓理由：第1章で紹介した僕たちの研究は、共感マインドセットについて調べた初めての研究であり、まだ多くの再現研究で検証されていない。今のところ2件の研究プロジェクトが関連した形で、共感マインドセットの構造を調べている。そのうち1件では、共感度の低い人は攻撃的になりやすいが、「共感力は高められる」と信じるマインドセットになると、攻撃的になりにくいことが確認された。もう1件の研究プロジェクトでは、共感力は変容可能であるというマインドセットをもたせても、犯罪者を許す確率が高くなるわけではないことが確認された。全体として、本書で説明した共感マインドセットの効果を確認するためには、さらなる研究が必要。

第2章に掲載した主張の評価

□まとめ

第2章では、情動と共感に対する本人のコントロールについて考察し、人を共感へ引き寄せる動機と共感から遠ざける動機にスポットライトを当てた。主張のいくつかは長年の研究で確立されたエビデンスにもとづいているが、まだ心理学者のあいだで見解が割れているものもある。

■主張2-1：人間は自分の情動を制御し抑える力がある。

↓評価：5

■主張2-2：人間関係の構築が重要となる場面では、人は共感力が高くなる。

↓評価：3

↓理由：共感が人間関係構築に重要であるという見解は、多くの研究が裏づけている。孤独や印象操作に関する研究でも、そうした状況で共感力が高くなることが確認されている。だが、共感する動機の発生を試す目的で、人間関係の構築が必須となるシチュエーションを具体的に用意した実験は、比較的少ない。

■主張2-3：人は、共感することによって、倫理的な自己イメージを高めようとする。
↓評価：4

■主張2-4：共感すると苦痛を感じると思うとき、人は共感することを避ける。
↓評価：4

■主張2-5：ストレスは共感力を弱くする。
↓評価：3
↓理由：ストレスの増加と、バーンアウトおよび共感力減退の関連性については、特にバーンアウトに陥りやすいケアワークの従事者において、その関連性を裏づけるエビデンスが出ている。しかし、このテーマに関する研究の大半は相関的なものであって、因果関係ではない。さらに、ストレスで他者視点取得能力が低下しうることを示した研究もある一方で、少なくとも1件の研究では、ストレスが短期的な向社会的行動を高めることもあると確認されている。ストレスと共感の関係についてはさらなる実証研究が必要。

■主張2-6：共感することは高く評価されると信じると、人は、より共感を示す。

↓評価：4

■主張2-7：意図的に共感力を高めると、脳にも変化が表れる。

↓評価：3

↓理由：適切に実施された数件の研究で、共感や思いやりの訓練によって脳に変化が表れることは報告されている。ただし、これらの研究のほぼすべてが、「愛と慈愛の瞑想」のような瞑想訓練の結果として生じる脳の変化に主眼を置いている。その他の共感構築訓練で脳神経に影響があるかどうか、さらなる研究で確認し補強する必要がある。

第3章に掲載した主張の評価

□まとめ

第3章は、接触仮説と、それに関連する主張を中心に、社会学においてもっとも研究が進んだ分野のひとつを基盤に考察した。掲載した主張の大多数は、多様な文脈で、数千人の被験者を伴う数百件の研究で検証されている。

■主張3‐1：人はよそ者よりも、自分と同じ集団のメンバーに対して、自然と共感する。

↓評価：5

■主張3‐2：対立している状況では、共感力は発揮されにくい。嫌悪感が生じることも多い。

↓評価：5

■主張3‐3：接触することで、一般的に、他者に対する共感が高まる。

↓評価：5

■主張3‐4：紛争や競争のさなかでも、接触によって他者への共感を高められる。

↓評価：5

■主張3‐5：他者への共感を育成する目的で、接触機会を創出するためには、特定の状況が必要である（ゴードン・オルポートが紹介した例など）。

↓評価：3

↓理由：状況によって接触効果が異なることについては、多くの研究が論じている。だが、最近のメタ分析にも表れているとおり、接触が「有効」となるための変数は何であるか、意見の一致はほとんど見られていない。

〔第4章に掲載した主張の評価〕

□まとめ

第4章では、共感構築におけるナラティブアートの役割について論じた。接触仮説と比べて、ナラティブアートが共感に与える影響については、充分に制御された研究の例が少ない。第4章で紹介した主張が低評価となる理由は、否定的な発見があるからではなく、体系的な再現実験が不足しているからだ。とはいえ、最近のメタ分析を含め、ストーリーテリングが共感に与える効果を示す研究は増えている。この領域でさらに研究が進めば、これらの発見を確認または文脈化していくことができるだろう。

■主張4-1：芝居は共感力を高める。

↓評価：3

↓理由：適切に実施された研究で有望な発見が得られた例も少数あるが、それ以外では、この領域における研究は、⑴自己申告による、⑵客観的な向上が顕著には見られない、⑶対照群を用いていない、この3種類のいずれかに当てはまる。芝居の練習が共感力を育てる程度について検証するには、適切に設計した実証実験がさらに必要。

■主張4-2：文学は共感力を高める。
↓評価：4

■主張4-3：読書で犯罪を減らせる。
↓評価：1
↓理由：多くの研究が、受刑者にとっての教育の恩恵を明らかにしている。読書療法（ビブリオセラピー）の効能を伝える事例報告も多い。しかし、チェンジング・ライブズ・スルー・リテラチャーの評価のほかには、再犯率に対する読書効果を検証した実証研究はほぼ行われていない。

■主張4-4：ナラティブアートで集団間の紛争を減らすことができる。
↓評価：4

第5章に掲載した主張の評価

□まとめ
第5章では、医療の現場に焦点を合わせつつ、ケアという文脈における共感の利点と限界について論じた。ここで述べた主張の大半は、大規模なランダム化比較試験やメタ分析をしたものも含め、きちんと文書化された厳密な研究にもとづいている。ただし、1件（主張5-3）は、多少の議論の対象となっている。

■主張5-1：同情疲労、共感疲労はケアワーク従事者で起きることが多く、彼らに有害な影響を与える。

↓評価：5

■主張5-2：医療従事者が共感することで、患者のアウトカム（結果）によい影響がある。

↓評価：5

■主張5-3：医療従事者にとって、共感には隠れた危険がある。

↓評価：3

↓理由：この主張をめぐる発見には、ばらつきがある。共感は医療従事者に負の影響をもたらしうる——バーンアウト、抑うつ、医療行為の提供能力の低下など——というエビデンスもある一方で、共感はバーンアウトを防ぎ、医療行為提供能力を高めるというエビデンスもある。本文で解説したように、これはケアギバーが抱く共感の**種類**にかかわっている（共感的苦痛か、共感的配慮か）。

■主張5－4：医療従事者に対して、人間が支援する体制があれば、バーンアウトは軽減する。
↓評価：5

■主張5－5：マインドフルネスでケアギバーのバーンアウトが減る。
↓評価：5

■主張5－6：マインドフルネスでケアギバーの共感力が高まる。
↓評価：4

〔第6章に掲載した主張の評価〕

□まとめ

規範や常識の威力に関する考察など、第6章で提示した主張のいくつかは、数十年にわたる学際的研究で非常に強く裏づけられている。しかし、警察の取り締まり方や学校の指導法を変える共感介入のポテンシャルなど、その他の主張に関しては、まだ新しい研究にもとづいており、大人数の被験者を起用した再現実験が行われていない。

■主張6－1：社会的規範が人の思考や行動に影響する。

↓評価：5

■主張6-2：人は、浸透している規範に同調する。極論の流行を過大評価しやすい。

↓評価：5

■主張6-3：共感は共感を招く。ポジティブで共感的な空気が広がる。

↓評価：4

■主張6-4：警官が対人訓練プログラムを受けることで、取り締まり活動の改善につながる。

↓評価：3

↓理由：共感、コンフリクト・マネジメント（紛争への対処）、手続き的公正に主眼を置いた訓練によって、取り締まり活動の結果が改善される（危険な状況をエスカレートさせないなど）ことは、複数の研究で明らかになっている。しかし、対照群を用いる、重要な結果を長期的に調査するなど、実験的に訓練プログラムを評価した研究はきわめて少ない。

■主張6-5：身内をひいきした共感は、当人の総合的な共感よりも重みをもつことが多い。特に集団間に紛争がある際は、この共感バイアスが強くなる。

↓評価：2

↓理由：この見解を伴うブリュノーらの研究は、ごく最近のもので、まだ複数の独立した集団で再現が確認されていない。共感バイアスや、集団内外の共感の強さに関する多くの研究との一貫性はあるものの、共感バイアスと総合的共感を比較した研究はほぼ存在しない。そのため、共感バイアスが総合的共感よりも強いという主張は、多くの研究での実証的な確認がなされていない。

■主張6-6：「ソーシャル・エモーショナル・ラーニング（SEL）」のプログラムは、多くの効果がある（特に年齢層の低い子どもにおいて）。

↓評価：5

■主張6-7：共感的指導は教室運営を助ける。

↓評価：1

↓理由：ジェイソン・オコノファの研究は有望であり、適切に実施されているが、まだ新しく、再現されていない。教育環境における共感重視型指導について調べる研究は、ほかに存在していない。

第7章に掲載した主張の評価

□まとめ

第7章は、人間の共感に対するテクノロジーの影響を考察した。例に挙げているテクノロジーは新しいものばかりなので、その研究もほとんどが新しい。しかし、この章で提示した主張の多くは——テクノロジーが共感によい影響をもたらすとするものも、悪い影響をもたらすとするものも——しっかりと裏づけがとれている。この章で提示した中でもっとも見解が割れているのは、テクノロジーとインターネットの使用量が増えると共感力は高まるのか、あるいは低下するのか、という問題だ。その他の主張と同じく、結論は「使い方による」だ。

■主張7-1：テクノロジー／インターネットの使用量増加は、共感力の低下と関連している。

↓評価：2

↓理由：テクノロジーとインターネットの使用が、顔を合わせた交流に取って代わると、人は社交能力が低下し、周囲にいる人との交流が減る。その一方で、インターネットとソーシャルメディアを使用するおかげで共感力が高まり、他者を受け入れる意欲が強まる場合もある。つまり、社会的交流がネットに限定される場合は共感力が低下するが、ネットが社会的交流の幅を広げる場合は共感力が高まると言える。

■主張7-2：インターネットの匿名性がネットいじめを増長する。

↓評価：4

■主張7-3：インターネットは極論や感情的見解を反響させる。極論や感情的見解を推奨し、有利にする。

↓評価：4

■主張7-4：VR体験で、ステレオタイプ化や差別の意識が軽減する。

↓評価：4

■主張7-5：VRは共感力を育てる。

↓評価：4

■主張7-6：ネットのコミュニティは、そのメンバーにとって、意義があり有益な支援になる。

↓評価：4

■主張7-7：人は、人を助けることで自分も助けられる。幸福感、充足感が高まる。

↓評価：5

エピローグに掲載した主張の評価

□まとめ

「エピローグ」に掲載した主張は、共感と、共感に関連する感情を活かして、よりよい未来を作っていくことに主眼を置いている。きちんと裏づけがとれている部分もあるが、大半はまだ新しい。さらなる直接的な再現研究で、この新しい研究の信頼性が評価されていくだろう。

■主張8-1：感謝の気持ちは長期思考を促す。

↓評価：3

↓理由：感謝をすると長期思考になり、目の前の満足に飛びつかなくなり、未来の世代のために苦労を引き受けようとする点については、いくつか有望な研究結果が出ている。しかし、エビデンスの数が比較的少ないので、さらなる研究で再現する必要がある。

■主張8-2：畏敬の念がきっかけとなって、人との絆を感じたり、寛容な気持ちを抱いたりする。

↓評価：4

■主張8-3：自分が後世に何を残せるかという点について思考をめぐらせると、未来の世代のために犠牲を払おうという意欲が高まる。

↓評価：3

↓理由：自分が後世に残す遺産（功績）のことを考えるよう促すと、気候変動対策に取り組むなど、未来の世代のために尽くす気持ちになるという点については、説得力のある研究がいくつか登場している。しかし、これら一連の研究は比較的新しいため、再現性を確認していく必要がある。

訳者あとがき

本書の原題は *The War for Kindness: Building Empathy in a Fractured World*（やさしさを勝ちとる戦い――壊れた世界で共感を築く）といいます。共感研究における新進気鋭の若手心理学者として知られるジャミール・ザキによって、専門書ではなく、一般の読者にも広く共感について知見を深めてもらうための本として、２０１９年に上梓されました。

共感力は生まれたときから固定の才能ではなく、意識的に伸ばすことのできるスキルである。それが本書のテーマです。一口に共感と言ってもいくつかの種類があり、状況に応じてうまく実践することができるなら、人間関係が円滑に回るだけでなく、自分自身の心にも、そして社会にも、しなやかな強さを培っていくことができます。本書前半ではスキルとしての共感について解説し、後半では、差別、文学、医療、警察組織、テクノロジーといった切り口から、共感の具体的な役割や可能性を丁寧に描き出しています。

詳しくはぜひ本文を読んでいただくとして、このあとがきでは、本文の記述に小さな補足をしておきたいと思います。第4章で、19世紀に書かれた小説『アンクル・トムの小屋』の話が出てきます。

黒人奴隷の生涯を描いた作品が、当時のアメリカ人に人種差別について考えさせる力を発揮しました。本書著者はそのエピソードを紹介するにあたり、「功績に賛否両論あるものの」という留保を入れています。そのようにことわりが入る理由は、『アンクル・トムの小屋』の作者ハリエット・ビーチャー・ストウが描いた黒人像への批判もあるからです。作品自体がのちに黒人蔑視の材料となってしまったこともあり、そもそもストウが読者に広めようとした共感の妥当性を疑問視する意見も少なくありません。

たとえば、『青い眼が欲しい』などの作品で知られるノーベル賞作家トニ・モリスンは、『アンクル・トムの小屋』は黒人を「ロマンス化」していると批判しています。ストウは真実の黒人像を描くことではなく、黒人に対して「恐怖を抱く白人読者を落ち着かせよう」とすることに腐心しており、そのために奴隷制度を「清潔に消毒され、香水まで振りかけ」たものとして描いている、と（トニ・モリスン『「他者」の起源』荒このみ訳、集英社）。ストウは作品の最終章で、sympathyという単語を何度も使いながら、「どうか心からの同情を寄せていただきたい」「すべての人間は、同情を寄せるというかたちで影響力を発揮しうる」と、強い言葉で読者に呼びかけています（ハリエット・ビーチャー・ストウ『新訳　アンクル・トムの小屋』小林憲二訳、明石書店）。この文章は、共感は誰でも発揮できるスキルである、という本書のメッセージと重なっていますが、モリスンらの批評を通すと、一面的に共感してわかった気になってしまうことへの危機感も抱かずにはいられません。

とはいえ、物語を読んだり誰かの話を聞いたりして、自然と心に湧きあがってくる共感の気持ちがすべて偽善のはずもありません。ここで『アンクル・トムの小屋』は価値がないと言いたいわけではありませんし、内容や背景をさまざまな差別と切り離すことのできない作品を排除すればよいかというと、そう短絡的な話でもないでしょう。つねに「すべてはわかりえない」という留保を忘れず、それでも他者を理解しようという意識があってこそ、共感することに価値が生まれるのではないでしょうか。

同じことは、ジェンダー、出自、心や身体、あるいは生き方、働き方、家族のあり方にも言えるのではないかと感じます。１００％わかった気になってはいけないと心得ながら、「自分がその立場だったら」と想像して思いやる、あるいは１００％わかることを目指す必要はないのだと心得て、「自分はその立場ではないけれど」と認識しつつ他人のニーズを尊重する——そうした寛容さが、多様性のある社会を叶えるのではないかと訳者は考えています。

共感は選択の問題だと認識するだけで人は変わる、と著者は強調しています。簡単なことではないかもしれませんが、本書が、共感を選択していく一助となることを願っています。

本書冒頭に掲載したとおり、著者ジャミール・ザキ氏が特別に、日本語版に心のこもった序文を寄せてくださいました。ありがとうございます。

訳すにあたっては、翻訳家の上林香織さんから多くの貴重なアドバイスをいただきました。感謝しています。本文中に残ったミスがあれば、もちろん本書訳者の責任です。

訳者がこの本と出会ったのは、２０２０年、ちょうど新型コロナウイルスによる最初の緊急事態宣言が出た頃です。やさしさや共感がテーマなのに、こぶしを力強くつきあげたハードカバー版の表紙イラストに興味をもちました。いったん読みはじめてからは、思春期を演劇と文学とともに過ごした身として、物語の力について語る章で何度もうなずき、そして私個人には該当しないさまざまな境遇について語る章では、ときには驚き胸を痛め、ときには視野が広がる思いで、一気に読み進めてしまいました。

社会のさまざまな面において、不寛容がもたらす危機と、それを乗り越える必要性を差し迫って実感する今、この本を日本語でも世に出したい。そう考えた訳者の声に、同じ熱量で応えてくださったダイヤモンド社の廣畑達也さんに、心から御礼申し上げます。信頼する編集者さんの共感を得て、この本を送り出せるのは、望外の喜びです。

２０２１年５月

上原裕美子

〔図版のクレジット〕

37 Jamil Zaki.

39 Jamil Zaki.

57 Ron Haviv/VII/Redux. 許可を得て掲載。

57 Ed Kashi Photography LLC. 許可を得て掲載。

60 Kurt Lewin, "Group Decision and Social Change," in *Readings in Social Psychology*, ed. Guy Swanson et al. (New York: Henry Holt, 1952), 459– 73.

96 Nour Kteily et al., "The Ascent of Man: Theoretical and Empirical Evidence for Blatant Dehumanization," *Journal of Personality and Social Psychology* 109, no. 5 (2015): 901.

308 Jamil Zaki.

13. Frans de Waal, "Putting the Altruism Back into Altruism: The Evolution of Empathy," *Annual Review of Psychology* 59 (2008): 279– 300.

14. こうした抽象化した配慮は、効果的利他主義が生み出すものと類似性があり、レネ・ベッカーズらの研究で「ケアの原則」と呼ばれるものとも通じる。たとえば次の資料を参照。Mark O. Wilhelm and René Bekkers, "Helping Behavior, Dispositional Empathic Concern, and the Principle of Care," *Social Psychology Quarterly* 73, no. 1 (2010): 11– 32.

参考資料 B

1. Open Science Collaboration, "Estimating the Reproducibility of Psychological Science," *Science* 349, no. 6251 (2015): aac4716; Andrew Chang and Phillip Li, "Is Economics Research Replicable? Sixty Published Papers from Thirteen Journals Say 'Usually Not,' " SSRN working paper, 2015; Leonard P. Freedman et al., "The Economics of Reproducibility in Preclinical Research," *PLoS Biology* 13, no. 6 (2015): e1002165; および Brian A. Nosek and Timothy Errington, "Reproducibility in Cancer Biology: Making Sense of Replications," *eLife* 6 (2017): e23383.

in Human Mentalizing," *Nature Human Behavior* 1, no. 64 (2017); および William Ickes, *Everyday Mind Reading* (New York: Perseus Press, 2003).

7. ただし、次の資料などを参照。Tania Singer and Olga M. Klimecki, "Empathy and Compassion," *Current Biology* 24, no. 18 (2014): R875– 78.

8. 自他を同一視することに関連して生じる失敗の例について、次の資料を参照。Nicholas Epley et al., "Perspective Taking as Egocentric Anchoring and Adjustment," *Journal of Personality and Social Psychology* 87, no. 3 (2004): 327– 39; および Thomas Gilovich et al., "The Spotlight Effect in Social Judgment: An Egocentric Bias in Estimates of the Salience of One's Own Actions and Appearance," *Journal of Personality and Social Psychology* 78, no. 2 (2000): 211– 22.

9. この点に関する概観については、次の資料を参照。Jamil Zaki and Kevin N. Ochsner, "The Neuroscience of Empathy: Progress, Pitfalls, and Promise," *Nature Neuroscience* 15, no. 5 (2012): 675– 80.

10. たとえば、次の資料を参照。R. James Blair, "Responding to the Emotions of Others: Dissociating Forms of Empathy Through the Study of Typical and Psychiatric Populations," *Consciousness and Cognition* 14, no. 4 (2005): 698– 718.

11. メンタライジングに主眼を置いた「視点取得」のエクササイズは、少なくとも短期的に配慮の力を高める方法として、頻繁に試されている。次の資料を参照。C. Daniel Batson, *Altruism in Humans* (Oxford, UK: Oxford University Press, 2011). バトソン『利他性の人間学』

12. たとえば次の資料を参照。Zaki and Ochsner, "Empathy"; C. Daniel Batson and Laura Shaw, "Evidence for Altruism: Toward a Pluralism of Prosocial Motives," *Psychological Inquiry* 2, no. 2 (1991); および Michael Tomasello, *Why We Cooperate* (Cambridge, Mass.: MIT Press, 2009). マイケル・トマセロ『ヒトはなぜ協力するのか』（橋彌和秀訳、勁草書房、2013 年）

Concept, a Word Is Needed," *Journal of Personality and Social Psychology* 50, no. 2 (1986): 314– 21; および Jamil Zaki, "Moving Beyond Stereotypes of Empathy," *Trends in Cognitive Sciences* 21, no. 2 (2016): 59– 60.

2. 「共感」という言葉が曖昧すぎて用語として役立たない、という意味ではない。たとえば自分が初めてキスをしたときのことを思い出すときも、真珠湾攻撃の年について正確に思い出すときも、土曜の朝に無意識の状態でつい職場に向かってしまうときも、すべて「記憶」という言葉で説明される。それと同様に、「共感」は、他人の感情が何らかの形で影響をおよぼす複数の形を表現している。

3. Mark Davis, *Empathy: A Social Psychological Approach* (Boulder, Colo.: Westview, 1994) マーク・H. デイヴィス『共感の社会心理学――人間関係の基礎』（菊池章夫訳、川島書店、1999年）; Simon Baron-Cohen and Sally Wheelwright, "The Empathy Quotient: An Investigation of Adults with Asperger Syndrome or High Functioning Autism, and Normal Sex Differences," *Journal of Autism and Developmental Disorders* 34, no. 2 (2004): 163– 75; および Christian Keysers and Valeria Gazzola, "Integrating Simulation and Theory of Mind: From Self to Social Cognition," *Trends in Cognitive Sciences* 11, no. 5 (2007): 194– 96.

4. 進化、発達、認知、神経科学の観点から体験とメンタライジングを考察した概観としては、次の資料を参照。Jamil Zaki and Kevin N. Ochsner, "Empathy," in *Handbook of Emotion*, ed. Lisa Feldman Barrett et al., 4th ed. (New York: Guilford, 2016). ドイツの美術理論家が考案した「アインフュールング（*Einfühlung*）」から、心理学者エドワード・ティチェナーによる翻訳で「エンパシー（empathy）」という言葉が生まれた時点で、その意味するところは、現代の体験共有の定義にきわめて近かった。

5. Adam Smith, *The Theory of Moral Sentiments* (Cambridge, UK: Cambridge University Press, 2002; first published in 1790). スミス『道徳感情論』

6. 次の資料を参照。Alison Gopnik and Henry Wellman, "Why the Child's Theory of Mind Really Is a Theory," *Mind and Language* 7, nos. 1– 2 (1992): 145– 71; Chris L. Baker et al., "Rational Quantitative Attribution of Beliefs, Desires and Percepts

7. Bloom, *Against Empathy*, 112. ブルーム『反共感論』

8. David DeSteno et al., "Gratitude: A Tool for Reducing Economic Impatience," *Psychological Science* 25, no. 6 (2014): 1262– 67.

9. Kimberly A. Wade-Benzoni, "A Golden Rule over Time: Reciprocity in Intergenerational Allocation Decisions," *Academy of Management Journal* 45, no. 5 (2002): 1011– 28.

10. Jennifer E. Stellar et al., "Self-Transcendent Emotions and Their Social Functions: Compassion, Gratitude, and Awe Bind Us to Others Through Prosociality," *Emotion Review* 9, no. 3 (2017): 200– 207.

11. Michelle N. Shiota et al., "The Nature of Awe: Elicitors, Appraisals, and Effects on Self-Concept," *Cognition and Emotion* 21, no. 5 (2007): 944– 63; および Paul K. Piff et al., "Awe, the Small Self, and Prosocial Behavior," *Journal of Personality and Social Psychology* 108, no. 6 (2015): 883– 99.

12. Lena Frischlich et al., "Dying the Right-Way? Interest in and Perceived Persuasiveness of Parochial Extremist Propaganda Increases After Mortality Salience," *Frontiers in Psychology* 6 (2015): 1222.

13. 自分の功績について考えたとき、 人は未来の世代に向けてやさしい行動をしようとする傾向がある。 次の資料を参照。 Kimberly A. Wade-Benzoni et al., "It's Only a Matter of Time: Death, Legacies, and Intergenerational Decisions," *Psychological Science* 23, no. 7 (2012): 704– 9; および Lisa Zaval et al., "How Will I Be Remembered? Conserving the Environment for the Sake of One's Legacy," *Psychological Science* 26, no. 2 (2015): 231– 36.

参考資料 A

1. Lauren Wispé, "The Distinction Between Sympathy and Empathy: To Call Forth a

Prosociality and Well-Being," *Social Cognitive and Affective Neuroscience* 13, no. 8 (2018): 831– 39.

38. Bruce P. Doré et al., "Helping Others Regulate Emotion Predicts Increased Regulation of One's Own Emotions and Decreased Symptoms of Depression," *Personality and Social Psychology Bulletin* 43, no. 5 (2017): 729– 39.

39. 攻撃的なメッセージをココに送信すると、 ココのアルゴリズムがその文章を分析し、今後の濫用防止に役立てる。 つまり荒らそうとしている人は、 コミュニティから荒らしを追い出す手伝いをしているというわけだ。

エピローグ

1. Terry Brighton, *Patton, Montgomery, Rommel: Masters of War* (New York: Crown, 2009).

2. Walter Mischel, *The Marshmallow Test: Mastering Self-Control* (New York: Little, Brown, 2014). ウォルター・ミシェル『マシュマロ・テスト——成功する子・しない子』（柴田裕之訳、 早川書房、 2015 年）

3. Celeste Kidd et al., "Rational Snacking: Young Children's Decision-Making on the Marshmallow Task Is Moderated by Beliefs About Environmental Reliability," *Cognition* 126, no. 1 (2013): 109– 14.

4. Richard L. Revesz and Matthew R. Shahabian, "Climate Change and Future Generations," *Southern California Law Review* 84 (2010): 1097– 161.

5. Nick Bostrom, "Existential Risk Prevention as a Global Priority," *Global Policy* 4, no. 1 (2013): 15– 31.

6. Peter Singer, "The Logic of Effective Altruism," *Boston Review*, July 6, 2015.

からくり人形「トルコ人（the Turk）」に由来している。テーブルほどの大きさの箱に、『アラジン』に出てくるランプの精霊のような姿の人形が据え付けられている。この「オートマタ（機械人形）」が巧みにチェスの試合をするという趣向だった。IBM が開発した、チェスをするスーパーコンピューター「ディープブルー」の先駆者だ。しかし実際には、箱の中に人間が隠れていて、チェスの手を決めていた。人工知能ではなく、昔ながらの人間の頭脳だったというわけだ。

32. Michael S. Bernstein et al., "Soylent: A Word Processor with a Crowd Inside," *Communications of the ACM* 58, no. 8 (2015): 85– 94.

33. Neil Stewart Coulson et al., "Social Support in Cyberspace: A Content Analysis of Communication Within a Huntington's Disease Online Support Group," *Patient Education and Counseling* 68, no. 2 (2007): 173– 78; および Priya Nambisan, "Information Seeking and Social Support in Online Health Communities: Impact on Patients' Perceived Empathy," *Journal of the American Medical Informatics Association* 18, no. 3 (2011): 298– 304.

34. Robert R. Morris and Rosalind Picard, "Crowdsourcing Collective Emotional Intelligence," *arXiv :1204.3481* (2012).

35. Robert R. Morris et al., "Efficacy of a Web-Based, Crowdsourced Peer- to- Peer Cognitive Reappraisal Platform for Depression: Randomized Controlled Trial," *Journal of Medical Internet Research* 17, no. 3 (2015): e72.

36. Elizabeth Dunn et al., "Spending Money on Others Promotes Happiness," Science 319, no. 5870 (2008): 1687– 88; Cassie Mogilner et al., "Giving Time Gives You Time," *Psychological Science* 23, no. 10 (2012): 1233– 38; および Peggy A. Thoits and Lyndi N. Hewitt, "Volunteer Work and Well-Being," *Journal of Health and Social Behavior* 42, no. 2 (2001): 115– 31.

37. Sylvia A. Morelli et al., "Emotional and Instrumental Support Provision Interact to Predict Well-Being," *Emotion* 15, no. 4 (2015): 484– 93; および Sylvia A. Morelli et al., "Neural Sensitivity to Personal and Vicarious Reward Differentially Relate to

ルバーマン『自閉症の世界――多様性に満ちた内面の真実』(正高信男/入口真夕子訳、講談社、2017年)

24. さらに批判派の意見によれば、ABAは自閉症をもつ人々自身の体験の向上ではなく、あくまで周囲(家族、教師、同僚)にとって受け入れやすい行動をさせることに主眼を置いている。ABA開発者である心理学者イヴァ・ロヴァスが、女性的な性格の少年を「治す」といったような残酷な実験で行動分析テクニックを使っていたことも、ABAを否定する根拠となっている。

25. たとえば次の資料を参照。 Alyssa J. Orinstein et al., "Intervention for Optimal Outcome in Children and Adolescents with a History of Autism," *Journal of Developmental and Behavioral Pediatrics* 35, no. 4 (2014): 247– 56.

26. Ofer Golan and Simon Baron-Cohen, "Systemizing Empathy: Teaching Adults with Asperger Syndrome or High-Functioning Autism to Recognize Complex Emotions Using Interactive Multimedia," *Development and Psychopathology* 18, no. 2 (2006): 591– 617.

27. Soujanya Poria et al., "A Review of Affective Computing: From Unimodal Analysis to Multimodal Fusion," *Information Fusion* 37 (2017): 98– 125.

28. 感性分析(アフェクティブ・コンピューティング)の世界市場は、2015年の93億ドルから、2020年には425億ドルに伸びると見られている。次の資料を参照。 Richard Yonck, "Welcome to the Emotion Economy, Where AI Responds to —and Predicts— Your Feelings," *Fast Company*, February 3, 2017.

29. 本人のプライバシーを守るため、仮名を使っている。

30. Jena Daniels et al., "5.13 Design and Efficacy of a Wearable Device for Social Affective Learning in Children with Autism," *Journal of the American Academy of Child and Adolescent Psychiatry* 56, no. 10 (2017): S257.

31. 「メカニカル・ターク」(通称「Mターク」)という名称は、18世紀に有名になった

18. Lasana T. Harris and Susan T. Fiske, "Dehumanizing the Lowest of the Low: Neuroimaging Responses to Extreme Out-Groups," *Psychological Science* 17, no. 10 (2006): 847– 53.

19. Jeremy Bailenson, *Experience on Demand: What Virtual Reality Is, How It Works, and What It Can Do* (New York: W. W. Norton, 2018). ジェレミー・ベイレンソン『VRは脳をどう変えるか？ 仮想現実の心理学』（倉田幸信訳、文藝春秋、2018年）

20. たとえば次の資料を参照。Sun Joo (Grace) Ahn et al., "The Effect of Embodied Experiences on Self-Other Merging, Attitude, and Helping Behavior," *Media Psychology* 16, no. 1 (2013): 7– 38; および Soo Youn Oh et al., "Virtually Old: Embodied Perspective Taking and the Reduction of Ageism Under Threat," *Computers in Human Behavior* 60 (2016): 398– 410.

21. Fernanda Herrera et al., "Building Long-Term Empathy: A Large- Scale Comparison of Traditional and Virtual Reality Perspective-Taking" (2018), *PLoS One* 13, no. 10: e0204494.

22. 自閉症は一般的に認知的共感――他人の気持ちを理解する力――に影響をもたらすが、共感のその他の要素には影響しない。たとえば、自閉症の人の脳ではミラーリングの働きが確認されるし、人の気持ちを自分のものとして受け止めることがある。詳細は次の資料を参照。Isabel Dziobek et al., "Dissociation of Cognitive and Emotional Empathy in Adults with Asperger Syndrome Using the Multifaceted Empathy Test (MET)," *Journal of Autism and Developmental Disorders* 38, no. 3 (2008): 464– 73; および Nouchine Hadjikhani et al., "Emotional Contagion for Pain Is Intact in Autism Spectrum Disorders," *Translational Psychiatry* 4, no. 1 (2014): e343.

23. 自閉症の人の多くは、実際に自分がもっている以上の共感力をもつことは望んでいない。彼らは、自閉症でない人にはできないような能力をもつ。たとえば細部に絶大な注意力を必要とする作業に強いなど。自閉症に関する歴史と、現在のアドボカシーについては、次の資料を参照。Steve Silberman, *NeuroTribes: The Legacy of Autism and the Future of Neurodiversity* (New York: Penguin, 2015). スティーブ・シ

Personality and Individual Differences 119 (2017): 69– 72.

11. Mitch Van Geel et al., "Relationship Between Peer Victimization, Cyberbullying, and Suicide in Children and Adolescents: A Meta-Analysis," *JAMA Pediatrics* 168, no. 5 (2014): 435– 42.

12. Philippe Verduyn et al., "Passive Facebook Usage Undermines Affective Well-Being: Experimental and Longitudinal Evidence," *Journal of Experimental Psychology: General* 144, no. 2 (2015): 480– 88.

13. インターネットでの怒りに関する説得力ある考察は、次の資料を参照。Molly J. Crockett, "Moral Outrage in the Digital Age," *Nature Human Behaviour* 1, no. 11 (2017): 769– 71. 感情的な言葉や道徳に関する言葉のリツイートのデータは、次の資料を参照。William J. Brady et al., "Emotion Shapes the Diffusion of Moralized Content in Social Networks," *Proceedings of the National Academy of Sciences* 114, no. 28 (2017): 7313– 18.

14. メディア評論家ジーナップ・トゥフェックチーは、この件についてツイッターで的確に指摘している。「現代においては、情報が少なくて困ることはありません。むしろ情報が過剰だったり、情報が人の注意をそらしたり、混乱を招いたり、政治に対する注目や関心を盗んでしまうという形で、一種の検閲が行われているのです」

15. Jonathan Shieber, "Meet the Tech Company That Wants to Make You Even More Addicted to Your Phone," TechCrunch, September 8, 2017. バウンドレス・マインド社の資料には、現在ではこの謳い文句は掲載されていない。しかし過去には掲載されていたことが以下のウェブサイトで確認できる。https://web.archive.org / web/20180108074145/https://usedopamine.com/

16. Jacqueline Lee, "Palo Alto Sees 26 Percent Rise in Homelessness," *Mercury News*, July 13, 2017.

17. 次の資料を参照。Elizabeth Lo, "Hotel 22," *New York Times*, January 28, 2015.

of Experimental Social Psychology 76, no. 1 (2018): 161– 68; および Adrian F. Ward et al., “Brain Drain: The Mere Presence of One's Own Smartphone Reduces Available Cognitive Capacity,” *Journal of the Association for Consumer Research* 2, no. 2 (2017): 140– 54.

5. Robert Vischer, *Über das optische Formgefühl: Ein Beitrag zur Ästhetik* (Leipzig: Credner, 1873).

6. Mark Zuckerberg, “Mark Zuckerberg on a Future Where the Internet Is Available to All,” *Wall Street Journal*, July 7, 2014.

7. Linda Stinson and William Ickes, “Empathic Accuracy in the Interactions of Male Friends Versus Male Strangers,” *Journal of Personality and Social Psychology* 62, no. 5 (1992): 787– 97; および Meghan L. Meyer et al., “Empathy for the Social Suffering of Friends and Strangers Recruits Distinct Patterns of Brain Activation,” *Social Cognitive Affective Neuroscience* 8, no. 4 (2012): 446– 54.

8. 共感に対するテクノロジーの影響についての優れた総括として、次の資料を参照。Adam Waytz and Kurt Gray, “Does Online Technology Make Us More or Less Sociable? A Preliminary Review and Call for Research,” *Perspectives on Psychological Science* 13, no. 4 (2018): 473– 91. テキストにおける非人間化については、次の資料を参照。Juliana Schroeder et al., “The Humanizing Voice: Speech Reveals, and Text Conceals, a More Thoughtful Mind in the Midst of Disagreement,” *Psychological Science* 28, no. 12 (2017): 1745– 62.

9. Wilhelm Hofmann et al., “Morality in Everyday Life,” *Science* 345, no. 6202 (2014): 1340– 43.

10. ある優れた心理学研究で、インターネットで荒らしをする人々が、実は認知的共感力が高いことが明らかになった。彼らは人の感情を理解する力には長けている。だが、その感情を共有しようとしない。そのため彼らは、相手に対する理解を駆使して、相手が一番傷つくようなことを書き込む。次の資料を参照。Natalie Sest and Evita March, “Constructing the Cyber-Troll: Psychopathy, Sadism, and Empathy,”

Prevention Programs," *Journal of Studies on Alcohol* 63, no. 5 (2002): 581– 90.

35. Elizabeth Levy Paluck et al., "Changing Climates of Conflict: A Social Network Experiment in 56 Schools," *Proceedings of the National Academy of Sciences* 113, no. 3 (2016): 566– 71.

36. Erika Weisz et al., "A Social Norms Intervention Builds Empathic Motives and Prosociality in Adolescents"（準備中）.

37. Jason A. Okonofua et al., "Brief Intervention to Encourage Empathic Discipline Cuts Suspension Rates in Half Among Adolescents," *Proceedings of the National Academy of Sciences* 113, no. 19 (2016): 5221– 26.

第7章

1. Wafaa Bilal, *Shoot an Iraqi: Art, Life, and Resistance Under the Gun* (San Francisco: City Lights Books, 2013).

2. Adam Alter, *Irresistible: The Rise of Addictive Technology and the Business of Keeping Us Hooked* (New York: Penguin, 2017). アダム・オルター『僕らはそれに抵抗できない――「依存症ビジネス」のつくられかた』(上原裕美子訳、ダイヤモンド社、2019年)

3. たとえば次の資料を参照。 Sherry Turkle, *Alone Together: Why We Expect More from Technology and Less from Each Other* (New York: Basic Books, 2017) シェリー・タークル『つながっているのに孤独――人生を豊かにするはずのインターネットの正体』（渡会圭子訳、ダイヤモンド社、2018年）; および Jean M. Twenge, *iGen: Why Today's Super-Connected Kids Are Growing Up Less Rebellious, More Tolerant, Less Happy—and Completely Unprepared for Adulthood – and What That Means for the Rest of Us* (New York: Atria, 2017).

4. Diana I. Tamir et al., "Media Usage Diminishes Memory for Experiences," *Journal*

26. Albert Reijntjes et al., "Prospective Linkages Between Peer Victimization and Externalizing Problems in Children: A Meta-Analysis," *Aggressive Behavior* 37, no. 3 (2011): 215– 22; および Kee Jeong Kim et al., "Reciprocal Influences Between Stressful Life Events and Adolescent Internalizing and Externalizing Problems," *Child Development* 74, no. 1 (2003): 127– 43.

27. Jason A. Okonofua and J. L. Eberhardt, "Two Strikes: Race and the Disciplining of Young Students," *Psychological Science* 26, no. 5 (2015): 617– 24.

28. Geoffrey L. Cohen et al., "Reducing the Racial Achievement Gap: A Social-Psychological Intervention," *Science* 313, no. 5791 (2006): 1307– 10.

29. Lisa Flook et al., "Promoting Prosocial Behavior and Self-Regulatory Skills in Preschool Children Through a Mindfulness-Based Kindness Curriculum," *Developmental Psychology* 51, no. 1 (2015): 44– 51.

30. Joseph A. Durlak et al., "The Impact of Enhancing Students' Social and Emotional Learning: A Meta-Analysis of School- Based Universal Interventions," *Child Development* 82, no. 1 (2011): 405– 32.

31. David S. Yeager, "Social and Emotional Learning Programs for Adolescents," *Future of Children* 27, no. 1 (2017): 73– 94.

32. 思春期前半（10歳から14歳）は、特に仲間の空気に流されやすい。次の資料を参照。Laurence Steinberg and Kathryn Monahan, "Age Differences in Resistance to Peer Influence," *Developmental Psychology* 43, no. 6 (2007): 1531– 43.

33. 「悪い常識」にスポットライトを当てることで、むしろその悪い行動を助長してしまうという例は、ほかにも多く見られている。たとえば次の資料を参照。P. Wesley Schultz et al., "The Constructive, Destructive, and Reconstructive Power of Social Norms," *Psychological Science* 18, no. 5 (2007): 429– 34.

34. Chudley E. Werch and Deborah M. Owen, "Iatrogenic Effects of Alcohol and Drug

the *National Academy of Sciences* 114, no. 25 (2017): 6521– 56.

20. Rich Morin et al., "Police, Fatal Encounters, and Ensuing Protests," Pew Research Center, January 11, 2017.

21. Emile G. Bruneau et al., "Parochial Empathy Predicts Reduced Altruism and the Endorsement of Passive Harm," *Social Psychological and Personality Science* 8, no. 8 (2017): 934– 42.

22. Russell J. Skiba and Kimberly Knesting, "Zero Tolerance, Zero Evidence: An Analysis of School Disciplinary Practice," *New Directions for Student Leadership* 92 (2001): 17– 43; および American Psychological Association Zero Tolerance Task Force, "Are Zero Tolerance Policies Effective in the Schools? An Evidentiary Review and Recommendations," *American Psychologist* 63, no. 9 (2008): 852–62.

23. Derek W. Black, "Zero Tolerance Discipline Policies Won't Fix School Shootings," *Conversation*, March 15, 2018.

24. Brea L. Perry and Edward W. Morris, "Suspending Progress: Collateral Consequences of Exclusionary Punishment in Public Schools," *American Sociological Review* 79, no. 6 (2014): 1067– 87. ひとつの想定として、生徒の粗暴な行動が本人の停学と、残った生徒の成績悪化、そして学校関係者への信頼低下など、すべてを引き起こしているとも考えられる。ただしペリーとモリスの研究では、粗暴な行動にかかわる条件の調整を行って分析している。彼らの分析結果では、似たような粗暴な行動が起きている学校であっても、排除的な指導がある学校ほど、粗暴でない生徒にとって学校の雰囲気が悪くなっていることがわかった。

25. ジェイソン・オコノフア自身が、このテーマに関するもっとも優れた論文のいくつかを発表している。たとえば次の資料を参照。Jason A. Okonofua et al., "A Vicious Cycle: A Social-Psychological Account of Extreme Racial Disparities in School Discipline," *Perspectives on Psychological Science* 11, no. 3 (2016): 381– 98.

アン・ブルクハルが運営する「致死的な遭遇（Fatal Encounters）」というプロジェクトが、信頼性の高い記録を付けている。次のURLで確認可能。http://www.fatalencounters.org/

15. 次の資料を参照。"In U.S., Confidence in Police Lowest in 22 Years," Gallup, June 2015, および "Race Relations," Gallup, April 2018.

16. 次の資料を参照。Sue Rahr and Stephen K. Rice, *From Warriors to Guardians: Recommitting American Police Culture to Democratic Ideals*, U.S. Department of Justice, Office of Justice Programs, National Institute of Justice, 2015.

17. Tom R. Tyler and E. Allan Lind, "A Relational Model of Authority in Groups," *Advances in Experimental Social Psychology* 25 (1992): 115– 91.

18. 次の資料を参照。Jacqueline Helfgott et al., "The Effect of Guardian Focused Training for Law Enforcement Officers," Seattle University Department of Criminal Justice, 2017; および Emily Owens et al., "Promoting Officer Integrity Through Early Engagements and Procedural Justice in the Seattle Police Department," report submitted to the Department of Justice, project no. 2012-IJ- CX- 0009, 2016.

19. 死に至ることはなくても、警官への信頼を低下させる例が多い。僕の同僚であるジェニファー・エーベルハルトは先日、オクラホマの警官が2013年から2014年にかけて行った職務質問（車両を停止させる場合）28,000件以上のデータを分析した。すると、車両に乗っていた民間人が白人であった場合と比べて、黒人であった場合のほうが、警官が手錠を使ったり、車両内を捜索したり、逮捕したりする割合が高いとわかった。地域の犯罪発生率や、その他のさまざまな条件を調整しても、その傾向は変わらなかった。エーベルハルトらの研究チームによると、身体に装着したカメラの録音機能を使って警官の言葉遣いを調べるだけで、そのとき職務質問を受けている民間人の人種を判断することも可能だった。たとえば相手が黒人のときは、相手に犯罪歴がまったくないときでも、保護観察中かどうかという点に言及することが多い。次の資料を参照。Rob Voigt et al., "Language from Police Body Camera Footage Shows Racial Disparities in Officer Respect," *Proceedings of*

ーバード・ビジネス・レビュー』2014年6月号（ダイヤモンド社、2014年）

9. ロバート・ピールから、戦士精神（ウォーリアー・メンタリティ）まで、警察活動の歴史について詳細は次の資料を参照。Seth W. Stoughton, "Principled Policing: Warrior Cops and Guardian Officers," *Wake Forest Law Review* 51, 611 (2016).

10. 当然ながら、これは純粋な善の活動というわけではなかった。ストートンが著書で「政治的な取り締まり」と呼ぶ活動では、汚職や内部取引が多く、警察官が内通者の犯罪行為を見逃していた。よそ者に対する暴力行為も多く行われた。次の資料を参照。Stoughton, "Principled Policing."

11. Uriel J. Garcia, "Experts Say Strongly Worded Police Curriculum Is Risky with Cadets," *Santa Fe New Mexican*, March 22, 2014.

12. デイヴ・グロスマンについて、詳細は次の資料を参照。Radley Balko, "A Day with 'Killology' Police Trainer Dave Grossman," *Washington Post*, February 14, 2017. 職務中に殺された警官の数について、エビデンスは次の資料を参照。"US Police Shootings: How Many Die Each Year?" *BBC Magazine*, July 18, 2016; および the FBI's Uniform Crime Reporting Project, at https://www.fbi.gov/services/cjis/ucr/publications#LEOKA 火器使用に関するデータは次の資料を参照。Rich Morin and Andrew Mercer, "A Closer Look at Police Officers Who Have Fired Their Weapon on Duty," PewResearch.org, February 8, 2017.

13. 「武器特定タスク」についての詳細は、次の資料を参照。B. Keith Payne, "Weapon Bias: Split-Second Decisions and Unintended Stereotyping," *Current Directions in Psychological Science* 15, no. 6 (2006): 287–91. ストレスにより、武器所持に関するバイアスが悪化することについて、エビデンスは次の資料を参照。Arne Nieuwenhuys et al., "Shoot or Don't Shoot? Why Police Officers Are More Inclined to Shoot When They Are Anxious," *Emotion* 12, no. 4 (2012): 827–33.

14. 警官との接触によって殺された人の正確な数を計算することは、驚くほどに難しい。記録が広く分散しているうえに、それを保管する警察署には、虐待やバイアスの形跡を残すのを最小限にとどめたいという動機があるからだ。ジャーナリストのブライ

Campus: Some Consequences of Misperceiving the Social Norm," *Journal of Personality and Social Psychology* 64, no. 2 (1993): 243.

3. 最近の研究で、アメリカのメディアエコシステムは西側諸国の中でもっとも偏極化した部類に入ることが明らかになった。次の資料を参照。Brett Etkins, "U.S. Media Among Most Polarized in the World," *Forbes*, June 27, 2017. こうした極論を消費している視聴者は、より党派心が強くなり、他者に対して不寛容になる傾向がある。たとえば次の資料を参照。Matthew Levendusky, "Partisan Media Exposure and Attitudes Toward the Opposition," *Political Communication* 30, no. 4 (2013): 565–81.

4. Kwame Anthony Appiah, *The Honor Code: How Moral Revolutions Happen* (New York: W. W. Norton, 2010).

5. Erik C. Nook et al., "Prosocial Conformity: Prosocial Norms Generalize Across Behavior and Empathy," *Personality and Social Psychology Bulletin* 42, no. 8 (2016): 1045– 62.

6. Christine M. Schroeder and Deborah A. Prentice, "Exposing Pluralistic Ignorance to Reduce Alcohol Use Among College Students," *Journal of Applied Social Psychology* 28, no. 23 (1998): 2150– 80.

7. Charles Duhigg, "What Google Learned from Its Quest to Build the Perfect Team," *New York Times*, February 25, 2016; Anita W. Woolley et al., "Evidence for a Collective Intelligence Factor in the Performance of Human Groups," *Science* 330, no. 6004 (2010): 686– 88; および Phillip M. Podsakoff and Scott B. MacKenzie, "Impact of Organizational Citizenship Behavior on Organizational Performance: A Review and Suggestion for Future Research," *Human Performance* 10, no. 2 (1997): 133– 51.

8. Teresa Amabile et al., "IDEO's Culture of Helping," *Harvard Business Review*, January–February 2014. テレサ・アマビール（ほか）「IDEOの創造性は助け合いから生まれる――コラボレーション型支援を実現する組織のつくり方」『DIAMONDハ

Review and Meta-Analysis," *Lancet* 388, no. 10057 (2016): 2272– 81.

43. イヴ・エクマンの見解について、 詳細は次の資料を参照。 Eve Ekman and Michael Krasner, "Empathy in Medicine: Neuroscience, Education and Challenges," *Medical Teacher* 39, no. 2 (2017): 164– 73; および Eve Ekman and Jodi Halpern, "Professional Distress and Meaning in Health Care: Why Professional Empathy Can Help," *Social Work in Health Care* 54, no. 7 (2015): 633– 50.

44. Jennifer S. Mascaro et al., "Meditation Buffers Medical Student Compassion from the Deleterious Effects of Depression," *Journal of Positive Psychology* 13, no. 2 (2018): 133– 42.

45. Noelle Young et al., "Survival and Neurodevelopmental Outcomes Among Periviable Infants," *New England Journal of Medicine* 376, no. 7 (2017): 617– 28.

46. Anthony L. Back et al., " 'Why Are We Doing This?': Clinician Helplessness in the Face of Suffering," *Journal of Palliative Medicine* 18, no. 1 (2015): 26– 30.

第6章

1. 食べ物の好みに対する影響：Erik C. Nook and Jamil Zaki, "Social Norms Shift Behavioral and Neural Responses to Foods," *Journal of Cognitive Neuroscience* 27, no. 7 (2015): 1412– 26; 人の魅力に対する影響：Jamil Zaki et al., "Social Influence Modulates the Neural Computation of Value," *Psychological Science* 22, no. 7 (2011): 894– 900; 投票に対する影響：Robert M. Bond et al., "A 61-Million-Person Experiment in Social Influence and Political Mobilization," *Nature* 489, no. 7415 (2012): 295– 98; 感情に対する影響：Amit Goldenberg et al., "The Process Model of Group-Based Emotion: Integrating Intergroup Emotion and Emotion Regulation Perspectives," *Personality and Social Psychology Review* 20, no. 2 (2016): 118– 41.

2. Deborah A. Prentice and Dale T. Miller, "Pluralistic Ignorance and Alcohol Use on

36. Marc A. Brackett et al., "Enhancing Academic Performance and Social and Emotional Competence with the RULER Feeling Words Curriculum," *Learning and Individual Differences* 22, no. 2 (2012): 218– 24.

37. Mark Davis, "Measuring Individual Differences in Empathy: Evidence for a Multidimensional Approach," *Journal of Personality and Social Psychology* 44, no. 1 (1983): 113– 26; および Matthew R. Jordan et al., "Are Empathy and Concern Psychologically Distinct?" *Emotion* 16, no. 8 (2016): 1107– 16.

38. Mark Davis et al., "Empathy, Expectations, and Situational Preferences: Personality Influences on the Decision to Participate in Volunteer Helping Behaviors," *Journal of Personality* 67, no. 3 (1999): 469– 503; および C. Daniel Batson and Laura L. Shaw, "Evidence for Altruism: Toward a Pluralism of Prosocial Motives," *Psychological Inquiry* 2, no. 2 (1991): 107– 22.

39. たとえば次の資料を参照。 Ezequiel Gleichgerrcht and Jean Decety, "Empathy in Clinical Practice: How Individual Dispositions, Gender, and Experience Moderate Empathic Concern, Burnout, and Emotional Distress in Physicians," *PLoS One* 8, no. 4 (2013): e61526; および Martin Lamothe et al., "To Be or Not to Be Empathic: The Combined Role of Empathic Concern and Perspective Taking in Understanding Burnout in General Practice," *BMC Family Practice* 15, no. 1 (2014): 15– 29.

40. 取材の中で、 共感テストとしてよく知られている 「対人反応性指標」 をリズに受けてもらった。 彼女のスコアは、 配慮の面ではチャートをはみ出すほど高かったが、 苦痛にはほとんど影響を受けていないようだった。

41. Olga M. Klimecki et al., "Differential Pattern of Functional Brain Plasticity After Compassion and Empathy Training," *Social Cognitive and Affective Neuroscience* 9, no. 6 (2014): 873– 79.

42. このタイプのプログラムの概観とメタ分析として、 次の資料を参照。 Colin P. West et al., "Interventions to Prevent and Reduce Physician Burnout: A Systematic

Empathy."

30. 天災関連のトラウマに対する心理的応急措置（PFA）については、肯定的なエビデンスと否定的なエビデンスが混在しているが、少なくとも一部の研究では、トラウマの影響を「ショートさせる」ことでPTSDを予防または低減できるという報告が出ている。たとえば、トラウマとなった出来事を思い出しているときに、プロプラノロール（ベータ遮断薬）を摂取させると、ストレスホルモンの増加が抑えられ、その後のPTSDも弱まる。次の資料を参照。Roger K. Pitman et al., "Pilot Study of Secondary Prevention of Posttraumatic Stress Disorder with Propranolol," *Biological Psychiatry* 51, no. 2 (2002): 189– 92.

31. Hanan Edrees et al., "Implementing the RISE Second Victim Support Programme at the Johns Hopkins Hospital: A Case Study," *BMJ Open* 6, no. 9 (2016): e011708.

32. Meier, "The Inner Life of Physicians and Care of the Seriously Ill."

33. 「感情の粒度」という現象に関する最近の解説は、次の資料を参照。Katharine E. Smidt and Michael K. Suvak, "A Brief, but Nuanced, Review of Emotional Granularity and Emotion Differentiation Research," *Current Opinion in Psychology* 3 (2015): 48– 51.

34. Lisa Feldman Barrett et al., "Knowing What You're Feeling and Knowing What to Do About It: Mapping the Relation Between Emotion Differentiation and Emotion Regulation," *Cognition and Emotion* 15, no. 6 (2001): 713– 24.

35. Todd B. Kashdan et al., "Unpacking Emotion Differentiation: Transforming Unpleasant Experience by Perceiving Distinctions in Negativity," *Current Directions in Psychological Science* 24, no. 1 (2015): 10– 16; および Landon F. Zaki et al., "Emotion Differentiation as a Protective Factor Against Nonsuicidal Self-Injury in Borderline Personality Disorder," *Behavior Therapy* 44, no. 3 (2013): 529–40.

and 2014 (paper presented at the Mayo Clinic Proceedings, 2015).

22. Stacey A. Passalacqua and Chris Segrin, "The Effect of Resident Physician Stress, Burnout, and Empathy on Patient-Centered Communication During the Long-Call Shift," *Health Communication* 27, no. 5 (2012): 449– 56.

23. Michael Kearney et al., "Self-Care of Physicians Caring for Patients at the End of Life: 'Being Connected . . . a Key to My Survival,' " *JAMA* 301, no. 11 (2009): 1155– 64; および Sandra Sanchez- Reilly et al., "Caring for Oneself to Care for Others: Physicians and Their Self-Care," *Journal of Supportive Oncology* 11, no. 2 (2013): 75– 81.

24. Ted Bober and Cheryl Regehr, "Strategies for Reducing Secondary or Vicarious Trauma: Do They Work?" *Brief Treatment and Crisis Intervention* 6, no. 1 (2006): 1– 9.

25. Richard Jenkins and Peter Elliott, "Stressors, Burnout and Social Support: Nurses in Acute Mental Health Settings," *Journal of Advanced Nursing* 48, no. 6 (2004): 622– 31.

26. ジョージー・キングのエピソードについて、詳細は次の資料を参照。Erika Niedowski, "How Medical Errors Took a Little Girl's Life," *Baltimore Sun*, December 14, 2003.

27. たとえば処方薬を出すプロセスを自動化し、 人為的ミスが起きる可能性を最低限に抑えた。 また、 点滴の針を刺す際に、 細部に対して注意不足だったせいで感染を引き起こす可能性がある。 このような頻繁に行う処置に対する明確なチェックリストを定め、手順を誤った際に、看護師や他のスタッフから医師に対する指摘をしやすくした。

28. Albert W. Wu, "Medical Error: The Second Victim," *BMJ: British Medical Journal* 320, no. 7237 (2000): 726.

29. West, "Association of Perceived Medical Errors with Resident Distress and

17. Melanie Neumann et al., "Empathy Decline and Its Reasons: A Systematic Review of Studies with Medical Students and Residents," *Academic Medicine* 86, no. 8 (2011): 996– 1009; および Mohammadreza Hojat et al., "The Devil Is in the Third Year: A Longitudinal Study of Erosion of Empathy in Medical School," *Academic Medicine* 84, no. 9 (2009): 1182– 91.

18. Rod Sloman et al., "Nurses' Assessment of Pain in Surgical Patients," *Journal of Advanced Nursing* 52, no. 2 (2005): 125– 32; Lisa J. Staton et al., "When Race Matters: Disagreement in Pain Perception Between Patients and Their Physicians in Primary Care," *Journal of the National Medical Association* 99, no. 5 (2007): 532. 医療従事者は苦痛に対する脳のミラーリング反応が鈍い。 たとえば次の資料を参照。 Jean Decety et al., "Physicians Down-Regulate Their Pain Empathy Response: An Event-Related Brain Potential Study," *Neuroimage* 50, no. 4 (2010): 1676– 82.

19. Omar S. Haque and Adam Waytz, "Dehumanization in Medicine Causes, Solutions, and Functions," *Perspectives on Psychological Science* 7, no. 2 (2012): 176– 86; および Jereon Vaes and Martina Muratore, "Defensive Dehumanization in the Medical Practice: A Cross-Sectional Study from a Health Care Worker's Perspective," *British Journal of Social Psychology* 52, no. 1 (2013): 180– 90.

20. 話をする時間：次の資料を参照。 Greg Irving et al., "International Variations in Primary Care Physician Consultation Time: A Systematic Review of 67 Countries," *BMJ Open* 7, no. 10 (2017): e017902; および Christine Sinsky et al., "Allocation of Physician Time in Ambulatory Practice: A Time and Motion Study in 4 Specialties," *Annals of Internal Medicine* 165, no. 11 (2016): 753– 60. アーヴィングらは、アメリカでは診察 1 回あたりおおよそ 20 分と報告している。 シンスキーらの推定によれば、 各診察時間のおよそ 50%が会話に費やされている。
　話を遮る：M. Kim Marvel et al., "Soliciting the Patient's Agenda: Have We Improved?" *JAMA* 281, no. 3 (1999): 283– 87.

21. Tait D. Shanafelt et al., *Changes in Burnout and Satisfaction with Work-Life Balance in Physicians and the General U.S. Working Population Between 2011*

2 (2013): 39; Nathalie Embriaco et al., "High Level of Burnout in Intensivists: Prevalence and Associated Factors," *American Journal of Respiratory and Critical Care Medicine* 175, no. 7 (2007): 686– 92; および Margot M. C. van Mol et al., "The Prevalence of Compassion Fatigue and Burnout Among Healthcare Professionals in Intensive Care Units: A Systematic Review," *PLoS One* 10, no. 8 (2015): e0136955.

13. Kevin J. Corcoran, "Interpersonal Stress and Burnout: Unraveling the Role of Empathy," *Journal of Social Behavior and Personality* 4, no. 1 (1989): 141– 44; Carol A. Williams, "Empathy and Burnout in Male and Female Helping Professionals," *Research in Nursing and Health* 12, no. 3 (1989): 169– 78; および Colin P. West et al., "Association of Perceived Medical Errors with Resident Distress and Empathy: A Prospective Longitudinal Study," *JAMA* 296, no. 9 (2006): 1071– 78.

14. 医学生：Matthew R. Thomas et al., "How Do Distress and Well-Being Relate to Medical Student Empathy? A Multicenter Study," *Journal of General Internal Medicine* 22, no. 2 (2007): 177– 83; 看護学生：Paula Nunes et al., "A Study of Empathy Decline in Students from Five Health Disciplines During Their First Year of Training," *International Journal of Medical Education* 2 (2011): 12– 17.

15. Mohammadreza Hojat et al., "Physicians' Empathy and Clinical Outcomes for Diabetic Patients," *Academic Medicine* 86, no. 3 (2011): 359– 64; および Sung Soo Kim et al., "The Effects of Physician Empathy on Patient Satisfaction and Compliance," *Evaluation and the Health Professions* 27, no. 3 (2004): 237– 51.

16. ソーシャルワーカーの離職率は驚くほど高くなることがある。状況によっては、毎年30%から60%が離職する。Michàl. E. Mor Barak et al., "Antecedents to Retention and Turnover Among Child Welfare, Social Work, and Other Human Service Employees What Can We Learn from Past Research? A Review and Metanalysis," *Social Service Review* 75, no. 4 (2001): 625– 61; 次の資料も参照。Mercedes Braithwaite, "Nurse Burnout and Stress in the NICU," *Advances in Neonatal Care* 8, no. 6 (2008): 343– 47.

Center, June 5, 2018.

6. この章で紹介しているのは、僕が見学していた時期に入院していた乳児たちの典型的な症状だが、患者とその家族のプライバシーを守るため、詳細は変更している。特にフランシスコに関しては多くを変更した。

7. 集中治療病棟では「アラーム疲れ」が蔓延しやすい。医師や看護師が警告音に慣れ、無視するようになり、患者を危険な状態にすることがある。たとえば次の資料を参照。Sue Sendelbach and Marjorie Funk, "Alarm Fatigue: A Patient Safety Concern," *AACN Advanced Critical Care* 24, no. 4 (2013): 378– 86.

8. Mohammadreza Hojat, *Empathy in Health Professions Education and Patient Care* (New York: Springer, 2016). たとえばホジェットは次のように書いている。「過剰な情動的共感は（……）臨床判断の客観性に有害となりうる」。Ibid., 80. この見解に関する詳細と、何点かの反論については、次の資料を参照。Jodi Halpern, *From Detached Concern to Empathy: Humanizing Medical Practice* (Oxford: Oxford University Press, 2001).

9. Diane E. Meier et al., "The Inner Life of Physicians and Care of the Seriously Ill," *JAMA* 286, no. 23 (2001): 3007– 14.

10. たとえば次の資料を参照。Carol F. Quirt et al., "Do Doctors Know When Their Patients Don't? A Survey of Doctor-Patient Communication in Lung Cancer," *Lung Cancer* 18, no. 1 (1997): 1– 20; および Lesley Fallowfield and Val A. Jenkins, "Communicating Sad, Bad, and Difficult News in Medicine," *Lancet* 363, no. 9405 (2004): 312– 19.

11. Meredith Mealer et al., "Increased Prevalence of Post-Traumatic Stress Disorder Symptoms in Critical Care Nurses," *American Journal of Respiratory and Critical Care Medicine* 175, no. 7 (2007): 693– 97.

12. Aynur Aytekin et al., "Burnout Levels in Neonatal Intensive Care Nurses and Its Effects on Their Quality of Life," *Australian Journal of Advanced Nursing* 31, no.

29. New York City Comptroller's Office, *State of the Arts: A Plan to Boost Arts Education in New York City Schools*, April 7, 2014.

第5章

1. 不安：Alia J. Crum et al., "Rethinking Stress: The Role of Mindsets in Determining the Stress Response," *Journal of Personality and Social Psychology* 104, no. 4 (2013): 716; 喜び：June Gruber et al., "A Dark Side of Happiness? How, When, and Why Happiness Is Not Always Good," *Perspectives on Psychological Science* 6, no. 3 (2011): 222– 33.

2. Carla Joinson, "Coping with Compassion Fatigue," *Nursing* 22, no. 4 (1992): 116–18; および Charles R. Figley, "Compassion Fatigue: Psychotherapists' Chronic Lack of Self Care," *Journal of Clinical Psychology* 58, no. 11 (2002): 1433– 41.

3. Karlijn J. Joling et al., "Incidence of Depression and Anxiety in the Spouses of Patients with Dementia: A Naturalistic Cohort Study of Recorded Morbidity with a 6 Year Follow Up," *American Journal of Geriatric Psychiatry* 18, no. 2 (2010): 146– 53; および Martin Pinquart and Silvia Sorensen, "Differences Between Caregivers and Noncaregivers in Psychological Health and Physical Health: A Meta-Analysis," *Psychology and Aging* 18, no. 2 (2003): 250– 67.

4. Erika Manczak et al., "Does Empathy Have a Cost? Diverging Psychological and Physiological Effects Within Families," *Health Psychology* 35, no. 3 (2016): 211; および Erika Manczak et al., "The Price of Perspective Taking: Child Depressive Symptoms Interact with Parental Empathy to Predict Immune Functioning in Parents," *Clinical Psychological Science* 4, no. 3 (2016): 485– 92.

5. Katherine N. Kinnick et al., "Compassion Fatigue: Communication and Burnout Toward Social Problems," *Journalism and Mass Communication Quarterly* 73, no. 3 (1996): 687– 707; および Jeffrey Gottfried and Michael Barthel, "Almost Seven-in-Ten Americans Have News Fatigue, More Among Republicans," Pew Research

はRTLMのことを、きっと高圧的で、かみつくような、脅すような放送だろうと思っていました。けれど人々は、とても楽しかった、面白かった、明るかったと語るのです。あのラジオ局のことを誰かが話題に出すと、いまだにみんな笑うのです」

23. Cilliers et al., "Reconciling After Civil Conflicts Increases Social Capital but Decreases Individual Well-Being," *Science* 352, no. 6287 (2016): 787– 94. この研究では、シエラレオネにおける真実和解プログラムを体験した犠牲者において、PTSD関連の症状が増加していたことが発見されている。ルワンダではそうしたデータは収集されていないが、大虐殺後の情動に関するパラックの経験では、ルワンダの様子もこれと合致している。

24. Elizabeth Levy Paluck, "Reducing Intergroup Prejudice and Conflict Using the Media: A Field Experiment in Rwanda," *Journal of Personality and Social Psychology* 96, no. 3 (2009): 574– 87.

25. Rezarta Bilali and Johanna R. Vollhardt, "Priming Effects of a Reconciliation Radio Drama on Historical Perspective-Taking in the Aftermath of Mass Violence in Rwanda," *Journal of Experimental Social Psychology* 49, no. 1 (2013): 144– 51.

26. Matthew R. Durose et al., *Recidivism of Prisoners Released in 30 States in 2005: Patterns from 2005 to 2010* (Washington, D.C.: U.S. Department of Justice, Office of Justice Programs, Bureau of Justice Statistics, 2014).

27. プログラムが始まって2週間ほど経ったとき、キャンパスで本当にコンピューターの盗難が起きた。学校運営側は即座にワクスラーに連絡してきた。読書会の参加者が盗んだと確信していたからだ。だが、すぐに、本当の窃盗犯がつかまった。マサチューセッツ大学の「一般の」学生だった。

28. G. Roger Jarjoura and Susan T. Krumholz, "Combining Bibliotherapy and Positive Role Modeling as an Alternative to Incarceration," *Journal of Offender Rehabilitation* 28, nos. 1– 2 (1998): 127– 39; フォローアップ研究：Russell K. Schutt et al., "Using Bibliotherapy to Enhance Probation and Reduce Recidivism," *Journal of Offender Rehabilitation* 52, no. 3 (2013): 181– 97.

Affective Responses," *Poetics* 50 (2015): 62– 79.

共感と文学に関する研究には、新しく有望と思われるがまだ再現されていないものもある。たとえば次の資料を参照。Maria E. Panero et al., "Does Reading a Single Passage of Literary Fiction Really Improve Theory of Mind? An Attempt at Replication," *Journal of Personality and Social Psychology* 111, no. 5 (2016): e46–e54. しかし、エビデンスの重みづけ評価では、小さいながらも一貫した効果が表れている。ドッデル - フェダーとタミルの指摘によれば、たとえ小さな効果でも意味がある。こうした研究における介入の大半がきわめて小さいものだからだ。文学のパラグラフ１つ（または１冊）を読んで、共感にわずかな向上が見られるとしたら、それを生涯行っていくことで大きな変化が生まれるかもしれない。

17. Philip J. Mazzocco et al., "This Story Is Not for Everyone: Transportability and Narrative Persuasion," *Social Psychological and Personality Science* 1, no. 4 (2010): 361– 68; Loris Vezzali et al., "Indirect Contact Through Book Reading: Improving Adolescents' Attitudes and Behavioral Intentions Toward Immigrants," *Psychology in the Schools* 49, no. 2 (2012): 148– 62; および Dan R. Johnson, "Transportation into Literary Fiction Reduces Prejudice Against and Increases Empathy for Arab-Muslims," *Scientific Study of Literature* 3, no. 1 (2013): 77– 92.

18. ベッツィ・レヴィ・パラックから個人的に聞いた説明（2016 年 8 月 30 日）。

19. 次の資料で引用されている。Charles Mironko, "The Effect of RTLM's Rhetoric of Ethnic Hatred in Rural Rwanda," in *The Media and the Rwandan Genocide*, ed. Allan Thompson (London: Pluto Press, 2007), 125.

20. RTLM の放送内容全体のうち、約 61%が、DJ がひとりで語るトークだった。次の資料を参照。Mary Kimani, "RTLM: The Medium That Became a Tool for Mass Murder," in Thompson, *The Media and the Rwandan Genocide*.

21. 1994 年 1 月 14 日の RTLM 放送の聞き起こしから。全聞き起こしは次の URL で確認可能。http://www.rwandafile.com/rtlm/

22. ベッツィ・レヴィ・パラックから個人的に聞いた説明（2016 年 8 月 30 日）。「わたし

Imagination, Cognition and Personality 29, no. 2 (2009): 115– 33.

12. Thalia R. Goldstein and Ellen Winner, "Enhancing Empathy and Theory of Mind," *Journal of Cognition and Development* 13, no. 1 (2012): 19– 37. その他の芸術形式でも、 たとえば何かを創作することによって幸福感が増すなど、 他の心理的機能にポジティブな影響があることは、 多く研究されている。 たとえば次の資料を参照。 Louise C. Boyes and Ivan Reid, "What Are the Benefits for Pupils Participating in Arts Activities? The View from the Research Literature," *Research in Education* 73, no. 1 (2005): 1– 14.

13. Blythe A. Corbett et al., "Improvement in Social Competence Using a Randomized Trial of a Theatre Intervention for Children with Autism Spectrum Disorder," *Journal of Autism and Developmental Disorders* 46, no. 2 (2016): 658–72.

14. レイモンド・マーの見解をまとめた重要な資料として、 次の資料を参照。 Raymond Mar and Keith Oatley, "The Function of Fiction Is the Abstraction and Simulation of Social Experience," *Perspectives on Psychological Science* 3, no. 3 (2008): 173– 92.

15. 文学と共感の関係を確立した相関研究のメタ分析として、 次の資料を参照。 Micah L. Mumper and Richard J. Gerrig, "Leisure Reading and Social Cognition: A Meta-Analysis," *Psychology of Aesthetics, Creativity, and the Arts* 11, no. 1 (2017): 109–20. 興味深いことに、 学術書や技術書などの読書量は共感には影響しない。 つまり僕のような研究オタクの場合は期待できないらしい。

16. この効果についてのメタ分析は、 次の資料を参照。 David Dodell-Feder and Diana I. Tamir, "Fiction Reading Has a Small Positive Impact on Social Cognition: A Meta-Analysis," *Journal of Experimental Psychology: General* (2018). 次の資料も参照。 Maria C. Pino and M. Mazza, "The Use of 'Literary Fiction' to Promote Mentalizing Ability," *PLoS One* 11, no. 8 (2016): e0160254; 物語を読んだときの同情の感じ方や寄付の行動については、 次の資料を参照。 Eve M. Koopman, "Empathic Reactions After Reading: The Role of Genre, Personal Factors and

Sciences 98, no. 2 (2001): 676– 82.

4. 心の放流におけるデフォルト・モード・ネットワークのかかわりについて、重大な概観として、次の資料を参照。Randy L. Buckner and Daniel C. Carroll, "Self-Projection and the Brain," *Trends in Cognitive Sciences* 11, no. 2 (2007): 49– 57.

5. Diana I. Tamir and Jason P. Mitchell, "Neural Correlates of Anchoring- and-Adjustment During Mentalizing," *Proceedings of the National Academy of Sciences* 107, no. 24 (2010): 10827–32; および Jamil Zaki et al., "The Neural Bases of Empathic Accuracy," *Proceedings of the National Academy of Sciences* 106, no. 27 (2009): 11382– 87.

6. 詳細は次の資料を参照。Jonathan Gottschall, *The Storytelling Animal: How Stories Make Us Human* (New York: Houghton Mifflin Harcourt, 2012).

7. ナラティブアートは記憶、想像、共感と同じ脳の領域を活性化させる。物語を語ることは記憶と想像と共感の体験に入り込むことだ、という見解と一致している。Raymond Mar, "The Neural Bases of Social Cognition and Story Comprehension," *Annual Review of Psychology* 62 (2011): 103– 34.

8. Constantin Stanislavski, *An Actor Prepares*, trans. Elizabeth Reynolds Hapgood (New York: Routledge, 1989; first published in 1936), 15. コンスタンチン・スタニスラフスキー『俳優の仕事　第一部：俳優教育システム』（岩田貴ほか訳、未来社、2008 年）

9. ゴールドスタインは「マインド理論（theory of mind）」という用語を、認知的共感に大きく重複するものとして使っている（参考資料 A を見よ）。本書では認知的共感に統一した。

10. M. Taylor and S. M. Carlson, "The Relation Between Individual Differences in Fantasy and Theory of Mind," *Child Development* 68, no. 3 (1997): 436– 55.

11. Thalia R. Goldstein et al., "Actors Are Skilled in Theory of Mind but Not Empathy,"

いる。

32. Hal Ersner-Hershfield et al., "Don't Stop Thinking About Tomorrow: Individual Differences in Future Self-Continuity Account for Saving," *Judgment and Decision Making* 4, no. 4 (2009): 280– 86; および Hal Ersner-Hershfield et al., "Increasing Saving Behavior Through Age- Progressed Renderings of the Future Self," *Journal of Marketing Research* 48 (2011): S23– S37.

33. Amit Goldenberg et al., "Testing the Impact and Durability of a Group Malleability Intervention in the Context of the Israeli–Palestinian Conflict," *Proceedings of the National Academy of Sciences* 115, no. 4 (2018): 696– 701; および Amit Goldenberg et al., "Making Intergroup Contact More Fruitful: Enhancing Cooperation Between Palestinian and Jewish-Israeli Adolescents by Fostering Beliefs About Group Malleability," *Social Psychological and Personality Science* 8, no. 1 (2016).

第4章

1. Mark K. Wheeler et al., "Memory's Echo: Vivid Remembering Reactivates Sensory-Specific Cortex," *Proceedings of the National Academy of Sciences* 97, no. 20 (2000): 11125– 29; Lars Nyberg et al., "Reactivation of Motor Brain Areas During Explicit Memory for Actions," *Neuroimage* 14, no. 2 (2001): 521– 28; および Bruno Laeng and Unni Sulutvedt, "The Eye Pupil Adjusts to Imaginary Light," *Psychological Science* 25, no. 1 (2014): 188– 97.

2. Matthew A. Killingsworth and Daniel. T. Gilbert, "A Wandering Mind Is an Unhappy Mind," *Science* 330, no. 6006 (2010): 932.

3. この領域は「デフォルト・モード・ネットワーク」と呼ばれることが多い。何もしていないデフォルト状態のときに、代謝機能が休むのではなく活発になるからだ。このネットワークに関する初期の文献は、次の資料を参照。Marcus E. Raichle et al., "A Default Mode of Brain Function," *Proceedings of the National Academy of*

1 (1985): 146– 55; および Michael Kraus et al., "Social Class, Contextualism, and Empathic Accuracy," *Psychological Science* 21, no. 11 (2010): 1716– 23.

25. Emile Bruneau and Rebecca Saxe, "The Power of Being Heard: The Benefits of 'Perspective-Giving' in the Context of Intergroup Conflict," *Journal of Experimental Social Psychology* 48, no. 4 (2012): 855– 66.

26. Patrick S. Forscher and Nour Kteily, "A Psychological Profile of the Alt-Right," working paper, 2017, https://psyarxiv.com/c9uvw

27. この会合はレイチェル・ブラウンの主催・進行によって開催された。 レイチェル・ブラウンは、 暴力の減少と予防に努める非営利団体ワン・ゼロのエグゼクティブ・ディレクターである。 レイチェルは、 ケニアからアメリカまで、 世界各地のヘイト問題について、 革新的かつパワフルな反対運動を行っている。

28. この発言は僕たちの会合時のものではなく、次のインタビューでの発言。 A. Schmidt, "Former Neo-Nazi Who Joined Hate Group at 15 and Changed Her Life Now Helps Other Ex-Racists Leave Violent Extremism," *Daily Mail*, March 7, 2017.

29. Kristin D. Neff and Elizabeth Pommier, "The Relationship Between Self-Compassion and Other-Focused Concern Among College Undergraduates, Community Adults, and Practicing Meditators," *Self and Identity* 12, no. 2 (2013): 160– 76. ネフとポミエは、 セルフ・コンパッションと共感的配慮の相関係数が 0 から 0.26 の範囲であると発見している。 この幅の最高値であっても、 統計学者が言うところの弱い相関関係にしかならない。

30. Lisa M. Yarnell and Kristin D. Neff, "Self-Compassion, Interpersonal Conflict Resolutions, and Well-Being," *Self and Identity* 12, no. 2 (2013): 146– 59.

31. Rony Berger et al., "A School-Based Intervention for Reducing Posttraumatic Symptomatology and Intolerance During Political Violence," *Journal of Educational Psychology* 108, no. 6 (2016): 761– 71. ただしこのプログラムは、 セルフ・コンパッションだけに主眼を置いたものではなく、 ストレス低減についても調べて

Brian M. Johnston and Demis E. Glasford, "Intergroup Contact and Helping: How Quality Contact and Empathy Shape Outgroup Helping," *Group Processes and Intergroup Relations*, July 6, 2017; および Hema Preya Selvanathan et al., "Whites for Racial Justice: How Contact with Black Americans Predicts Support for Collective Action Among White Americans," *Group Processes and Intergroup Relations* 21, no. 6 (2017): 893– 912.

19. Gábor Orosz et al., "Don't Judge a Living Book by Its Cover: Effectiveness of the Living Library Intervention in Reducing Prejudice Toward Roma and LGBT People," *Journal of Applied Social Psychology* 46, no. 9 (2016): 510– 17.

20. Juliana Schroeder and Jane L. Risen, "Befriending the Enemy: Outgroup Friendship Longitudinally Predicts Intergroup Attitudes in a Coexistence Program for Israelis and Palestinians," *Group Processes and Intergroup Relations* 19, no. 1 (2016): 72– 93.

21. Gunnar Lemmer and Ulrich Wagner, "Can We Really Reduce Ethnic Prejudice Outside the Lab? A Meta-Analysis of Direct and Indirect Contact Interventions," *European Journal of Social Psychology* 45, no. 2 (2015): 152– 68.

22. 何十件という研究が接触仮説を検証しているが、オルポートのオリジナルの原則を真に試している研究はほとんどない。次の資料を参照。Elizabeth L. Paluck et al., "The Contact Hypothesis Re-Evaluated," *Behavioural Public Policy*, July 10, 2018, 1–30.

23. Thomas Dierks et al., "Activation of Heschl's Gyrus During Auditory Hallucinations," *Neuron* 22, no. 3 (1999): 615– 21.

24. Drew Magary, "Sarah Silverman Is the Troll Slayer," *GQ Magazine*, May 23, 2018. シルバーマンの見解に表れているとおり、パワーが低いポジションにある人々は、パワーをもつ人の思考を読みとることがとびぬけてうまいことが多い。たとえば次の資料を参照。Sara Snodgrass, "Women's Intuition: The Effect of Subordinate Role on Interpersonal Sensitivity," *Journal of Personality and Social Psychology* 49, no.

Annual Review of Political Science 17 (2014): 225– 49; および Ryan D. Enos, "Causal Effect of Intergroup Contact on Exclusionary Attitudes," *Proceedings of the National Academy of Sciences* 111, no. 10 (2014): 3699– 704.

14. Thomas F. Pettigrew and Linda R. Tropp, "A Meta-Analytic Test of Intergroup Contact Theory," *Journal of Personality and Social Psychology* 90, no. 5 (2006): 751. ペティグリューとトルップの研究は、共感が、接触で偏見を軽減する主な手段3つのうちの１つであると発見している。また、ステレオタイプが強固になりにくい、部外者に関する不安感が軽減するという効果もある。次の資料を参照。Thomas F. Pettigrew and Linda R. Tropp, "How Does Intergroup Contact Reduce Prejudice? Meta-Analytic Tests of Three Mediators," *European Journal of Social Psychology* 38, no. 6 (2008): 922– 34.

15. Colette Van Laar et al., "The Effect of University Roommate Contact on Ethnic Attitudes and Behavior," *Journal of Experimental Social Psychology* 41, no. 4 (2005): 329– 45; および David Broockman and Joshua Kalla, "Durably Reducing Transphobia: A Field Experiment on Door-to- Door Canvassing," *Science* 352, no. 6282 (2016): 220– 24.

16. 共感が競争の邪魔になるというエビデンスについては、次の資料を参照。Debra Gilin et al., "When to Use Your Head and When to Use Your Heart: The Differential Value of Perspective-Taking Versus Empathy in Competitive Interactions," *Personality and Social Psychology Bulletin* 39, no. 1 (2013): 3– 16; および Mina Cikara and Elizabeth Levy Paluck, "When Going Along Gets You Nowhere and the Upside of Conflict Behaviors," *Social and Personality Psychology Compass* 7, no. 8 (2013): 559– 71.

17. Roni Porat et al., "What We Want Is What We Get: Group-Based Emotional Preferences and Conflict Resolution," *Journal of Personality and Social Psychology* 110, no. 2 (2016): 167– 90.

18. Tania Tam et al., "The Impact of Intergroup Emotions on Forgiveness in Northern Ireland," *Group Processes and Intergroup Relations* 10, no. 1 (2007): 119– 36;

One 7, no. 11 (2012): e48546; および Kelly M. Hoffmanet et al., "Racial Bias in Pain Assessment and Treatment Recommendations, and False Beliefs About Biological Differences Between Blacks and Whites," *Proceedings of the National Academy of Sciences* 113, no. 16 (2016): 4296– 301.

9. Nour Kteily et al., "The Ascent of Man: Theoretical and Empirical Evidence for Blatant Dehumanization," *Journal of Personality and Social Psychology* 109, no. 5 (2015): 901– 31; および Nour Kteily and Emile Bruneau, "Backlash: The Politics and Real-World Consequences of Minority Group Dehumanization," *Personality and Social Psychology Bulletin* 43, no. 1 (2017): 87– 104.

10. 「事象関連電位（ERP）」に着目した実験で確認されている。MRI よりも速く脳の活動を記録できる。たとえば次の資料を参照。Feng Sheng and Shihui Han, "Manipulations of Cognitive Strategies and Intergroup Relationships Reduce the Racial Bias in Empathic Neural Responses," *Neuroimage* 61, no. 4 (2012): 786– 97. ERP は、1 秒未満で、部外者に対して感じる素早く自動的な「反共感（counter-empathy）」も記録する。たとえば次の資料を参照。Makiko Yamada et al., "Pleasing Frowns, Disappointing Smiles: An ERP Investigation of Counterempathy," *Emotion* 11, no. 6 (2011): 1336.

11. 脳の反応：Mina Cikara et al., "Us Versus Them: Social Identity Shapes Neural Responses to Intergroup Competition and Harm," *Psychological Science* 22, no. 3 (2011): 306– 13; 笑顔の反応：Mina Cikara and Susan T. Fiske, "Stereotypes and Schadenfreude: Affective and Physiological Markers of Pleasure at Outgroup Misfortunes," *Social Psychological and Personality Science* 3, no. 1 (2012): 63– 71.

12. 次の資料を参照。Gordon W. Allport, *The Nature of Prejudice* (Cambridge, Mass.: Addison Wesley, 1954), especially pp. 269– 77. G.W. オルポート『偏見の心理』（原谷達夫／野村昭訳、培風館、1968 年）；および Thomas F. Pettigrew, "Gordon Willard Allport: A Tribute," *Journal of Social Issues* 55, no. 3 (1999): 415– 28.

13. Jens Hainmueller and Daniel J Hopkins, "Public Attitudes Toward Immigration,"

3. Maureen A. Craig and Jennifer A. Richeson, "On the Precipice of a 'Majority-Minority' America: Perceived Status Threat from the Racial Demographic Shift Affects White Americans' Political Ideology," *Psychological Science* 25, no. 6 (2014): 1189– 97; および Robb Willer et al., "Threats to Racial Status Promote Tea Party Support Among White Americans," SSRN working paper, 2016, https://ssrn.com/abstract=2770186

4. 次の資料を参照。 Shanto Iyengar et al., "Affect, Not Ideology: A Social Identity Perspective on Polarization," *Public Opinion Quarterly* 76, no. 3 (2012): 405–31; および Shanto Iyengar and Sean J. Westwood, "Fear and Loathing Across Party Lines: New Evidence on Group Polarization," *American Journal of Political Science* 59, no. 3 (2015): 690– 707. 党派心は、 個人の印象にも忍び込む。 アイエンガーとウェストウッドの実験では、 架空の奨学生採用候補者 2 人を示し、 それぞれの記録を比較させ、 どちらを選ぶか判断させた。 片方が民主党支持者、 もう片方が共和党支持者だ。 被験者は、 自分が民主党支持者の場合も、 共和党支持者の場合も、 同じ政党を支持する候補者を約 80%の確率で選んでいた。

5. Jeremy Frimer et al., "Liberals and Conservatives Are Similarly Motivated to Avoid Exposure to One Another's Opinions," *Journal of Experimental Social Psychology* 72 (2017): 1– 12.

6. たとえば次の資料を参照。 Xiaojing Xu et al., "Do You Feel My Pain? Racial Group Membership Modulates Empathic Neural Responses," *Journal of Neuroscience* 29, no. 26 (2009): 8525– 29; および John T. Lanzetta and Basil G. Englis, "Expectations of Cooperation and Competition and Their Effects on Observers' Vicarious Emotional Responses," *Journal of Personality and Social Psychology* 56, no. 4 (1989): 543– 54.

7. Harriet A. Washington, *Medical Apartheid: The Dark History of Medical Experimentation on Black Americans from Colonial Times to the Present* (New York: Doubleday, 2006).

8. Sophie Trawalter et al., "Racial Bias in Perceptions of Others' Pain," *PLoS*

Condon et al., "Meditation Increases Compassionate Responses to Suffering," *Psychological Science* 24, no. 10 (2013): 2125– 27.

34. Lea K. Hildebrandt et al., "Differential Effects of Attention-, Compassion- , and Socio- Cognitively Based Mental Practices on Self-Reports of Mindfulness and Compassion," *Mindfulness* 8, no. 6 (2017): 1488– 1512; Anna- Lena Lumma et al., "Who Am I? Differential Effects of Three Contemplative Mental Trainings on Emotional Word Use in Self-Descriptions," *Self and Identity* 16, no. 5 (2017): 607–28; および Sofie L. Valk et al., "Structural Plasticity of the Social Brain: Differential Change After Socio-Affective and Cognitive Mental Training," *Science Advances* 3, no. 10 (2017): e1700489.

35. たとえば次の資料を参照。 E. Tory Higgins and William S. Rholes, " 'Saying Is Believing': Effects of Message Modification on Memory and Liking for the Person Described," *Journal of Experimental Social Psychology* 14, no. 4 (1978): 363– 78.

36. Erika Weisz et al., "Building Empathy Through Social Psychological Interventions" （準備中）

第3章

1. 人種、 宗教、 ジェンダーのアイデンティティ：Colin Roberts et al., "Understanding Who Commits Hate Crimes and Why They Do It" (report prepared for Welsh Government Social Research, 2013); 失業率：Armin Falk et al., "Unemployment and Right-Wing Extremist Crime," *Scandinavian Journal of Economics* 113, no. 2 (2011): 260– 85; 虐待の経験：Pete Simi et al., *Trauma as a Precursor to Violent Extremism: How Non-Ideological Factors Can Influence Joining an Extremist Group* (College Park, Md.: START, 2015).

2. 引用は、 カナダ人権委員会がトニー・マカリアーに対して起こした訴訟で提示された書きおこし文章からの引用。 詳細は次の URL で確認可能。 http://www.stopracism.ca/content/chrc-v-canadian-liberty-net1

Neuroscience and Biobehavioral Reviews 46 (2014): 604– 27.

27. Kristi Klein and Sara Hodges, "Gender Differences, Motivation, and Empathic Accuracy: When It Pays to Understand," *Personality and Social Psychology Bulletin* 27, no. 6 (2001): 720– 30; および Geoff Thomas and Gregory R. Maio, "Man, I Feel Like a Woman: When and How Gender-Role Motivation Helps Mind-Reading," *Journal of Personality and Social Psychology* 95, no. 5 (2008): 1165–79.

28. Samuel L. Gaertner and John F. Dovidio, *Reducing Intergroup Bias: The Common Ingroup Identity Model* (New York: Routledge, 2000).

29. Mark Levine et al., "Identity and Emergency Intervention: How Social Group Membership and Inclusiveness of Group Boundaries Shape Helping Behavior," *Personality and Social Psychology* Bulletin 31, no. 4 (2005): 443– 53. ただし、この実験は比較的小さなサンプルサイズで行われており、直接的な再現はまだ確認されていない。だが、多数の他の研究で、内集団を重視する人でも、異なる状況に置かれると他者に対して向社会性が増すことが明らかになっている。

30. John F. Edens et al., "Psychopathy and the Death Penalty: Can the Psychopathy Checklist-Revised Identify Offenders Who Represent 'A Continuing Threat to Society'?," *Journal of Psychiatry and Law* 29, no. 4 (2001): 433– 81.

31. Harma Meffert et al., "Reduced Spontaneous but Relatively Normal Deliberate Vicarious Representations in Psychopathy," *Brain* 136, no. 8 (2013): 2550– 62.

32. Tania Singer et al., "Empathy for Pain Involves the Affective but Not Sensory Components of Pain," *Science* 303, no. 5661 (2004): 1157– 62.

33. シンガー自身の研究を含め、初期の試みでも、共感力に対する瞑想訓練の効果が表れていた。たとえば次の資料を参照。Olga M. Klimecki et al., "Differential Pattern of Functional Brain Plasticity After Compassion and Empathy Training," *Social Cognitive and Affective Neuroscience* 9, no. 6 (2014): 873– 79; および Paul

Proceedings of the National Academy of Sciences 114, no. 37 (2017): 9843–47; および John F. Helliwell and Lara B. Aknin, "Expanding the Social Science of Happiness," *Nature Human Behaviour* 2 (2018): 248– 52.

22. John T. Cacioppo et al., "Reciprocal Influences Between Loneliness and Self-Centeredness: A Cross- Lagged Panel Analysis in a Population-Based Sample of African American, Hispanic, and Caucasian Adults," *Personality and Social Psychology Bulletin* 43, no. 8 (2017): 1125– 35.

23. Bernard Burnes, "Kurt Lewin and the Harwood Studies: The Foundations of OD," *Journal of Applied Behavioral Science* 43, no. 2 (2007): 213– 31.

24. ナッジという言葉は次の資料で提示された。 Richard H. Thaler and Cass Sunstein, *Nudge: Improving Decisions About Health, Wealth, and Happiness* (New York, Penguin, 2008) リチャード・セイラー／キャス・サンスティーン『実践 行動経済学——健康、 富、 幸福への聡明な選択』（遠藤真美訳、 日経 BP、 2009 年）

　退職金積立制度について：John Beshears et al., "The Importance of Default Options for Retirement Saving Outcomes," in *Social Security Policy in a Changing Environment*, ed. Jeffrey Liebman et al. (Chicago: University of Chicago Press, 2009)

　臓器提供のドナー登録について：Eric J. Johnson and Daniel Goldstein, "Do Defaults Save Lives?," *Science* 302, no. 5649 (2003): 1338– 39.

　ナッジは外面的な行動を変えさせるだけではない。 いわゆる「賢い介入（Wise Interventions）」では、 より積極的に心理的な認識を変えさせる。 たとえば次の資料を参照。 Gregory M. Walton and Timothy D. Wilson, "Wise Interventions: Psychological Remedies for Social and Personal Problems," *Psychological Review* 125 (2018): 617– 55.

25. C. Daniel Batson et al., "Empathy and Attitudes: Can Feeling for a Member of a Stigmatized Group Improve Feelings Toward the Group?," *Journal of Personality and Social Psychology* 72, no. 1 (1997): 105– 18.

26. Leonardo Christov-Moore et al., "Empathy: Gender Effects in Brain and Behavior,"

Social Psychology 25, no. 1 (2003): 69– 78; および Sonya Sachdeva et al., “Sinning Saints and Saintly Sinners: The Paradox of Moral Self-Regulation,” *Psychological Science* 20, no. 4 (2009): 523– 28.

17. たとえば次の資料を参照。 Sara Hodges and Kristi Klein, “Regulating the Costs of Empathy: The Price of Being Human,” *Journal of Socio-Economics* 30, no. 5 (2001): 437– 52.

18. S. Mark Pancer et al., “Conflict and Avoidance in the Helping Situation,” *Journal of Personality and Social Psychology* 37, no. 8 (1979): 1406– 11.

19. Laura Shaw et al., “Empathy Avoidance: Forestalling Feeling for Another in Order to Escape the Motivational Consequences,” *Journal of Personality and Social Psychology* 67, no. 5 (1994): 879– 87.

　この理屈は、 思いやり（コンパッション） の崩壊が起きる理由も説明している。 ある一連の心理学実験で、 被験者に、 苦しんでいる子ども１人の写真か、 もしくは苦しんでいる子ども８人の写真を見せた。 すると多くの犠牲者の写真を見た被験者よりも１人の犠牲者の写真を見た被験者のほうが、 より共感を示していた。 だが意外なのは、「こころのチューニング」 に長けた人のほうが、 この傾向が顕著だったことだ。 さらに悪いことに、 感情の調節のトレーニングを受けると、 人はあまり思いやりをもたなくなっていた。 大きな苦痛を目の前にしたとき、 同情すると自分がつらくなりすぎることを予期するからだ。 思いやりが崩壊するのは、 多くの犠牲者に同情することが不可能だからではなく、同情**しないことを選ぶ**からなのである。次の資料を参照。 C. Daryl Cameron and B. Keith Payne, “Escaping Affect: How Motivated Emotion Regulation Creates Insensitivity to Mass Suffering,” *Journal of Personality and Social Psychology* 100, no. 1 (2011): 1– 15.

20. John M. Darley and C. Daniel Batson, “From Jerusalem to Jericho: A Study of Situational and Dispositional Variables in Helping Behavior,” *Journal of Personality and Social Psychology* 27, no. 1 (1973): 100– 108.

21. Morelli, “Emerging Study of Positive Empathy”; Sylvia A. Morelli et al., “Empathy and Well-Being Correlate with Centrality in Different Social Networks,”

of Believing Emotions Are Uncontrollable," *Journal of Experimental Psychology: General* 147, no. 8 (2018): 1170– 90.

10. Maya Tamir, "Why Do People Regulate Their Emotions? A Taxonomy of Motives in Emotion Regulation," *Personality and Social Psychology Review* 20, no. 3 (2016): 199– 222.

11. 人は相手の姿勢、表情、雰囲気、性的興奮などを即座に感じ取る。ときには感じ取っていることに気づかないこともある。次の資料を参照。Celia Heyes, "Automatic Imitation," *Psychological Bulletin* 137, no. 3 (2011): 463– 83; Ulf Dimberg et al., "Unconscious Facial Reactions to Emotional Facial Expressions," *Psychological Science* 11, no. 1 (2000): 86– 89; および Roland Neumann and Fritz Strack, " 'Mood Contagion': The Automatic Transfer of Mood Between Persons," *Journal of Personality and Social Psychology* 79, no. 2 (2000): 211– 23.

12. 僕のこの見解について、詳細は次の資料を参照。Jamil Zaki, "Empathy: A Motivated Account," *Psychological Bulletin* 140, no. 6 (2014): 1608– 47.

13. Sylvia A. Morelli et al., "The Emerging Study of Positive Empathy," *Social and Personality Psychology Compass* 9, no. 2 (2015): 57– 68.

14. William Ickes et al., "Naturalistic Social Cognition: Empathic Accuracy in Mixed-Sex Dyads," *Journal of Personality and Social Psychology* 59 (1990): 730– 42; および Sara Snodgrass, "Women's Intuition: The Effect of Subordinate Role on Interpersonal Sensitivity," *Journal of Personality and Social Psychology* 49, no. 1 (1985): 146– 55.

15. William T. Harbaugh, "The Prestige Motive for Making Charitable Transfers," *American Economic Review* 88, no. 2 (1998): 277– 82.

16. Eddie Harmon-Jones et al., "The Dissonance- Inducing Effects of an Inconsistency Between Experienced Empathy and Knowledge of Past Failures to Help: Support for the Action-Based Model of Dissonance," *Basic and Applied*

に挙げられているタイトルは、『道徳形而上学の基礎づけ』光文社古典新訳文庫（中山元訳、光文社、2012 年）を指すが、本書での引用は上記の文献にある〕

6. Paul Bloom, *Against Empathy: The Case for Rational Compassion* (New York: Random House, 2016), 95 ポール・ブルーム『反共感論——社会はいかに判断を誤るか』（高橋洋訳、白揚社、2018 年）および Paul Bloom, "The Baby in the Well: The Case Against Empathy," *New Yorker*, May 20, 2013.

7. この見解に関する詳細は次の資料を参照。Lisa Feldman Barrett, *How Emotions Are Made* (New York: Macmillan, 2017) リサ・フェルドマン・バレット『情動はこうしてつくられる——脳の隠れた働きと構成主義的情動理論』（高橋洋訳、紀伊國屋書店、2019 年）; Magda B. Arnold, *Emotion and Personality* (New York: Columbia University Press, 1960); Richard S. Lazarus and Susan Folkman, *Stress, Appraisal, and Coping* (New York: Springer Publishing, 1984) リチャード・S. ラザルス／スーザン・フォルクマン『ストレスの心理学：認知的評価と対処の研究』（本明寛ほか監訳、実務教育出版、1991 年）; および Klaus R. Scherer et al., *Appraisal Processes in Emotion: Theory, Methods, Research* (Oxford: Oxford University Press, 2001).

8. 概観については次の資料を参照。James J. Gross, "Emotion Regulation: Current Status and Future Prospects," *Psychological Inquiry* 26, no. 1 (2015): 1– 26; および Kevin N. Ochsner and James J. Gross, "The Cognitive Control of Emotion," *Trends in Cognitive Sciences* 9, no. 5 (2005): 242– 49. 僕はここで、感情を「思い返すこと」、グロスの表現では「再評価」に話を絞っている。だが、人はそれ以外の方法でも自分の感情を制御する。たとえば感情の揺れるような状況を避ける、感じていることから意識をそらすなど。

9. Lian Bloch et al., "Emotion Regulation Predicts Marital Satisfaction: More Than a Wives' Tale," *Emotion* 14, no. 1 (2014): 130; および Eran Halperin et al., "Can Emotion Regulation Change Political Attitudes in Intractable Conflicts? From the Laboratory to the Field," *Psychological Science* 24, no. 1 (2013): 106– 11. キャロル・ドゥエックの研究に沿って言えば、自分の感情は自分で制御できると信じるだけでも、実際にそうなる後押しになる。たとえば、気持ちは自分で変えられると信じる若者は、抑うつになりにくい。次の資料を参照。Brett Q. Ford et al., "The Cost

の人の総合的な共感レベルとは必ずしも関連しない。言い換えるならば、自分は共感力があると信じている人は、必ずしも共感は制御可能とは思っていない。次の資料を参照。Karina Schumann et al., "Addressing the Empathy Deficit: Beliefs About the Malleability of Empathy Predict Effortful Responses When Empathy Is Challenging," *Journal of Personality and Social Psychology* 107, no. 3 (2014): 475–93.

第2章

1. ここではレヴィンが提示した正確な用語ではなく、次の資料で使われている関連の(もっと単純な)用語である「接近欲求」を使っている。Dale Miller and Deborah Prentice, "Psychological Levers of Behavior Change," in *Behavioral Foundations of Public Policy*, ed. E. Shafir (New York: Russell Sage Foundation, 2010).

2. イラストは次の資料から。Kurt Lewin, "Group Decision and Social Change," in *Readings in Social Psychology*, ed. Guy Swanson et al. (New York: Henry Holt, 1952), 459– 73.〔同イラストは次の文献に収録されている。クルト・レヴィン『社会科学における場の理論』猪股佐登留訳、誠信書房、1956年。P.175〕

3. William McDougall, *An Introduction to Social Psychology* (New York: Dover, 2003; first published in 1908). ウィリアム・マクドーガル『社会心理学概論』(宮崎市八訳、アテネ書院、1925年)

4. Jennifer C. Veilleux et al., "Multidimensional Assessment of Beliefs About Emotion: Development and Validation of the Emotion and Regulation Beliefs Scale," *Assessment* 22, no. 1 (2015): 86– 100. 著者ヴェイユから個人的に聞いた説明(2018年7月10日の会話)によると、この資料での数字は、引用された文章に軽く、もしくは強く賛同した回答者の割合を示している。

5. Immanuel Kant, *Groundwork of the Metaphysics of Morals* (New Haven, Conn.: Yale University Press, 2002; first published in 1785). イマヌエル・カント『美と崇高との感情性に関する観察』(上野直昭訳、岩波書店、1948年)〔ここで参考文献

55.

32. Daniel Lim and David DeSteno, "Suffering and Compassion: The Links Among Adverse Life Experiences, Empathy, Compassion, and Prosocial Behavior," *Emotion* 16, no. 2 (2016): 175– 82.

33. Richard G. Tedeschi and Lawrence G. Calhoun, "Posttraumatic Growth: Conceptual Foundations and Empirical Evidence," *Psychological Inquiry* 15, no. 1 (2004): 1– 18.

34. Victor E. Frankl, *Man's Search for Meaning* (New York: Simon and Schuster, 1985; first published in 1946). ヴィクトール・E・フランクル『夜と霧』（池田香代子訳、みすず書房、新版 2002 年）

35. 「実際にそうなる」は、ジャン=リュック・ピカードの台詞から拝借した〔原文は make it so。『スター・トレック』の登場人物、ピカードが、よく「そのようにしたまえ（make it so）」と言う〕。

36. このテーマの重要な総括として、次の資料を参照。Carol S. Dweck, *Mindset: The New Psychology of Success* (New York, Random House, 2006) キャロル・S・ドゥエック『マインドセット 「やればできる！」の研究』（今西康子訳、草思社、2016 年）。特にここで論点となっている研究については、次の資料を参照。Ying-yi Hong et al., "Implicit Theories, Attributions, and Coping: A Meaning System Approach," *Journal of Personality and Social Psychology* 77, no. 3 (1999): 588– 99.

37. David S. Yeager et al., "Where and for Whom Can a Brief, Scalable Mindset Intervention Improve Adolescents' Educational Trajectories?" (under revision)；および Michael Broda et al., "Reducing Inequality in Academic Success for Incoming College Students: A Randomized Trial of Growth Mindset and Belonging Interventions," *Journal of Research on Educational Effectiveness* 11, no. 3 (2018): 317– 38.

38. 興味深いことに、共感に関して一般の人が抱く説、いわゆる「素人理論」は、そ

25. Ervin Staub, The Roots of Evil: *The Origins of Genocide and Other Group Violence* (Cambridge: Cambridge University Press, 1989), 82.

26. Michael J. Osofsky et al., "The Role of Moral Disengagement in the Execution Process," *Law and Human Behavior* 29, no. 4 (2005): 371– 93.

27. Edna B. Foa and Barbara O. Rothbaum, *Treating the Trauma of Rape: Cognitive-Behavioral Therapy for PTSD* (New York: Guilford, 2001); および George Bonanno, "Loss, Trauma, and Human Resilience: Have We Underestimated the Human Capacity to Thrive After Extremely Aversive Events?" *American Psychologist* 59, no. 1 (2004): 20– 28.

28. たとえば次の資料を参照。 Mary P. Koss and Aurelio J. Figueredo, "Change in Cognitive Mediators of Rape's Impact on Psychosocial Health Across 2 Years of Recovery," *Journal of Consulting and Clinical Psychology* 72, no. 6 (2004): 1063–72.

29. 詳細は次の資料を参照。 Johanna R. Vollhardt, "Altruism Born of Suffering and Prosocial Behavior Following Adverse Life Events: A Review and Conceptualization," *Social Justice Research* 22, no. 1 (2009): 53– 97; および David M. Greenberg et al., "Elevated Empathy in Adults Following Childhood Trauma," *PLoS One* 13, no. 10 (2018).

　当然ながら、 すべてのトラウマ・サバイバーがより利他的になるわけではない。 世代を超えて「虐待の連鎖」が起きることもよく知られている。 ヘイトグループのメンバーは幼児期に虐待を経験していることが多い点については、 第3章で論じる。 しかし、 ヴォルハルトの重要な指摘によると、 トラウマのせいで被害者の性格がゆがむというのはステレオタイプの認識であり、 実際にはその反対であることが多い。

30. Michal Bauer et al., "Can War Foster Cooperation?," *Journal of Economic Perspectives* 30, no. 3 (2016): 249– 74.

31. Patricia Frazier et al., "Positive and Negative Life Changes Following Sexual Assault," *Journal of Consulting and Clinical Psychology* 69, no. 6 (2001): 1048–

Delivering Bad News: Application to the Patient with Cancer," *Oncologist* 5, no. 4 (2000): 302– 11. 解雇者数は、 2017 年にアメリカで合計 418,000 人だったことから計算している。 Challenger, Gray, and Christmas 社による集計。

18. Joshua D. Margolis and Andrew Molinsky, "Navigating the Bind of Necessary Evils: Psychological Engagement and the Production of Interpersonally Sensitive Behavior," *Academy of Management Journal* 51, no. 5 (2008): 847– 72.

19. Walter F. Baile, "Giving Bad News," *Oncologist* 20, no. 8 (2015): 852– 53; および Robert L. Hulsman et al., "How Stressful Is Doctor–Patient Communication? Physiological and Psychological Stress of Medical Students in Simulated History Taking and Bad-News Consultations," *International Journal of Psychophysiology* 77, no. 1 (2010): 26– 34.

20. Leon Grunberg et al., "Managers' Reactions to Implementing Layoffs: Relationship to Health Problems and Withdrawal Behaviors," *Human Resource Management* 45, no. 2 (2006): 159– 78.

21. Margolis and Molinsky, "Navigating the Bind of Necessary Evils."

22. ここで論じているのは、 暴力による「結果として」 の道徳不活性化だが、 暴力が「きっかけとなって」 残酷さや冷淡さにつながることもある。 この現象をまとめた権威ある考察は、 次の資料を参照。 Albert Bandura, *Moral Disengagement: How People Do Harm and Live with Themselves* (New York: Worth, 2016).

23. David C. Glass, "Changes in Liking as a Means of Reducing Cognitive Discrepancies Between Self-Esteem and Aggression," *Journal of Personality* 32, no. 4 (1964): 531– 49.

24. Emmanuel Castano and Roger Giner-Sorolla, "Not Quite Human: Infrahumanization in Response to Collective Responsibility for Intergroup Killing," *Journal of Personality and Social Psychology* 90, no. 5 (2006): 804– 18.

12. 知能の遺伝率は実のところ、 人の生涯の中で変化する。 幼い子どもの知能では遺伝率が約 20%、 成人では約 60%、 高齢者では約 80%になる。 次の資料を参照。 Robert Plomin and Ian Deary, "Genetics and Intelligence Differences: Five Special Findings," *Molecular Psychiatry* 20, no. 1 (2015): 98– 108.

13. Daniel Grühn et al., "Empathy Across the Adult Lifespan: Longitudinal and Experience-Sampling Findings," *Emotion* 8, no. 6 (2008): 753– 65.

14. これに関する最近の概観としては、 次の資料を参照。 Tracy L. Spinrad and Diana E. Gal, "Fostering Prosocial Behavior and Empathy in Young Children," *Current Opinion in Psychology* 20 (2018): 40– 44. ここで言及した研究については、 次の資料を参照。 Amanda J. Moreno et al., "Relational and Individual Resources as Predictors of Empathy in Early Childhood," *Social Development* 17, no. 3 (2008): 613– 37; Darcia Narvaez et al., "The Evolved Development Niche: Longitudinal Effects of Caregiving Practices on Early Childhood Psychosocial Development," *Early Childhood Research Quarterly* 28, no. 4 (2013): 759– 73; Brad M. Farrant et al., "Empathy, Perspective Taking and Prosocial Behaviour: The Importance of Parenting Practices," *Infant and Child Development* 21, no. 2 (2012): 175– 88; および Zoe E. Taylor et al., "The Relations of Ego-Resiliency and Emotion Socialization to the Development of Empathy and Prosocial Behavior Across Early Childhood," *Emotion* 13, no. 5 (2013): 822– 31. これらの実験の一部では、 親の共感を調整することで、 親の遺伝子が子の共感力を決定する危険性を低減し、 環境だけが影響を与えるようにしている。

15. Kathryn L. Humphreys et al., "High-Quality Foster Care Mitigates Callous-Unemotional Traits Following Early Deprivation in Boys: A Randomized Controlled Trial," *Journal of the American Academy of Child and Adolescent Psychiatry* 54, no. 12 (2015): 977– 83.

16. Grühn, "Empathy Across the Adult Lifespan."

17. ある調査によると、 がん専門医の 74%が、 1か月に最低 5 回は悪い告知をしている。 次の資料を参照。 Walter F. Baile et al., "SPIKES–A Six- Step Protocol for

the National Academy of Sciences 155, no. 26 (2018): 6674– 78. 興味深いことに（そして厄介なことに）、これらの論文著者たちは、少なくともノルウェーにおいて、近年では知能が下がっていることを発見している。初期の上昇も、この下降も、環境によってもたらされたものと見られる。

9. 養子にもらわれた場合など、知能に対する環境影響に関する概観は、次の資料を参照。Richard E. Nisbett et al., “Intelligence: New Findings and Theoretical Developments,” *American Psychologis*t 67, no. 2 (2012): 130– 59. 教育の影響については、次の資料を参照。Stuart J. Ritchie and Elliot M. Tucker-Drob, “How Much Does Education Improve Intelligence? A Meta-Analysis,” *Psychological Science* 29, no. 8 (2018): 1358– 69. 教育が人を賢くしたのではなく、もともと賢い人間が教育を受ける傾向があるとも考えられる。リッチーおよびタッカードロブは、その可能性が考えられない教育環境で調査を行うことによって、この問題を回避している。たとえば、新しいコミュニティに義務教育が導入された場合など。

10. Daniel A. Briley and Elliot M. Tucker-Drob, “Genetic and Environmental Continuity in Personality Development: A Meta-Analysis,” *Psychological Bulletin* 140, no. 5 (2014): 1303– 31; Jule Specht et al., “Stability and Change of Personality Across the Life Course: The Impact of Age and Major Life Events on Mean-Level and Rank- Order Stability of the Big Five,” *Journal of Personality and Social Psychology* 101, no. 4 (2011): 862– 82; および Brent W. Roberts et al., “A Systematic Review of Personality Trait Change Through Intervention,” *Psychological Bulletin* 143, no. 2 (2017): 117– 41.

11. Ariel Knafo and Florina Uzefosky, “Variation in Empathy: The Interplay of Genetic and Environmental Factors,” in *The Infant Mind: Origins of the Social Brain*, ed. Maria Legerstee et al. (New York: Guilford, 2013); および Salomon Israel et al., “The Genetics of Morality and Prosociality,” *Current Opinion in Psychology* 6 (2015): 55– 59. 遺伝率というのは複雑な概念だ。重要な点として（直感的には理解しにくいが）、これらの研究で確認された「共感は30%が遺伝で決まる」という事実は、きっちり70%が環境で決定するという意味ではない。遺伝子と経験は複雑に相互作用し、人によってまったく違うものになっていくためだ。

Proceedings of the National Academy of Sciences 85, no. 22 (1988): 8722– 26. 人間以外の動物における神経可塑性についての概観は、次の資料を参照。Charles Gross, "Neurogenesis in the Adult Brain: Death of a Dogma," *Nature Reviews Neuroscience* 1, no. 1 (2000): 67– 73.

6. たとえば次の資料を参照。Kirsty L. Spalding et al., "Dynamics of Hippocampal Neurogenesis in Adult Humans," *Cell* 153, no. 6 (2013): 1219– 27. 成人の脳で生まれる新しい細胞の量については一部で意見が割れている。2018 年 4 月に、あるグループが、幼児期以降の海馬において新しい細胞の成長が見られるのはごくわずかであると報告したが、そのわずか 1 か月後に別の研究者が、同じ脳の領域が高齢になっても新しい細胞を生成するというエビデンスを報告した。次の資料を参照。Shawn F. Sorrells et al., "Human Hippocampal Neurogenesis Drops Sharply in Children to Undetectable Levels in Adults," *Nature* 555 (2018): 377– 81; および Maura Boldrini et al., "Human Hippocampal Neurogenesis Persists Throughout Aging," *Cell Stem Cell* 22, no. 4 (2018): 589– 99. ただし、成人の脳で少なくともいくらかは新しい細胞が生成される点は、圧倒的多数のエビデンスが裏づけている。

7. 弦楽器：Thomas Elbert et al., "Increased Cortical Representation of the Fingers of the Left Hand in String Players," *Science* 270, no. 5234 (1995): 305– 7; ジャグリング：Bogdan Draganski et al., "Neuroplasticity: Changes in Grey Matter Induced by Training," *Nature* 427, no. 6972 (2004): 311– 12; ストレス：Robert M. Sapolsky, "Glucocorticoids and Hippocampal Atrophy in Neuropsychiatric Disorders," *Archives of General Psychiatry* 57, no. 10 (2000): 925– 35. これらの研究は主に灰白質の体積を測定している。体積増加は必ずしも新しい細胞の形成を意味しないことを指摘しておく。たとえば細胞間の結合の増加によって増えることもある。「行動依存的可塑性」について、詳細は次の資料を参照。Alvaro Pascual- Leone et al., "The Plastic Human Brain Cortex," *Annual Review of Neuroscience* 28 (2005): 377– 401.

8. James R. Flynn, "Massive IQ Gains in 14 Nations: What IQ Tests Really Measure," *Psychological Bulletin* 101, no. 2 (1987): 171– 91. 同じ家系の中で見られる IQ の変化に関するエビデンスは次の資料を参照。Bernt Bratsberg and Ole Rogeberg, "Flynn Effect and Its Reversal Are Both Environmentally Caused," *Proceedings of*

著書『エデンの恐竜』に登場する。同著においてセーガンは、脳に関する見方のひとつを「配線が完全に組み込まれている。特定の認知機能が、脳内の特定の場所に配置されている」と表現している。組み込まれるという表現は神経科学の比喩としては正しくないかもしれないとセーガンは述べたが、fMRI というものが世間に広く知られるにつれ、よくも悪くも「組み込まれる」「配線」という表現も一緒に使われるようになった。次の資料を参照。Carl Sagan, *Dragons of Eden: Speculations on the Evolution of Human Intelligence* (New York: Ballantine, 2012; first published in 1977). カール・セーガン『エデンの恐竜』(長野敬訳、秀潤社、1978 年)

36. Joel Lovell, "George Saunders's Advice to Graduates," *New York Times*, July 31, 2013.

第 1 章

1. ヴェーゲナーの研究と人生については、次の資料を参照した。Martin Schwarzbach, *Alfred Wegener: The Father of Continental Drift* (Madison, Wis.: Science Tech, 1986); および Anthony Hallam, *Great Geological Controversies* (Oxford: Oxford University Press, 1989).

2. ヴェーゲナーの文通相手だったエルス・ケッペンは、のちにヴェーゲナーと結婚する。地理学風味のラブレターが彼女の心も動かしたのかどうかは不明。

3. 骨相学に加えて、その他にもいくつかの生物学的決定論が、人種、性、階級のヒエラルキーを擁護する目的で何世紀にもわたってもち出されてきた。概観としては、次の資料を参照。Stephen Jay Gould, *The Mismeasure of Man* (New York: W. W. Norton, 1996).

4. Santiago Ramón y Cajal, *Estudios Sobre la Degeneración y Regeneración del Sistema Nervioso* (Madrid: Moya, 1913).

5. Arturo Alvarez-Buylla et al., "Birth of Projection Neurons in the Higher Vocal Center of the Canary Forebrain Before, During, and After Song Learning,"

Cognitive Affective Neuroscience 9, no. 4 (2014): 464– 69.

31. Lamm et al., "Meta-Analytic Evidence for Common and Distinct Neural Networks," たとえばこの論文は、脳における痛みのミラーリングを測定した研究のうち、ミラーリングと主観的共感に相関関係が発見されたのは、約60%であることを報告している（同論文2500ページ参照）。

32. エビデンスは圧倒的に、他人の情動（またはその他）の状態を観察しているときと、自分自身が同じ情動を直接的に体験しているときの脳の活動パターンが重複することを示唆している。これは、個人的な情動と代理的な情動が完全に同一という意味なのか――という問いに対する答えは、ノーである。もし同一のものだとしたら、人間は自分と周囲の人の区別ができない困った世界に住んでいることになる。多くの脳の領域は、さまざまな体験に反応する。たとえば前頭葉という領域は、記憶にアクセスするときにも発話をするときにも反応する。だからといって思い出すこととしゃべることが同じであるという意味にはならない。

 心理状態はたいていの場合、脳の単一の領域の活動から引き出されるのではなく、脳全域の活動のパターンを反映している。こうしたパターンのレベルで、個人的体験なのか代理的体験なのかが区別される。僕が強調したいのは、「ミラーリングは、個人的体験と共感的体験とがまったく同じであるという意味ではなく、主な特徴のいくつかを共有していることを示唆している」という点だ。この見解について、詳細は次の資料を参照。Jamil Zaki et al., "The Anatomy of Suffering: Understanding the Relationship Between Nociceptive and Empathic Pain," *Trends in Cognitive Sciences* 20, no. 4 (2016): 249– 59.

33. Vilayanur S. Ramachandran, "The Neurons That Shaped Civilization," talk delivered at TEDIndia, 2009.

34. たとえば、心理プロセスに関する怪しい主張であっても、脳スキャン画像を伴っていると人は信じやすくなる。例として次の資料を参照。Deena S. Weisberg et al., "Deconstructing the Seductive Allure of Neuroscience Explanations," *Judgment and Decision Making* 10, no. 5 (2015): 429.

35. 「組み込まれている（hardwired）」という表現は、もともとはカール・セーガンの講談社学術文庫（高哲男訳、講談社、2013 年）; Gustav Jahoda, "Theodor Lipps and the Shift from 'Sympathy' to 'Empathy,' " *Journal of the History of the Behavioral Sciences* 41, no. 2 (2005): 151– 63; Elaine Hatfield et al., *Emotional Contagion* (Cambridge: Cambridge University Press, 1994); および Edith Stein, *On the Problem of Empathy* (Washington, D.C.: ICS, 1989; first published in English in 1964).

エーディト・シュタインの人生は、彼女の哲学と同じくらいに興味深い。共感に関する研究を大きく発展させた彼女は、女性であったため講義をすることはできず、哲学者エトムント・フッサールの助手という立場に甘んじていた。ユダヤ教から無神論、そしてカトリックに改宗したあと、学問の世界を離れ、オランダの修道院に入り修道女になる。それでもユダヤ人としてナチスにより強制収容所に送られ、アウシュヴィッツで姉とともに命を落とした。40 年後、彼女はヨハネ・パウロ II 世により、聖人として認められた。詳細は次の資料を参照。Alasdair MacIntyre, *Edith Stein: A Philosophical Prologue, 1913–1922* (Lanham, Md.: Rowman and Littlefield, 2007).

28. この研究における最初の論文は、たとえば次の 2 本。Giuseppe di Pellegrino et al., "Understanding Motor Events: A Neurophysiological Study," *Experimental Brain Research* 91, no. 1 (1992): 176– 80; および Vittorio Gallese et al., "Action Recognition in the Premotor Cortex," *Brain* 119, no. 2 (1996): 593– 609.

29. 概観として、たとえば次の資料を参照。Christian Keysers and Valeria Gazzola, "Expanding the Mirror: Vicarious Activity for Actions, Emotions, and Sensations," *Current Opinion in Neurobiology* 19, no. 6 (2009): 666– 71; Claus Lamm et al., "Meta- Analytic Evidence for Common and Distinct Neural Networks Associated with Directly Experienced Pain and Empathy for Pain," *Neuroimage* 54, no. 3 (2011): 2492– 502; および Sylvia S. Morelli et al., "Common and Distinct Neural Correlates of Personal and Vicarious Reward: A Quantitative Meta-Analysis," *Neuroimage* 112 (2014): 244– 53.

30. Grit Hein et al., "Neural Responses to Ingroup and Outgroup Members' Suffering Predict Individual Differences in Costly Helping," *Neuron* 68, no. 1 (2010): 149– 60; および Jamil Zaki et al., "Activity in Ventromedial Prefrontal Cortex Covaries with Revealed Social Preferences: Evidence for Person- Invariant Value," *Social*

Psychology and Psychiatry 42, no. 2 (2001): 241– 51; および Ian Dziobek et al., “Introducing MASC: A Movie for the Assessment of Social Cognition,” *Journal of Autism and Developmental Disorders* 36, no. 5 (2006): 623– 36.

23. 映画『ブレードランナー』で、人間かレプリカント（人間の姿をしたロボットだが、本人は自分が人造人間であることを知らない）か区別する主な方法のひとつとして、この手の共感テストをする。「フォークト=カンプフ検査」というテストで、痛みを感じている他人の写真など、被験者の感情を刺激する写真を見せる。被験者が手のひらに汗をかけば、その被験者は人間だ。そうでなければレプリカントと判断される。

24. たとえば、共感的配慮、認知的共感、情動的共感は、人によって弱く、もしくは中程度に連係している。次の資料を参照。Mark Davis, “Measuring Individual Differences in Empathy: Evidence for a Multidimensional Approach,” *Journal of Personality and Social Psychology* 44, no. 1 (1983): 113– 26. 全員ではないが、一部において共感テストで向社会的行動を予測できるというエビデンスは、次の資料を参照。Nancy Eisenberg and Paul A. Miller, “The Relation of Empathy to Prosocial and Related Behaviors,” *Psychological Bulletin* 101, no. 1 (1987): 91– 119.

25. 感情的知性（EI）は共感だけでなく他の能力も含む。もっとも重要なのは、自分自身の情動を明確に理解し、それを制御する能力である。詳細は次の資料を参照。 Peter Salovey and John D. Mayer, “Emotional Intelligence,” *Imagination, Cognition and Personality* 9, no. 3 (1990): 185– 211; および John D. Mayer et al., “The Ability Model of Emotional Intelligence: Principles and Updates,” *Emotion Review* 8, no. 4 (2016): 290– 300. EI に対する批判は、次の資料を参照。 Gerald Matthews et al., “Seven Myths About Emotional Intelligence,” *Psychological Inquiry* 15, no. 3 (2004): 179– 96.

26. 『新スター・トレック』シリーズの中で、データを開発したヌニエン・スン博士がデータに「感情チップ」を搭載するくだりがあるが、ここではその点には触れない。

27. 情動伝染について、歴史的および科学的な詳細については、次の資料を参照。Adam Smith, *The Theory of Moral Sentiments* (Cambridge, UK: Cambridge University Press, 2002; first published in 1790) アダム・スミス『道徳感情論』

18. ポール・スロヴィックをはじめとする心理学者は、 経済学者トーマス・シェリングの着想をもとに、 これを「身元のわかる犠牲者効果（IVE）」と呼ぶ。 詳細は次の資料を参照。 Seyoung Lee and Thomas H. Feeley, "The Identifiable Victim Effect: A Meta-Analytic Review," *Social Influence* 11, no. 3 (2016): 199– 215. アラン・クルディにかかわる IVE については、 次の資料を参照。 Paul Slovicet et al., "Iconic Photographs and the Ebb and Flow of Empathic Response to Humanitarian Disasters," *Proceedings of the National Academy of Sciences* 114, no. 4 (2017): 640– 44.

19. Barack Obama, 2006 Northwestern Commencement [transcript], 次の URL で確認可能。 https://www.northwestern .edu/newscenter/stories/2006/06/barack.html

20. Jeremy Rifkin, *The Empathic Civilization: The Race to Global Consciousness in a World in Crisis* (New York: Penguin, 2009).

21. Francis Galton, "Hereditary Talent and Character," *Macmillan's Magazine* 12, nos. 157– 66 (1865): 318– 27; Raymond E. Fancher, "Biographical Origins of Francis Galton's Psychology," *Isis* 74, no. 2 (1983): 227– 33; および Arthur R. Jensen, "Galton's Legacy to Research on Intelligence," *Journal of Biosocial Science* 34, no. 2 (2002): 145– 72. ただし、 ゴルトンの「人体測定ラボ」は、 知能に関する能力だけでなく、 パンチ力の強さなど、 より純粋な身体能力も測定していた。

22. 何件かはかなり長期にわたって続いている。Edwin G. Boring and Edward Titchener, "A Model for the Demonstration of Facial Expression," *American Journal of Psychology* 34, no. 4 (1923): 471– 85; Dallas E. Buzby, "The Interpretation of Facial Expression," *American Journal of Psychology* 35, no. 4 (1924): 602– 4; Rosalind Dymond, "A Scale for the Measurement of Empathic Ability," *Journal of Consulting Psychology* 13, no. 2 (1949): 127– 33; Robert Rosenthal et al., *Sensitivity to Nonverbal Communication: The PONS Test* (Baltimore, Md.: Johns Hopkins University Press, 1979); Simon Baron-Cohen et al., "The 'Reading the Mind in the Eyes' Test Revised Version: A Study with Normal Adults, and Adults with Asperger Syndrome or High-Functioning Autism," *Journal of Child*

12. Peter Singer, *The Expanding Circle: Ethics, Evolution, and Moral Progress* (Princeton, N.J.: Princeton University Press, 2011).

13. たとえばオキシトシンは母性行動に関与しており、一般的には「愛情ホルモン」と呼ばれることも多い。だが、このホルモンが偏狭さの引き金ともなる。自分の身内の集団にはやさしくするが、部外者には攻撃したり、排除したりする。たとえば次の資料を参照。Carsten De Dreu et al., "Oxytocin Promotes Human Ethnocentrism," *Proceedings of the National Academy of Sciences* 108, no. 4 (2011): 1262– 66.

14. United Nations, World Urbanization Prospects, 2018 Revision.

15. K. D. M. Snell, "The Rise of Living Alone and Loneliness in History," *Social History* 42, no. 1 (2017): 2– 28.

16. Sara Konrath et al., "Changes in Dispositional Empathy in American College Students over Time: A Meta-Analysis," *Personality and Social Psychology Review* 15, no. 2 (2011): 180– 98. ここで言っている「共感力が減った」とは、複数種類ある共感の中でも、「共感的配慮」の減退のことを指している（共感の種類については参考資料Aを確認）。共感的配慮に含まれる能力のひとつ、「他者視点取得」ができるかどうかで調べた研究によると、2009年の被験者の平均的な共感力は、1979年の被験者の約75%よりも低かった。

17. Anne Barnard and Karam Shoumali, "Image of a Small, Still Boy Brings a Global Crisis into Focus," *New York Times*, September 3, 2015. アラン・クルディの死は国際政治にも影響をおよぼしたようだ。カナダ首相（当時）スティーヴン・ハーパーは、この写真について「心をえぐられる」と言い、クルディ一家がカナダ入国のビザを取得できていなかったことについて、遺憾の意を表した。これに対し、当時は少数政党の党首だったジャスティン・トルドーは、「選挙戦のさなかに突然思いやりの気持ちが芽生えたのか」と批判した。その直後、トルドー率いるカナダ自由党がハーパーの保守党を倒した。次の資料を参照。Ian Austen, "Aylan Kurdi's Death Resonates in Canadian Election Campaign," *New York Times*, September 3, 2015.

9. 人類が急速に進化した理由のひとつとして、「文化的ラチェット効果」と呼ばれるものがある。発明を伝える能力があるおかげで、各世代が前の世代の発明をベースに新たな発明を重ねることができた。何かを伝えていくためには、他人に気を配ったり理解したりする能力が必要となる。たとえば次の資料を参照。Claudio Tennie et al., "Ratcheting Up the Ratchet: On the Evolution of Cumulative Culture," *Philosophical Transactions of the Royal Society B: Biological Sciences* 364, no. 1528 (2009): 2405– 15.

10. *Donations: Giving USA 2018: The Annual Report on Philanthropy for the Year 2017*, a publication of the Giving USA Foundation, 2017, researched and written by the Indiana University Lilly Family School of Philanthropy; 次の URL で確認可能。 www.givingusa.org. *Volunteering: Volunteering and Civic Life in America*, Corporation for National and Community Service, 次の URL で確認可能。 www.nationalservice.gov on July 16, 2018.

11. C. Daniel Batson, *Altruism in Humans* (Oxford, UK: Oxford University Press, 2011) C. ダニエル・バトソン『利他性の人間学――実験社会心理学からの回答』（菊池章夫／二宮克美訳、新曜社、2012 年）; および Nancy Eisenberg and Richard A. Fabes, "Empathy: Conceptualization, Measurement, and Relation to Prosocial Behavior," *Motivation and Emotion* 14, no. 2 (1990): 131– 49.

当然ながら、共感はやさしい行動を促す唯一の力ではない。義務、法律、あるいは経済学者レネ・ベッカーズが「ケアの原則（principle of care）」と呼ぶ、人間は互いを助けあうべきだという普遍的な考えによって、やさしい行動が引き出されることもある。ベッカーズらの研究によれば、共感力の高い人間のほうがその法則を信じており、それゆえに、その法則に促されて他者を助ける行動をとる。詳細は次の資料を参照。René Bekkers and Mark Ottoni-Wilhelm, "Principle of Care and Giving to Help People in Need," *European Journal of Personality* 30, no. 3 (2016): 240–57. 並外れた親切に関する研究はきわめて少ないが、一部では、それも共感によって引き出される可能性が示唆されている。たとえば、赤の他人に腎臓を提供する人は、腎臓を提供しない人と比べて、他人の苦痛に対する脳のミラーリングの反応がかなり強い。次の資料を参照。Kristin M. Brethel-Haurwitz et al., "Extraordinary Altruists Exhibit Enhanced Self-Other Overlap in Neural Responses to Distress," *Psychological Science* 29, no. 10 (2018): 1631– 41.

谷川眞理子訳、 講談社、 2016 年)。 ただし、 本文中の引用の翻訳は、 本書訳者による。 以下、 本文中に訳者名のことわりがない限り、 引用した邦訳文献の訳はすべて同様。

5. 動物の助け合いにおける共感の進化的役割については、 次の資料を参照。 Frans de Waal, "Putting the Altruism Back into Altruism: The Evolution of Empathy," *Annual Review of Psychology* 59 (2008): 279– 300; Stephanie Preston, "The Origins of Altruism in Offspring Care," P*sychological Bulletin* 139, no. 6 (2013): 1305– 41; および Jean Decety et al., "Empathy as a Driver of Prosocial Behavior: Highly Conserved Neurobehavioral Mechanisms Across Species," *Philosophical Transactions of the Royal Society B: Biological Sciences* 371, no. 1686 (2016): 52– 68.

6. 次の資料を参照。 de Waal, "Putting the Altruism Back into Altruism"; Decety, "Empathy as a Driver of Prosocial Behavior"; および Jeffrey S. Mogil, "The Surprising Empathic Abilities of Rodents," *Trends in Cognitive Sciences* 16, no. 3 (2012): 143– 44.

7. Yuval Noah Harari, *Sapiens: A Brief History of Humankind* (New York: HarperCollins, 2017). ユヴァル・ノア・ハラリ 『サピエンス全史——文明の構造と人類の幸福』(柴田裕之訳、 河出書房新社、 2016 年)

8. Brian Hare, "Survival of the Friendliest: *Homo sapiens* Evolved Via Selection for Prosociality," *Annual Review of Psychology* 68 (2017): 155– 86; Robert L. Cieri et al., "Craniofacial Feminization, Social Tolerance, and the Origins of Behavioral Modernity," *Current Anthropology* 55, no. 4 (2014): 419– 43; および Michael Tomasello, *A Natural History of Human Morality* (Cambridge, Mass.: Harvard University Press, 2016). マイケル・トマセロ『道徳の自然誌』(中尾央訳、勁草書房、2020 年)。 シエリらの論文は、 道具の使用、 飛び道具の発明、 芸術表現、 長距離通信を含む「現代的行動」 について解説している。 人間の脳が現在とほぼ同じサイズと構造に発達してからだいぶ経ち、 今から 5 万年前にようやく現代的行動が生じた。 理由は、 人口密度の上昇により狩猟と安全のために協力的戦略を立てていく必要性が生まれ、 攻撃性が薄れたためと考えられる。

〔 注 記 〕

プロローグ

1. 共感で察知する精度について、詳細は次の資料を参照。Jamil Zaki and Kevin N. Ochsner, "Reintegrating Accuracy into the Study of Social Cognition," *Psychological Inquiry* 22, no. 3 (2011): 159– 82.

2. R. Thora Bjornsdottir and Nicholas O. Rule, "The Visibility of Social Class from Facial Cues," *Journal of Personality and Social Psychology* 113, no. 4 (2017): 530; John Paul Wilson and Nicholas O. Rule, "Advances in Understanding the Detectability of Trustworthiness from the Face," *Current Directions in Psychological Science* 26, no. 4 (2017): 396– 400; および Michael S. North et al., "Inferring the Preferences of Others from Spontaneous, Low-Emotional Facial Expressions," *Journal of Experimental Social Psychology* 46, no. 6 (2010): 1109–13.

3. 「共感（empathy）」と同じく、「やさしさ（kindness）」にも、多数の種類がある。たとえば「向社会性（prosociality）」は、他人を助けようとする行動のことをいう。さらにそのカテゴリーの中で、「協力（cooperation）」は、相互に手を貸すことをいう。全員にとって得になる目標に向けて、力を合わせて一緒に働く場合などだ。「利他主義（altruism）」はそれとは反対で、片方が他方に対し、自分は何も得をしないのに――あるいは自分が犠牲になって――手を差し伸べることをいう。ただし、協力と利他主義は多くの場合とても区別が難しい。人は人を助けることで、称賛を浴びたり、あるいは単によい気分になったり、さまざまな形で自分も得をしていることがあるためだ。これらの用語の概観については次の資料で説明されている。Stuart A. West et al., "Social Semantics: Altruism, Cooperation, Mutualism, Strong Reciprocity and Group Selection," *Journal of Evolutionary Biology* 20, no. 2 (2007): 415– 32.

4. Charles Darwin, *The Descent of Man, and Selection in Relation to Sex* (London: John Murray, 1871). チャールズ・ダーウィン『人間の由来』講談社学術文庫（長

——この本には参考資料として「エビデンスの評価一覧」がありますが、なぜこのようなページがあるのですか。

科学は事実の寄せ集めではありません。科学というのは、仮説を立て、予測し、検証し、修正していくという、生きたプロセスなのです。過去数年間を振り返っても、心理学を含むさまざまな分野の有名な発見について、実はそれほど確かな発見ではなかったことが明らかになりました。心理学者はこれをチャンスと考えます。具体的に何が明らかなのか、エビデンスはどれくらい信頼できるのか、透明性を高めていくチャンスです。この本では、人間の共感ややさしさの力を強めたり弱めたりする要因について、科学的エビデンスを検証し説明しています。もちろん僕自身が信じない研究には触れていませんが、紹介した研究の中には、数十年にわたり積み上げられたエビデンスにもとづいたものもあれば、まだ発表されたばかりの新しい発見もあります。「エビデンスの評価一覧」のページでは、読者がそうした研究プロセスの内実を知るとともに、この本で示した主張にどれくらい強い裏づけがあるのか確認し、読者自身でエビデンスを調査することもできるよう、簡潔に説明を載せています。

——この本の最後のほうで、気候変動にも言及していますね。共感と何の関係があるのですか。

同時代でも距離を感じる他人に共感するのは難しいのに、僕たちがこの世を去ったあとに生まれる数十億人に共感するなんて、考えられないと思うでしょう。共感には感情と想像がかかわっていますが、まだ存在しない未来の窮状には、なかなか想像がおよびません。でも、今の行動が未来の世代に与える影響を想像できないせいで、僕たちは未来を守る活動ができずにいるのです。場所だけでなく時間も超えて配慮するというのが、共感の究極的な課題であり試練でもあります。研究では、その方向に進む道がいくつかあることがわかっています。僕たちが存在する広大な宇宙に畏怖の念を感じたり、子孫にとって誇れる祖先になれるかどうか考えたりすることが、有効な一歩となります。

スが裏づけています。人は、他人の「本当の姿」を考えるよう促されると、憎しみが薄れ、決めつけがなくなり、より共感を向けられるようになります。

――共感しすぎることが問題になるときもあります。仕事や生活で、他人の苦しみを多く見すぎている人には、どんなアドバイスがありますか。

共感は多くの場面で役立ちますが、共感のせいで自分が負担を背負いこむこともあります。感情のバーンアウトは、ソーシャルワーカーや教師を含め、他人のケアをすることを仕事としている人々にとって大きな問題です。この本では、新生児集中治療室で僕の娘アルマの治療をしてくれた医師や看護師のみなさんにスポットライトを当てました。彼らは共感のヒーローです。僕たち家族にとって一番苦しかった時期に、彼らの思いやりは大きな意味がありました。けれど、それが彼らにとっては職業病にもなりえます。医療従事者の多くがバーンアウトや PTSD を体験します。研究では、苦痛のそばにいる人――医療のプロだけでなく、病気の家族の介護をする人も含みます――は他人の痛みに呑み込まれてしまうことが多く、特に共感力が高い場合はそうなりやすいとわかっています。この問題の解決は難しいのですが、決して不可能ではありません。重要なヒントとして理解してほしいのは、共感には実のところ複数の種類があり、必要なものは状況によって違うという点です。たとえば、他人の気持ちを自分のものとして「キャッチ」してしまう場合があります。それとは反対に、相手の気持ちは相手の気持ちのままとして、配慮や思いやりの気持ちをもつこともあります。後者のように距離を置き、相手の苦痛に呑み込まれずに慮ることができるよう、瞑想を使って訓練する手法の研究が進んでいます。共感疲労に陥らずに共感を維持する有望な手段だと考えられています。

――テクノロジーは、共感力をだめにする現代の最大の脅威なのでしょうか。

いいえ。これまでのテクノロジーの使われ方が共感の邪魔をしているという意味では、確かにそのとおりです。特に、ネットが対面の交流と入れ替わり、うすっぺらな文章だけのスレッドや、匿名の荒らし行為、他人を煽る憎しみや怒りが中心になると、共感の力は損なわれます。しかし、ネットのおかげで、僕たちは過去には想像もできなかった方法で即座に世界中の人とつながることができますし、世界に向けて自己表現をすることもできます。この本では、テクノロジーを使って共感の力を高めている例も紹介しています。テクノロジーは今後も人と人のあいだを引き裂くのかもしれませんし、結びつけるのかもしれません。僕たちがテクノロジーの使い方をどう選ぶか、それしだいなのです。

——子どもの共感を促すために、親としてどんな方法がありますか。

子どもは好奇心のかたまりですから、他人の体験を考えてみる遊びなら、何でもよいきっかけになります。この本で説明していますが、お話を読んだり、お芝居に参加したりすることでも、より的確に、よりこまやかに、他人に共感できるようになります。また、多種多様な人間や動物と触れる機会をもつことで、自分とは違う集団や環境に対して配慮する力が高まるでしょう。

——Z 世代と呼ばれる若者たちは自撮りに夢中で、自分の世界に没頭しがちだとよく言われます。あなたはスタンフォード大学で、新入生を対象に、やさしさに関する初めての講義を行っていましたね。どんな発見がありましたか。

この新しい講義のタイトルは「もっとやさしくなる（Becoming Kinder）」といいます。受講生は共感、寛容さ、善意の科学について学びますが、目標はもっと高いところにありました。一般的な社会的分断を乗り越え、よりよい結びつきを築くことを狙いとして、「やさしさチャレンジ」という課題に毎週取り組むのです（誰でも挑戦できるバージョンを、次の URL で紹介しています。warforkindness.com/challenges）。セミナー受講生は地元のシェルターでボランティア活動をしたり、悩んでいる人が新たな視点を見つけられる方法を探したり、自分の負担をいとわない人助けに挑戦しました。その過程でさまざまな思いを抱き、理解を得て、自分の弱さとも向きあっていました。とても感動的で、大人が「最近の若者は」と言うイメージとは正反対でした。実際、この件に関してはほかにもエビデンスがあります。年配の大人と比べて、若者のほうが、不遇な境遇にあるマイノリティの人々や、貧しい人、そして地球に対して、幸せを願う気持ちが強いのです。

——他人の行動や意見を見て、その善悪をジャッジしたい衝動に駆られるとき、どうすれば共感の気持ちをもてるでしょうか。

僕の講義の「やさしさチャレンジ」のひとつとして、「上手に反論する」という課題を出しました。誰かの意見が気に入らないものだったり、非難すべきものだと感じたりしたとき、論破しようとせず、相手の「語り方」に意識を集中するのです。自分がそんな印象をもった理由を打ち明け、相手がそうした意見をもつに至った経緯を理解します。この課題は受講生に高く評価されていました。敵対する人にも人間としての背景、希望、弱みがあり、それが彼らの意見を形成したのだと理解するきっかけになったからです。この点はエビデン両親の離婚により、僕自身が、共感に対する成長型マインドセットをもつことは可能だと理解するようになったからです。父はパキスタン人、母はペルー人で、僕は一人っ子でした。ふたりの諍いが続くあいだ、僕はふたりの世界をつなぐ唯一の架け橋だったのです。苦しい時期だったことは否定できませんが、僕はその時期に、大切な人間関係を守り、維持する方法として、両方の視点を理解する必要があると学びました。父母それぞれの波長に合わせる努力をして、幼いながらも、ふたりの善良な人間がまったく違う認識をもち、どちらも真実で、どちらにも深い思いがあるのだということを理解していきました。大変ではありましたが、これは僕にとって人生でもっとも重要な学びだったと思っています。

――この本では、さまざまなグループを考察していますね。警察の訓練生、大虐殺を経験したルワンダ人たち、ヘイトグループからの脱出を手伝う人々など。それぞれ異なる作戦で共感構築に取り組んでいます。誰でも利用できる普遍的なアプローチというものはあるのでしょうか。ないとしたら、なぜないのでしょうか。

共感構築は、問題の渦中にある人々の意見を入れて、状況に合わせた作戦を考えていく必要があります。たとえば集団間の敵意について考えてみましょう。文化的分断に対する一般的な解決法は、双方の人々を集めて、お互いの見解や共通の利益について話しあわせることです。相手を知れば、思いやることへのハードルが下がるだろう、という理屈です。これは多くの場合は正しいのですが、必ずうまくいくとは限りません。

ライフ・アフター・ヘイトという団体は、かつてヘイトグループに属していた人々の集まりです。彼らは、今現在ヘイトグループに属している人々に対してそこから抜け出させる活動をしています。この団体の中心となっている見解によると、憎しみというのは、多くの場合、他者に対する感情ではないのです。その人自身の内面奥深くにある恥や喪失感にかかわっています。ですから、憎しみに満ちた人の心を開く一番効果的な方法は、まずありのままのその人を受け止め、次に本人が寛容になれるよう手伝うことだとライフ・アフター・ヘイトは考えています。

また、ルワンダでは、大虐殺があったあと、多くの人は自分の体験を直接的に語りたがりませんでした。そこで「新しい夜明け」というラジオ番組では、人々の傷口をいたずらに開かぬよう、架空のストーリーを通じて和解にかかわるテーマ――裏切り、残酷さ、そして赦し――を語りました。この番組でフツ族とツチ族のあいだに魔法のように共感が生まれたわけではありません。しかし、共感する方向へと当人たちの考えを動かすことに成功しています。

大勢の科学者が、さまざまな手法を使って、共感力の厳密な測定を行っています。僕の研究では、次の３つのアプローチに主眼を置いています。１つめは、他人の感情を読みとる脳の活動や人格的特性の測定。２つめは、共感するという体験と、相手を助けたいという意欲との関係性の検証。３つめは、共感されることによって、たとえば人間関係のクオリティにどんな影響があるか調べること。

共感は科学的に探究すべき理由がそろっている、と僕は思っています。複雑でもあり、魅力的でもあります――共感という概念は日頃からしょっちゅう頭に浮かぶのに、しばしば理解しがたく感じます。基礎物理の研究が技術工学のイノベーションを導くように、共感に対する基礎的な心理学的理解を深めることで、その効果を発揮する道が見つかると考えられます。

――共感力は「もっている」か「もっていない」か、そのどちらかではないのですか。

知能、性格、そして共感力など、人間に備わっているさまざまな要素は、固定であると思われやすいものです。しかし、実は僕たちが思っている以上に、人間というのは変化します。共感力も例外ではありません。置かれた状況によって、思いやりの程度も日々、あるいは瞬間瞬間で変わります。そして適切な習慣や選択によって、意識して共感力を伸ばすことも可能です。この本はその手法をさまざまに紹介しています。物語の世界に没頭するのも、自分とは違う立場の人と友情を築くのも、そうした手法の一例です。

――あなたは心理学者キャロル・ドゥエックとともに、キャロル・ドゥエックが提示するマインドセット理論をもとにした研究を行っていますね。どんな発見がありましたか。

マインドセットに関するキャロル・ドゥエックの画期的研究では、たとえば知能は固定ではなくスキルとして伸ばせるものだと信じると、そのスキルを伸ばすための努力をする意欲が湧くことが明らかになりました。僕たちは、これが共感の力にも当てはまると気づきました。人は、自分はもっと思いやりある人物になれると信じると、そのための努力をするのです。外見や考え方が違う他人にも、一生懸命歩み寄ろうとします。この本では、共感はスキルだから伸ばせるという発想を強調することで、読者自身に、その「成長型マインドセット」を根づかせたいと考えています。

――この本の冒頭で、あなたの両親の離婚について話していますね。今は感謝の気持ちで振り返っていると書いています。なぜそのように思うのですか。

A CONVERSATION WITH JAMIL ZAKI

〔著者への質問と回答〕

――なぜ、この本のタイトルを『やさしさのための闘い（*The War for Kindness*）』〔本書原題〕にしたのですか。「闘い、戦争」という言葉は、この文脈には合わない気がします。

共感ややさしさは、ほのぼのした話題に聞こえます。でも、現代において、それらは難しい問題になってしまいました。昨今では疎外感、憎しみ、疲弊の例ばかりを目にします。それが共感を押しのける力になっているのです。共感したり、やさしくしたりすることを求めるなんて、甘ったれだと感じさせています。思いやりを示すためには、そうした力を押し返さなければなりません。現代のように政治的に分極化が進み、冷笑的な態度が広がっている状況において、共感とは、そうした風潮に「ノー」をつきつける行為なのです。

――あなたが紹介していたエビデンスによれば、この40年間で、共感の力は薄れてしまったそうですね。なぜそうなったのでしょうか。

人間の共感力は、人類が誕生したばかりの頃に生まれました。緊密に結ばれた小さなコミュニティで暮らしていた時代です。当時は特定のルールの中で社会生活を営んでいました。ほぼ全員が、自分と似たような人とだけ（おそらくは親戚関係にある者同士だけで）交流していました。お互いの生活が結びついていて、お互いに頼りあっていました。現代の社会では、こうしたルールは成立していません。人々は都会に住み、一人暮らしも増えました。生活の中で視界に入る人間の数は、とても多くなったのですが、そのぶん知人の割合はごくわずかになりました。教会に行ったり、ボウリングに行ったり、食料品店に買い物などに行けば、自然と誰かと会話をするものですが、そうした習慣的な儀式すら、昨今では少なくなりました。人と人との交流は減り、かわりにネット上で他人と接触することが増えています。共感力が減退した理由を厳密に突き止めることは不可能ですが、こうした交流パターンの変化が影響しているのは確かだろうと思われます。

――共感力はどうやって測定するのですか。そうした「ソフト」な資質が、なぜ科学的研究の対象になるのですか。

社会科学という学問は、曖昧に見えるテーマを、より明確なものに変えていく試みです。

［著者］

ジャミール・ザキ（Jamil Zaki）

スタンフォード大学心理学准教授。スタンフォード・社会神経科学ラボの所長。ボストン大学で学士を、コロンビア大学でPh.D.を取得し、ハーバード大学でのポスドクを経て現職。共感の研究を専門として、『ニューヨーク・タイムズ』や『ワシントン・ポスト』『ニューヨーカー』『アトランティック』などで論考を発表している。

［訳者］

上原裕美子（うえはら・ゆみこ）

翻訳者。訳書に、『なぜ、脱成長なのか』（共訳、NHK出版）、『パンデミック後の世界10の教訓』（日本経済新聞出版）、『みんなにお金を配ったら』（みすず書房）、『僕らはそれに抵抗できない』『世界の一流企業は「ゲーム理論」で決めている』（ともにダイヤモンド社）などがある。

スタンフォード大学の共感の授業

——人生を変える「思いやる力」の研究

2021年7月6日　第1刷発行

著　者——ジャミール・ザキ
訳　者——上原裕美子
発行所——ダイヤモンド社
〒150-8409　東京都渋谷区神宮前6-12-17
https://www.diamond.co.jp/
電話／03･5778･7233（編集）　03･5778･7240（販売）

ブックデザイン——コバヤシタケシ（SURFACE）
校正————ディクション
製作進行——ダイヤモンド・グラフィック社
印刷————勇進印刷
製本————ブックアート
編集担当——木山政行、廣畑達也

ISBN 978-4-478-11208-3